Steve R. Bierly · Johannes Stockmayer

Hilfe, ich bin Pastor einer kleinen Gemeinde!

Steve R. Bierly ·
Johannes Stockmayer

Hilfe, ich bin Pastor einer kleinen Gemeinde!

EDITION
KIRCHE MIT VISION

Titel der amerikanischen Originalausgabe:
How To Thrive As A Small-Church Pastor

1. Auflage 2001

Auf der Grundlage der neuen Rechtschreibung.

Die Bibelstellen wurden nach der Lutherbibel in der revidierten Fassung von 1984 zitiert.

ISBN 3-89490-341-4

Übersetzung: Merve Hundsdörffer
Überarbeitung: Johannes Stockmayer; Nicole Schol, Projektion J Verlag
Covergestaltung: Ursula Stephan
Coverillustration: Peter Esser
Satz: Typostudio Rücker
Druck und Verarbeitung: Schönbach-Druck

Inhalt

Für

*John VanderTuin, der mir gezeigt hat,
dass unser Gott ein Ehrfurcht gebietender Gott ist*

*Al. E. LaValley, der mir beigebracht hat,
dass es ein Zeichen von Stärke ist, seine Schwächen
zuzugeben*

*Candace Lawrence, Crystal Etzel und Doug LaBudde jr.,
die mir öfter das Leben gerettet haben,
als ich zählen kann*

*meine Eltern James und Jean Bierly, meine Kinder
James und Abigail und meine Frau Deborah,
die immer ein Ankerplatz der Liebe und Normalität
im manchmal chaotischen Meer des Lebens und
des Dienstes sind.*

Dank

Mein Dank gilt Jim Ruark vom *Zondervan Publishing House,* ohne den es dieses Buch nicht gäbe; Herb Miller von *Net Results* und David Goetz von *Leadership,* die meine Gedanken und Beobachtungen über den Dienst veröffentlicht und mich dadurch ermutigt haben; den Ältesten und Diakonen, mit denen ich in der *Cobblestone*-Gemeinde zusammengearbeitet habe, für ihr Verständnis und ihre Unterstützung; Dick Brian Klaver für die Spaziergänge und Diskussionen, bei denen einige der Gedanken dieses Buches entstanden; meinen Brüdern und Schwestern in der *Alabama-West Florida*-Konferenz der Vereinten Methodistengemeinden, deren enthusiastische Reaktion auf mein Seminar und deren enge christliche Gemeinschaft mir zusätzlich Anstoß gaben, das Buch fertig zu stellen. Sie brachten mir auch „Feldbirnen" sehr nahe.

Die Geschichten, die ich in meinem Buch erzähle, sind entweder wahr oder Bestandteile wahrer Geschichten oder beruhen auf dem, was für viele Pastoren kleiner Gemeinden Realität ist. Nur die Namen wurden verändert, um die Unschuldigen zu schützen und auch – was das angeht – die Schuldigen.

Vorwort zur deutschen Ausgabe

Der Pfarrer und seine Gemeinde: *ein Trauerspiel oder ein sinnvolles Miteinander?*

Der Pastor einer kleinen Gemeinde ist ein Allrounder, ein Tausendsassa, der für alles zuständig ist, ein Hans-Dampf-in-allen-Gassen, die berühmte Eier legende Wollmilchsau, die alles kann und bis zum Geht-nicht-mehr geschröpft wird. Er ist den Umständen und Dynamiken seiner Gemeinde ausgeliefert – ob sie nun groß, kleiner oder ganz klein ist – und er *will* es allen recht machen. Er wird aufgefressen von den hohen Erwartungen seiner Gemeindeglieder und den hohen Erwartungen, die er selbst an sich hat. Er verliert sich selbst und weiß zuletzt selbst nicht mehr, wer er ist, weil er sich zu einem hohen Maß an den Bedürfnissen seiner Schäfchen orientiert.

Dieser Pastor ist eigentlich sehr belastbar, er ist ein wahres „Arbeitstier“, das unermüdlich seinen Dienst tut, keine Pause macht und in seiner Arbeit so aufgeht, dass er bis zum Anschlag arbeitet, ohne es zu merken – und dann ist es zu spät. Erst wenn er wirklich nicht mehr kann, macht er Halt, aber auch wenn er resigniert und niedergeschlagen ist, gibt er nicht auf. Er will ja das Beste für seine Gemeinde. Er will nicht „absaufen“ und aufgeben. Er will, dass das, was er tut, Frucht bringt – für Gott, für seine Gemeinde – und (Hand aufs Herz) auch für sich selbst. Ja, er will beweisen, dass er ein guter Hirte und Haushalter ist, der seine Herde voranbringt und die Gemeindeglieder vermehrt, er will erfolgreich und einer der Großen im Reich Gottes sein.

Aber die Bedingungen stehen dem entgegen, denn er ist ein kleiner Pastor in einer unbedeutenden, traditionellen Gemeinde, weit entfernt von den Erweckungsgebieten, von denen man so viel hört. Er dient als kleines Licht (oder auch als großer Halogen-Scheinwerfer, das ist eigentlich egal) in einer Gemeinde, die nicht die Ambition hat, eine bedeutende Gemeinde zu werden. Er ist vielleicht ein Landpfarrer in einem Dorf mit lauter eigenwilligen Gemeindegliedern, die eher ihre Ruhe möchten und ihm deutlich zu verstehen geben, dass er keiner „von hier“ ist. Oder er ist Pastor einer kleinen freikirchlichen Gemeinde, die sich eben so über Wasser hält und froh ist, dass sie überhaupt existiert, denn ihre begeisterten Anfangszeiten liegen längst hinter ihr. Sie ist glücklich, dass sie sich überhaupt einen Pastor leisten kann, und ist stolz auf ihn, aber das ist auch alles.

Dieser Pastor oder Pfarrer ist als studierter Theologe oder Absolvent einer Bibelschule so eingespannt in Vorgänge, die immer schon so waren, wie sie heute noch sind, dass er keinen eigenen Spielraum hat. Er funktioniert nach den spezifischen Gesetzen der Gemeinde. Ob landeskirchlich traditionell oder freikirchlich offen – die Gemeinde hat ihre gewohnten Abläufe und ihren ganz bestimmten Stil. Sie ist zufrieden mit dem Status quo – und der Pastor ist nicht dazu da, dieses gewohnte Leben durcheinander zu bringen.

Im Gegenteil: Er soll als Seelsorger und Hirte darauf achten, dass das Leben in der Gemeinde so reibungslos verläuft wie seit Jahr und Tag. Er soll eine Atmosphäre der Ruhe und Geborgenheit verbreiten, Sicherheit ausstrahlen und signalisieren: „Wir sind auf dem richtigen Weg! Wir sind eine gute Gemeinde!“ Er soll sich um alles kümmern und ist auch für alles zuständig.

Skrupel, Zweifel oder der Ehrgeiz des Pfarrers, etwas bewegen zu wollen, sind hier nicht am richtigen Platz. Aber was der Pastor in seinem Herzen denkt und fühlt und was er wirklich will – genau darum geht es in diesem Buch. Dabei werden genauso seine innersten Motive hinterfragt wie die unrealistischen Erwartungen der Gemeinde. Der Autor zeigt: Vieles ist für den bedauernswerten Pastor nur mit einer kräftigen Portion Humor und durch eine distanzierte Sichtweise zu ertragen.

Aber es bleibt nicht beim Bejammern des beklagenswerten Zustandes des Pastors einer kleinen, exklusiven Gemeinde, in die er sich „verliert“. Es geht um die Frage: *Wie überlebe ich als Pfarrer in dieser Situation? Wie erledige ich meine Arbeit, ohne unterzugehen? Wo kann ich meinen Arbeitsstil und meine Erwartungen an die Gemeinde verändern, wenn sich die Gemeinde nicht verändern lässt? Gibt es doch etwas, das mich aus dem ermüdenden Kreislauf mit vergeblichen Anstrengungen und immer neuen Versuchen, doch etwas zu bewirken, herausfinden lässt?*

Die Arbeit des Pastors einer kleinen Gemeinde hat einen Wert, auch wenn er mit seiner Gemeinde nie in die Charts der größten Gemeinden Deutschlands aufsteigt und seine Gemeindearbeit nie als nachahmenswertes Modell in einschlägigen Publikationen dargestellt wird. Steve Bierly gibt auf liebevolle und deutliche Art Entlastung und vermittelt einen neuen Blick für den Dienst in einer kleinen Gemeinde; er zeigt Möglichkeiten und Chancen auf. Bei der Lektüre dieser anregenden und ehrlichen Aufmunterungen und Hilfestellungen kann der Pastor aufatmen, denn er weiß: „Ich bin am richtigen Platz und meine Arbeit ist nicht umsonst!"

Jeder Pfarrer oder Pastor, der dieses Buch liest, wird sich verstanden fühlen und merken: „Es geht mir nicht allein so!" Das tut gut.

Und jedes Gemeindeglied, das dieses Buch zur Hand nimmt, wird beim Lesen ein neues und besseres Verständnis für seinen Hirten bekommen, eine realistischere und barmherzigere Sicht der Tätigkeit des Pastors einer kleinen Gemeinde.

Dabei geht es schließlich um eine neue Sicht von Gemeinde: Wie können *wir* als Gemeinde – Pastor und Gemeindeglieder zusammen – gemeinsam dem Auftrag entsprechen, den Gott *unserer* Gemeinde gegeben hat? Wie können *wir* als Gemeinde so leben, dass jeder seinen Platz findet und das lebendige Feuer der Liebe Gottes lodert und nicht nur glimmt? Wie kann ich als Pastor einer kleinen Gemeinde überleben? Wie kann ich mich so verändern, dass die Arbeit im „Weinberg des Herrn" wieder Freude macht und nicht nur Mühsal und Not bedeutet?

Ich widme die deutsche Ausgabe dieses Buches allen Pfarrern und Pastoren, die sich in ihrem Dienst allein auf weiter Flur wähnen, von Gott und den Menschen verlassen, die unter der Last ihres Hirtendienstes verzagen und an sich und der Gemeinde zweifeln. Ich habe in meiner Arbeit als Gemeindeberater viele dieser Pfarrer kennen gelernt und auch jetzt einige Personen vor Augen. Ihnen möchte ich mit diesem Buch Mut machen und zurufen: Sie stehen nicht auf verlorenem Posten! Ihnen gilt die Verheißung im Lukas-Evangelium, Kapitel 12, Vers 32: „Fürchte dich nicht, du kleine Herde! Denn es hat eurem Vater wohlgefallen, euch das Reich zu geben."

Johannes Stockmayer

Einführung

Mein Name ist Steve. Ich bin das „Arbeitstier" einer kleinen Gemeinde in Cobblestone. Ich bin ein unermüdlicher, arbeitseifriger, tüchtiger und ehrgeiziger Pastor, der sich ständig an der Grenze zum Burn-out bewegt – ein Workaholic, ein „Arbeits-Süchtiger", der von seiner kleinen, unerschöpflichen Gemeinde ausgesaugt und an den Rande des Wahnsinns ausgenutzt wird.

Zuerst glaubte ich nicht, dass ich Probleme hätte. Sicher, manchmal nahm ich meinen Job zu ernst, aber wer tut das nicht? Ja, und wenn ich mit meiner Familie einen Ausflug machte, musste ich manchmal einfach meine Gedanken zu meiner Gemeinde schweifen lassen. „Schließlich", so sagte ich mir, „verlässt ein Hirte seine Schafe nicht. Das gehört sich nicht für einen treuen Pastor."

Aber dann passierten Dinge, die ich nicht so einfach ignorieren konnte:

Eines Nachts wachte ich um drei Uhr zitternd und schweißgebadet auf und rief: „Die neuen Türen im Versammlungsraum müssen braun sein, hört ihr, BRAUN!!"

- Eines Nachts wachte ich um drei Uhr zitternd und schweißgebadet auf und rief: „Die neuen Türen im Versammlungsraum müssen braun sein, hört ihr, BRAUN!!"
- Ich stellte fest, dass ich zutiefst deprimiert war über die Tatsache, dass eine Frau, die in der Gemeinde eine wichtige Rolle spielte, mich hasste, ungeachtet dessen, dass sie, solange man sich erinnern konnte, alle Pastoren gehasst hatte – und 98 Prozent der Gemeindeglieder, die die Gemeinde je hatte.
- Alle Errungenschaften meines Dienstes verblassten vor der Tat-

sache, dass es mir noch nicht gelungen war, den lieben Willi Träge zu überzeugen, wieder in die Gemeinde zu kommen.
- Ich wurde von Schuldgefühlen geradezu aufgefressen, weil ich vergessen hatte, wie versprochen für den Bruder der Schwiegermutter einer Frau zu beten.
- Während der Endrunde der amerikanischen Baseball-Liga sprach ich während eines entscheidenden Spiels, das ich unbedingt sehen wollte, die ganze Zeit über die Gemeinde.
- Ich hatte nicht länger das Gefühl, in Gottes Plänen für sein Königreich eine bedeutende Rolle zu spielen. Die kleine Gemeinde hatte meine Ambitionen und Träume effektiv auf ihre vier Wände begrenzt. Mein Leben sah so aus, als sei es für immer an die Probleme, Sorgen und Klagen von kleinen Gruppen von Menschen gebunden. Es gab kein Entkommen. Selbst wenn ich umziehen würde, stünden die Chancen gut, dass ich nur wieder in einer anderen kleinen Gemeinde landen würde.

Schließlich gab ich zu, dass ich ein Problem hatte. Ein Problem, das sich nicht durch einen Ortswechsel lösen ließ. Was ich brauchte, war eine Veränderung in mir selbst. Ich musste zugeben, dass die kleine Gemeinde mein Leben vereinnahmte, indem sie meine Gedanken und Gefühle völlig beherrschte. Ich verlor meine Identität an sie. Kein Zweifel, ich stand kurz vor einem Zusammenbruch. Nachdem ich meine Schwäche erkannt hatte, suchte ich Hilfe und entschied mich, diese Last abzuschütteln.

Die Prinzipien in diesem Buch halfen mir dabei. Nicht, dass ich das Problem völlig gelöst hätte. Sehen Sie, es gibt keine ehemaligen „Arbeitstiere", es gibt nur Lastesel, die auf dem Weg der Besserung sind. Da Sie dieses Buch zur Hand genommen haben, stehen die Chancen gut, dass Sie auch so ein unermüdliches „Mädchen für alles" sind oder einen Pastor kennen und lieben, der ebenfalls über die Grenzen seiner Belastungsfähigkeit lebt. Vielleicht vermuten Sie aber auch, dass Sie auf dem besten Wege sind, einer zu werden, weil Sie spüren, dass Ihre Gemeindearbeit mehr an Ihren Nerven zehrt, als gut für Sie ist. Wenn Sie dieses Buch zur Hand nehmen, ist das vielleicht ein Hilfeschrei. Es ist ein guter erster Schritt. Mit der Hilfe Gottes können wir uns zusammen auf den Weg zurück zu geistiger Gesundheit machen.

Begleiten Sie mich, wenn wir uns erst die Krankheit und dann die Behandlung ansehen.

Teil I

Die Warnsignale

Gut, ein letztes Mal: Hier spricht dein Gehirn. Dein Gehirn, das durch den Dienst in einer kleinen Gemeinde aufgewühlt ist.
Noch irgendwelche Fragen?

Kapitel 1

Der Weg allen Fleisches

Es gibt einige Lasten, die alle Pastoren tragen. Wir wollen sie betrachten und dabei besonders darauf achten, auf welche Weise der Pastor einer kleinen Gemeinde sie zu tragen hat. Sie werden sehen, wie schnell Pastoren unter dem Stress des Dienstes zusammenbrechen können.

Problem Nr. 1: Der Dienst kann Sie von anderen isolieren

Verflixt! Das ging wieder daneben!

Ich unterhielt mich angeregt mit dem umgänglichen, jovialen Mann, der neben mir im Flugzeug saß. Wir sprachen über unsere Familien, machten Witze über das Wetter und erwogen die Vor- und Nachteile des Lebens in verschiedenen Teilen des Landes.

Aber dann stellte er DIE Frage: „Und womit verdienen Sie Ihren Lebensunterhalt?"

Ich war dumm genug zu sagen: „Ich bin Pastor." (Es muss doch eine andere Möglichkeit geben, das zu sagen, etwa: „Ich bin Ausbilder", „Ich mache in Wachstum und Entwicklung" oder: „Ich verwalte eine gemeinnützige Organisation.")

„Ich bin Pastor." Es muss doch eine andere Möglichkeit geben, das zu sagen, etwa: „Ich bin Ausbilder", „Ich mache in Wachstum und Entwicklung" oder: „Ich verwalte eine gemeinnützige Organisation."

Plötzlich wurde er rot. Bislang hatte er seine Rede mit einigen deftigen Ausdrücken gewürzt. Plötzlich verlor er das Interesse an einer Unterhaltung mit mir und beantwortete meine Fragen nur noch mit einem höflichen Ja oder Nein. Als die Stewardess mit der Speisekarte kam, fragte er mich, ob es in Ordnung sei, wenn er sich einen Drink bestellen würde. Es war deutlich, dass ich für ihn jetzt nicht mehr nur ein gewöhnlicher Mitmensch war. Ich war (man höre die himmlische Musik) ein *heiliger Mann.* Und heilige Menschen muss man anders behandeln.

Meine Gedanken gingen ein paar Jahre zurück, als ich noch Student am College war. Während einer Busfahrt saß ich einmal neben einer attraktiven jungen Frau. Sie war *sehr* nett zu mir – bis ich ihr sagte, dass ich Theologie studierte. Sie setzte sich kerzengerade auf und ich konnte ihre Gedanken an ihrem Gesichtsausdruck ablesen: *Oh, nein! Jetzt werde ich nie mehr aus dem Fegefeuer kommen. Ich habe gerade versucht, mit einem Priester zu flirten!*

Ihre Identität als Pastor errichtet eine Mauer zwischen Ihnen und „den anderen". Einige, die schlechte Erfahrungen mit Pastoren gemacht haben, warten darauf, dass Sie sie anlügen, ihnen die Bibel auf den Kopf hauen, sie kritisieren oder um eine Spende anbetteln. Eines der höchsten Komplimente, das eine solche Person Ihnen machen kann, ist: „Sie sind ganz in Ordnung – für einen Pastor." Sie werden dem Drang widerstehen müssen zu antworten: „Und Sie sind auch ganz in Ordnung – für einen Buchhalter."

„Sie sind ganz in Ordnung – für einen Pastor."

Andere werden Sie für ein empfindliches und zerbrechliches Stück Nippes halten. Sie sind der festen Überzeugung, man müsse auf Zehenspitzen um Sie herumschleichen, damit man Ihre Gemeinschaft mit Gott nicht störe. Sie versuchen, Sie vor allem Bösen und den Realitäten des Alltags abzuschirmen, weil sie denken, dass solche Dinge Sie schockieren, aufregen oder verletzen. Sie erkennen nicht, dass Sie, wie Pater Brown von G. K. Chesterton, gerade deshalb ein Diener Gottes wurden, weil Sie die dunklen Seiten der menschlichen Seele kennen, nicht, um davor wegzulaufen.

Wieder andere werden denken, dass Sie mehr als nur ein Mensch sind. Für sie leben Pastoren auf einer anderen geistlichen Ebene als „normale" Menschen. Manche werden ehrlich überrascht sein, dass Sie entmutigt sein können, Witze erzählen, die

Grippe bekommen, einer Sache überdrüssig werden, fernsehen oder persönliche Probleme haben. Einige wollen solche Dinge lieber auch gar nicht über Sie wissen. Sie wollen Ihnen nicht zu nahe kommen aus Angst, dass ihre Illusionen zerstört werden. Sie wollen an etwas glauben, und dieses Etwas sind Sie! (Übrigens, so lässt sich Ihr Gehalt erklären: Man glaubt, Sie könnten Brot und Fisch für Ihre Familie vermehren.)

Apropos Familie: Der Dienst kann Sie sogar von denen trennen, die Ihnen am Nächsten sein sollten. Ihr Terminkalender wird nicht nur dafür sorgen, dass Sie viel Zeit ohne Ihre Familie verbringen, Sie werden auch noch das Gefühl haben, dies sei gerechtfertigt. Ist nicht die Arbeit für den Herrn wichtiger, als mit der Tochter und ihren Puppen zu spielen oder mit der Ehefrau ins Kino zu gehen? Und hat Paulus nicht gesagt, dass alle Diener Christi sowieso ledig sein sollten? Wenn ihre Familie sich einsam oder vernachlässig fühlt, ist das eben das Leid, das sie um des Evangeliums willen ertragen muss.

Selbst wenn Sie Zeit haben, die Sie mit der Familie verbringen könnten, werden Sie merken, dass Sie das gar nicht wollen. Durch den ständigen Kontakt mit Menschen sind Sie so ausgebrannt, dass Ihre Frau und Ihre Kinder für Sie wie ein weiterer Ausschuss sind, der etwas von Ihnen will, wie noch mehr Seelsorgefälle, die Rat wollen, oder wie eine weitere Gruppe, die erwartet, dass Sie die Energie aufbringen, mit ihnen „Gemeinschaft zu haben“. Wie die einsiedlerische Schauspielerin Greta Garbo wollen Sie nur noch allein sein. Unglücklicherweise könnte Ihr Wunsch in Erfüllung gehen.

Als Pastor einer kleinen Gemeinde sind Sie von den anderen Mitgliedern auch deswegen noch stärker abgesondert, weil Sie nicht nur Pastor, sondern auch noch ein Fremder sind. Kleine Gemeinden stehen Fremden sehr misstrauisch, ja sogar feindlich gesinnt gegenüber, vor allem fremden „Experten“, die das Potenzial haben, den lieb gewonnenen Status quo zu ändern. Man wird Sie auf Abstand halten. Was Sie sagen, wird man besonders schwer annehmen.

Die Gemeindeglieder werden eventuell auch kein besonderes Bedürfnis haben, Sie persönlich kennen zu lernen. Die Amtszeit ihrer Pastoren ist oft recht kurz. Deshalb sind Sie so etwas wie der neueste Freund der Tante mit den ständig wechselnden Lebensabschnittsgefährten. Warum sollte irgendein Mitglied der Familie sich die Mühe machen, ihn näher kennen zu lernen, wenn er nächstes Jahr um diese Zeit sowieso weg ist und durch jemand anderen ersetzt wurde?

Ihre Gemeinde wird nicht merken, dass Sie Freunde brauchen. Sie ist eine Gruppe mit einem geschlossenen System langfristiger Beziehungen. Wenn ein Mitglied jemanden zum Reden braucht oder Hilfe in einer Krise oder einfach mit jemandem einen Ausflug machen will, muss niemand lange überlegen, wen er anruft. Er wird die anrufen, die er schon immer angerufen hat und immer anrufen wird. Sie haben ein festes Beziehungsnetz. Es kommt ihnen kaum in den Sinn, dass Sie das nicht haben.

Wenn die Mitglieder dann doch versuchen, Sie einzubeziehen, schlagen solche Versuche oft ins Gegenteil um. Bei einem Gemeindeessen kamen einige Familien an meinen Tisch, um „einfach mal zu reden und Sie besser kennen zu lernen, Herr Pastor". Als das Gespräch in Gang kam, begannen sie, sich an die guten alten Zeiten zu erinnern, die sie zusammen erlebt hatten. „Erinnerst du dich noch an den alten Seiferth, unseren Geschichtslehrer? Weißt du noch, als du seinen kostbaren Zeigestock versteckt hast und er so aus der Fassung geriet, dass er die Stunde nicht beenden konnte? Was wohl aus dem geworden ist?" Dann wandte sich das Gespräch einer örtlichen Tragödie zu, von der ich keine Ahnung hatte. „Ja, die Schmidts müssen ihren Bauernhof aufgeben. Schade. Ich habe sie immer gemocht." Dann fingen die Familien an, miteinander Pläne für das Wochenende zu schmieden. „Ich wollte dich noch anrufen. Lass uns doch am Samstagabend Karten spielen. Die Kinder können draußen Verstecken spielen." Meine Frau und ich fühlten uns, als seien wir unsichtbar. Wir waren aus Versehen in ein fremdes Familientreffen geraten. Wir kamen uns vor wie zwei störende Fremdkörper inmitten einer vertraulichen Runde. Das tut weh.

Der verletzte Draufgänger in mir möchte diese Wunde pflegen und schreien: „Sie haben mich mit Absicht links liegen gelassen!" Aber das ist nicht wahr. Sie wussten nur nicht, wie sie diese seltsame Kreatur, die sich „Pastor" nennt, in die Unterhaltung einbeziehen sollten.

Problem Nr. 2: Der Dienst bringt Sie dazu, Ihre Identität aufzugeben

Ich habe zwischen College und Seminar einige Jahre „in der Welt" gearbeitet. Bevor ich mein Studium begann, nahm ich an einem Ehemaligentreffen des College-Wohnheims teil. Dort traf ich einen alten Freund, Jack, der schon ordinierter Pastor war. Ich freute mich, ihn zu sehen, und rief ihm einen Gruß zu.

Jack drehte sich langsam – mit einem trüben und leeren Ausdruck in den Augen – um. Anstatt mir auf den Rücken zu hauen und zu rufen: „Mensch, Bud, altes Haus" (Bud war auf dem College mein Spitzname), ergriff er sehr vorsichtig und mechanisch meine Hand. Er hielt sie mit dem richtigen Druck, nicht zu stark und nicht zu schwach, und sagte mit tonloser Stimme: „Hallo, Steve. Es ist gut, dich wieder zu sehen. Genießt du das Wochenende?"

Ich machte einen Witz über das Wetter.

„Ja, nun, es ist etwas unangenehm. Aber wir können uns nicht zu sehr beklagen. Diese Dinge sind in der Hand des Herrn."

Zuerst dachte ich, er spiele mir etwas vor. Aber als ich ihn im weiteren Verlauf des Wochenendes im Umgang mit anderen beobachtete, wurde mir klar, dass der Mann, den ich gekannt hatte, verschwunden war. An seine Stelle war „Robo-Pastor" getreten! Seine Persönlichkeit (ganz zu schweigen von seiner Vitalität) war unter vielen Lagen von künstlichem Programm verschwunden, die ihn zum „idealen Diener Gottes" machen sollten. Ab und zu kam der eigentliche Mensch für einen kleinen Augenblick durch. Wenn das geschah, wurde er nervös und das „Robo-Pastor"-Programm schaltete sich schnell wieder ein.

Als das Treffen zu Ende war, war ich erschüttert, trauerte um den Freund, den ich verloren hatte, und schimpfte auf die Kräfte innerhalb der „christlichen" Kirche, die eine Seele so auslöschen konnten. Ich hoffte, dass er wie Officer Murphy im Film „Robocop" irgendwann, irgendwie wieder eine Persönlichkeit werden würde.

Als ich meinen Dienst begann, bekam auch ich am eigenen Leib die Art von Druck zu spüren, die mein Freund erlebt haben musste. Ich wurde ständig dazu gedrängt, in vielen Bereichen meines Lebens den Maßstäben anderer zu entsprechen.

Es begann während eines Seminars. Einer meiner Professoren

versicherte, dass *jeder* Pastor zehn bis zwölf Stunden mit der Vorbereitung *jeder* Predigt verbringen *müsse,* sonst sei er ein Drückeberger. Dies lässt die Tatsache außer Acht, dass manche Menschen schneller arbeiten als andere. Oder dass öffentliches Sprechen für manche selbstverständlich ist, während es anderen schwer fällt. Oder dass im wirklichen Leben in einer Gemeinde manche Wochen so angefüllt sind mit Seelsorge und Krisensituationen, dass man kaum Zeit hat, den Predigttext kurz anzuschauen. Ich kenne Pastoren, die samstags bis nach Mitternacht aufbleiben, nicht etwa, weil sie keine vernünftige Predigt fertig hatten, sondern weil sie das Gefühl hatten, nicht genügend Zeit investiert zu haben. Ein bekannter Pastor erzählte, er habe seiner Gemeinde einmal gesagt, dass er keine Predigt für sie habe, weil er nicht die Zeit hatte, sie „mit Anstand" vorzubereiten. Ich wünschte, ich käme damit durch!

Ein anderer Lehrer bläute uns ein, dass alle Predigten drei Punkte haben müssten (nicht mehr und nicht weniger) und dass alle drei mit demselben Buchstaben beginnen müssten. Abgesehen von der Tatsache, dass ich weder so spreche noch so schreibe, könnte ich auf diesem Weg wenigstens den verzweifelten Versuch unternehmen die vorgesehenen zwölf Stunden damit zu füllen, die benötigte Alliteration zu finden.

Ein Professor für Neues Testament sagte uns, dass wir keinen Ruf in eine Gemeinde annehmen sollten, die nicht in der Nähe einer theologischen Schule liege, denn „ein guter Pastor verbringt viel Zeit in deren Bibliothek". Dadurch verurteilt er nicht nur viele ländliche Gemeinden zu pastorenloser Vergessenheit, er schrieb mir tatsächlich vor, wo ich zu leben hatte.

Meine Kommilitonen waren keinen Deut besser. Ich gehörte zu einer Gruppe ultra-konservativer Reformierter. Wenn ein neues Buch von einem reformierten Autor erschien, ging die Parole um, dass wir es *alle* kaufen *mussten.* Bestimmte Redner kamen auf den Campus und bestimmte Seminare wurden angeboten, und wir *mussten alle* teilnehmen. Von anderen Sprechern und Diskussionsforen *mussten* wir *alle* fernbleiben. Wehe dem, der dachte, dass ein reformierter Redner eine Debatte verloren hatte, oder der zugab, dass ein anderer Redner einige gute Punkte gebracht hatte.

Der Anpassungsdruck verstärkte sich noch, als ich mein Studium beendete und der raue Wind des Gemeinde-Alltags mir um die Nase wehte. Ich lernte sehr schnell, dass fast jeder in einer kleinen örtlichen Gemeinde feste Vorstellungen davon hatte, wie ein Pastor sein sollte. Viele scheuen sich nicht, es einen merken zu lassen, wenn man die Erwartungen nicht erfüllt. Was einen allerdings um den Verstand bringen kann, ist, dass oft keine zwei Meinungen übereinstimmen.

- „Der letzte Pastor kam unter der Woche immer einmal morgens auf einen Kaffee vorbei."
- „Unser voriger Pastor hat nie etwas getan, damit wir vorwärts kommen. Er hat nur mit den Mitgliedern immer dasselbe wieder und wieder durchgekaut."
- „Ein Pastor sollte wenigstens in einem Verein am Ort vertreten sein, das zeigt, dass er auch am gesellschaftlichen Leben interessiert ist."
- „Zu viele Aktivitäten außerhalb der Gemeinde, und die Gemeindeglieder fühlen sich vernachlässigt".
- „Als unser Pastor sollten Sie uns leiten."
- „Ich hoffe, Sie sind nicht einer von den Pastoren, die einem immer sagen, was man tun soll."
- „Sie sollten zuallererst unser Prediger und Lehrer sein."
- „Soll das etwa heißen, Herr Pastor, dass Sie die Adventskerzen noch nicht gekauft haben?"
- „Wir möchten, dass Sie Zeit für sich haben, um sich körperlich, geistlich und emotional zu erholen."
- „Ich bin jeden Morgen um neun im Büro, auch wenn ich am Abend vorher eine lange Sitzung hatte. Ich sehe nicht ein, warum Sie das nicht auch können. Wenn ich morgens am Gemeindehaus vorbeifahre, erwarte ich, dass Ihr Auto dort steht."

Wenn Sie in einer Kleinstadt arbeiten, werden Sie feststellen, dass auch dort die ganze Bevölkerung bestimmte Erwartungen an Sie hat. Man kann sich in einer Kleinstadt nicht in der Masse verstecken. Jeder weiß, dass Sie der Pastor sind. Wenn Sie in Shorts und T-Shirt zum Briefkasten gehen, wird bestimmt jemand vorbeifahren, hupen und winken. Der untadelige Pastor, der es allen recht machen möchte, sorgt sich dann unweigerlich: *Was hat er wohl gedacht, als er mich so angezogen sah?*

Ich liebe Filme und Comics, aber es gibt Augenblicke, in denen ich es mir verkneife, ein Exemplar der neuesten Filmzeitschrift in die Hand zu nehmen, um mir die exzellenten Filmbesprechungen anzusehen, weil ich Angst habe, dass jemand *den Pastor* gesehen hat, der so ein Magazin in die Hand nimmt und sogar liest. Ich habe hart daran gearbeitet, an Regalen mit Comics in Supermärkten und Buchläden vorbeizugehen, weil ich weiß, dass *Batman* nicht unbedingt auf der Liste der empfohlenen Bücher für einen Pastor steht.

Bei den seltenen Gelegenheiten, bei denen ich mich als unermüdlicher Diener meiner kleinen Gemeinde der großen Weite des Reiches Gottes zuwende, gerate ich noch mehr unter Anpassungsdruck. In der Post finde ich Prospekte von „Experten“, die mich wissen lassen, dass sie die perfekte Methode gefunden haben, damit meine Gemeinde zahlenmäßig und geistlich wächst (Ein ausgesprochen „sauberer“ Trick, da sie ja weder mich noch meine Gemeindeglieder noch unsere Gegend kennen.): Wenn ich nur zu einem Drei-Tage-Seminar komme, um mich programmieren ... äh, ich meine, trainieren zu lassen, dann kann ich in die Gemeinde zurückkehren und das Programm installieren ... äh, ich meine, den Plan anwenden und der Erfolg wird sich einstellen. Worauf warte ich noch? Warum schicke ich nicht gleich das Geld?

> *In der Post finde ich Prospekte von „Experten", die mich wissen lassen, dass sie die perfekte Methode gefunden haben, damit meine Gemeinde zahlenmäßig und geistlich wächst: Wenn ich nur zu einem Drei-Tage-Seminar komme, um mich programmieren ... äh, ich meine, trainieren zu lassen, dann kann ich in die Gemeinde zurückkehren und das Programm installieren ... äh, ich meine, den Plan anwenden und der Erfolg wird sich einstellen. Worauf warte ich noch? Warum schicke ich nicht gleich das Geld?*

Bücher und Fachzeitschriften geben mir widersprüchliche Ratschläge für den Dienst. Manche drängen mich, der Visionär zu sein und Verantwortung zu übernehmen. Andere raten, die organisatorischen Zügel loszulassen und mich darauf zu konzentrieren, der geistliche Leiter zu sein. Einer vertritt die Ansicht, man solle hauptsächlich für Suchende predigen; ein anderer will, dass ich das klare, unverfälschte altmodische Gotteswort predige. Einer sagt, dass ich meine engsten Freundschaften mit Menschen außerhalb der Gemeinde schließen soll, damit ich nicht den Kontakt zu ihnen verliere. Ein anderer rät, dass meine besten Freunde die Leiter meiner Gemeinde sein sollten.

Auf wen soll ich hören? Soll ich überhaupt auf jemanden hören? Wie soll ich als Pastor sein oder handeln? Woher weiß ich, wenn ich einem Rat folge, ob mich das mehr zu dem Diener Gottes macht, der ich sein soll, oder ob mich das nur in eine Form presst, die nicht passt? Im Falle meines Freundes Jack wurde regelrecht das Leben aus ihm herausgepresst.

Problem Nr. 3: Der Dienst sagt dir die Unwahrheit über dich selbst

- „Steve, du bist der netteste, freundlichste und liebevollste Mann, den ich kenne. Und deine Botschaften sind immer genau das, was ich brauche, um durch die Woche zu kommen."
- „Steve, wenn du nicht an deinem Temperament arbeitest, wirst du es im Dienst nie zu etwas bringen. In der Predigt von letzter Woche hast du sogar deinen Ärger an der Gemeinde ausgelassen. Diese Botschaft war nichts anderes als ein Werkzeug Satans, um die Gemeinde zu spalten."
- „Steve, Gott wird diese Botschaft gebrauchen, um uns zur Erweckung zu bringen. Er hat wirklich zu meinem Herzen gesprochen."
- „Ich konnte mich gerade noch beherrschen, um nicht mitten in deiner so genannten Predigt aufzustehen und hinauszugehen. Das war das Unsensibelste und Widerlichste, das ich je gehört habe."

Machen wir einen kleinen Test. Diese Aussagen stammen:

(a) von Mitgliedern derselben Gemeinde anlässlich derselben Predigt,
(b) von Menschen derselben Altersgruppe und sozialen Schicht,
(c) von bekennenden Christen, die in der Gemeinde aktiv sind,
(d) von wohlmeinenden Menschen, die nicht gemerkt haben, dass sie übertreiben,
(e) von allen genannten Gruppen.

Die richtige Antwort ist (e). Für einige Menschen in der Gemeinde bin ich das Wesen auf der Erde, das Jesus am nächsten ist. Ich gehe nicht in mein Büro. Ich steige auf zu Gottes Thronsaal und sitze eine Weile zu seiner Rechten. Ich mache nie Fehler und ganz bestimmt sündige ich nicht. Und ich hatte noch nie einen schlechten Tag und habe keine Predigt gehalten, die nicht zumindest inspirierend war.

Für einige Menschen in der Gemeinde bin ich das Wesen auf der Erde, das Jesus am nächsten ist. Ich gehe nicht in mein Büro. Ich steige auf zu Gottes Thronsaal und sitze eine Weile zu seiner Rechten. Ich mache nie Fehler und ganz bestimmt sündige ich nicht. Und ich hatte noch nie einen schlechten Tag und habe keine Predigt gehalten, die nicht zumindest inspirierend war.

Andere Mitglieder der Gemeinde sind der Ansicht, dass ich nur Ärger verursache. Ich würde Gottes Willen noch nicht einmal erkennen, wenn er ihn in Leuchtbuchstaben an den Himmel schriebe. Ich investiere mich nicht hundertprozentig in den Dienst, und das *merkt man.* Ich kümmere mich nicht um meine Leute. Ich laufe Gefahr, in der Hölle zu landen, und verliere bestimmt meine Pastorenstelle.

Ich wäre in großen Schwierigkeiten, wenn ich einem dieser Extreme Glauben schenken würde. Und in einer kleinen Gemeinde höre ich beides. Ich erfahre bestimmt die Meinung von jedem, und als empfindlicher Eiferer für den Herrn kann ich darüber Stunden, Tage oder Wochen nachgrübeln. In den letzten Jahren haben wir alle von Pastoren gehört, die durch eigene Fehler in große Schwierigkeiten gerieten. Wahrscheinlich haben sie die Meinung anderer zu ernst genommen.

Vielleicht haben sie auf die gehört, die ihnen sagten, dass sie immer in allem Recht haben. Folglich trieben sie ihre Gemeinden in den finanziellen Ruin, weil sie einige unausgegorene Visionen verfolgten, ohne die Kosten zu überschlagen oder auf andere Meinungen zu hören.

Vielleicht liebten sie die Aufmerksamkeit und Zuneigung ihrer Fans in der „Pastorenclique" so sehr, dass sie ihre Ehepartner vernachlässigten. Vielleicht hörten sie manchmal auf kritische, ja sogar dämonische Stimmen, wurden depressiv und ertränkten ihre Sorgen in Alkohol, Pornografie oder Drogen.

Vielleicht haben einige, nachdem sie zunächst wirklich Gott dienen wollten und aus allem, was man ihnen sagte, schließen mussten, dass sie versagt haben, sich entschieden, bereitwillig den Weg der Zerstörung zu gehen, um so viel Abstand wie möglich zwischen sich und Gott zu bringen. All diese Dinge können auch Ihnen passieren, und Sie machen sich selbst etwas vor, wenn Sie denken, das Sie dagegen immun sind.

Sie täuschen sich auch selbst, wenn Sie denken, dass niemand sonst auf der Welt weiß, durch welche Leiden Sie gehen. „Niemand weiß, was es bedeutet, ein Pastor zu sein. Man kann nirgendwo hingehen, um Verständnis und Trost zu bekommen. Oh, welch ein Kreuz sind wir Leiter berufen zu tragen." Wir glauben gerne, dass wir solche Märtyrer für die Sache Christi sind. Die Wahrheit ist, dass es viele Männer und Frauen auf dieser Welt gibt, die beruflich ständig Belastungen ausgesetzt sind: unerwartete Notfälle, schwierige Individuen, sofort „bereit" sein, sehen, wie manche, mit denen man gearbeitet hat, ihr Leben verpfuschen, öffentliche Kritik, versuchen, denen zu raten, die keinen Rat wollen, und ein voller Terminkalender. Zum Beispiel bei Ärzten und Krankenschwestern, Lehrern, Politikern, Sozialarbeitern und Polizisten, um nur einige zu nennen. Es ist leicht, in Gedanken ein Bild aufzubauen, das uns als einzigartigen tragischen Helden darstellt, dabei ist man nur ein typischer Vertreter des öffentlichen Dienstes. Es ist für den leidensbereiten Nachfolger Jesu eine Versuchung, ein Zusammentreffen mit einem Gemeindemitglied im Einkaufszentrum an seinem freien Tag mit dem Leiden und Sterben Jesu zu vergleichen. Es kann unangenehm sein, peinlich, kräftezehrend oder sogar ärgerlich. Aber es gehört zum Beruf.

Andere Mitglieder der Gemeinde sind der Ansicht, dass ich nur Ärger verursache. Ich würde Gottes Willen noch nicht einmal erkennen, wenn er ihn in Leuchtbuchstaben an den Himmel schriebe. Ich investiere mich nicht hundertprozentig in den Dienst, und das merkt man. *Ich kümmere mich nicht um meine Leute. Ich laufe Gefahr, in der Hölle zu landen.*

Problem Nr. 4: Der Dienst kann alte Wunden wieder aufreißen

Ein Mitglied der Gemeinde kann nach einem Anbetungsgottesdienst zu mir kommen und sagen: „Herr Pastor, niemand schien das letzte Lied zu kennen, das Sie heute Morgen ausgesucht haben", und plötzlich bekomme ich Magenschmerzen. Mein Mund wird trocken. Meine Hände werden feucht. Warum? Ich erinnere mich, dass in der vorigen Gemeinde ein größerer Konflikt damit begann, dass man „Kleinigkeiten" in meinem Dienst auszusetzen fand. Obwohl dieses Mitglied meiner derzeitigen Gemeinde keine große Sache daraus machen will, warte ich innerlich darauf, dass der Hammer auf mich niedersaust.

Das Problem ist, dass mein Pastorenamt mich so in Atem halten kann, dass ich nie die Zeit finde, dafür zu sorgen, dass meine alten Wunden vollständig heilen. Und da ich nur das Gehalt des Pastors einer kleinen Gemeinde bekomme, habe ich keine Hütte in den Bergen, in die ich mich zurückziehen kann. So mache ich einfach weiter, so gut es geht, und lege wieder einen Verband auf die Wunde, damit ich weiterarbeiten kann. Sie heilt nie völlig aus. Sie wird immer etwas empfindlich bleiben und wartet förmlich darauf, dass man daran stößt, damit sie wieder zu eitern beginnt.

Andere alte Gebrechen und Schmerzen können hochkommen und Probleme verursachen.

Wenn ich bei einer Familie bin, die über den Verlust eines lieben Menschen trauert, kann ich wieder den Schmerz spüren, den ich empfand, als meine Großeltern starben. Wenn ich eine Predigt darüber vorbereite, dass man seine Zunge im Zaum halten soll, kommen mir Dinge in den Sinn, die ich in der vergangenen Woche gesagt habe, die verletzend sein können. Wenn ich ein Seminar über Kindererziehung halte, erinnert mich das daran, dass ich wirklich nicht genügend Zeit mit meinen eigenen Kindern verbracht habe. Wenn ich jemanden seelsorgerlich berate, wie man ein bestimmtes Fehlverhalten besiegt, kann mir das Wissen um meine eigene Anfälligkeit für Versuchungen auf diesem Gebiet zur Last werden. Wenn ich der Lebensgeschichte meiner Gemeindeglieder zuhöre, kann ich mich darin verfangen, dass ich die zerbrochenen Beziehungen, unerfüllten Träume, falschen Entscheidungen und Zeiten der Verzweiflung meiner eigenen Geschichte neu erlebe. Wenn ich neuen Gemeindemitgliedern deutlich mache, wie wichtig es ist, Zeit allein mit Gott zu verbringen, kann ich den Mut verlieren, wenn ich daran denke, dass mein eigenes Gebetsleben „auf Eis liegt".

Es besteht auch die große Gefahr, dass Pastoren so viel Zeit mit Nabelschau verbringen, dass sie vergessen, sich umzusehen und darauf zu achten, wo die anderen sind. In manchen Bereichen müssen Pastoren so sein wie Ärzte, die in der Lage sein müssen, ihre eigenen Schwierigkeiten beiseite zu legen, um für die Kranken ihr Bestes zu geben. Sicher sollen sich Pastoren in die Menschen hineinfühlen, mit denen sie zu tun haben (vgl. Röm 12,15), und sie sollen in der Lage sein, ihnen den Trost zukommen zu lassen, mit dem sie getröstet wurden (vgl. 2 Kor 1,3–4). Der Umgang miteinander sollte uns „schärfen" (vgl. Spr 27,17), uns dazu bringen, unsere Sünden zu erkennen und zu lassen und uns im geistlichen Wachstumsprozess weiterbringen (vgl. Phil 3,12–14). Ich habe mich jedoch schon sehr oft dabei ertappt, dass meine Gedanken in einem Gespräch mit einem Ratsuchenden abschweiften und ich in mein eigenes Herz sah. Ich hätte am liebsten gesagt: „Ja, ja, ich weiß, du hast Probleme. Aber warte, bis du von meinen hörst!"

Ich habe mich jedoch schon sehr oft dabei ertappt, dass meine Gedanken in einem Gespräch mit einem Ratsuchenden abschweiften und ich in mein eigenes Herz sah. Ich hätte am liebsten gesagt: „Ja, ja, ich weiß, du hast Probleme. Aber warte, bis du von meinen hörst!"

Problem Nr. 5: Der Dienst macht Sie angreifbar für Versuchungen – wodurch Sie sich wiederum schlecht fühlen

Sobald ein Mitglied meiner Gemeinde in einen anderen Schichtdienst eingeteilt wird, ist es nur eine Frage der Zeit, bis er oder sie mit mir einen Termin vereinbart und eine oder mehrere der folgenden Beschwerden vorbringt.

- „Ich fühle mich Gott einfach nicht mehr nah. Oft weiß ich gar nicht, ob ich noch Christ bin oder nicht."

- „Ich scheine mein Temperament nicht unter Kontrolle zu haben. Jeder um mich herum regt mich auf, auch meine Familie."
- „Sie glauben nicht, was für schreckliche Gedanken ich habe. Ich kann gar nichts dagegen machen."
- „In letzter Zeit frage ich mich oft, was das alles bringt. Mein Leben wird nie besser. Ich stecke hoffnungslos im Trott fest."

Satan ist ein Meister geistlicher Kampfführung und eine seiner Regeln lautet: „Triff deinen Feind, wenn er am schwächsten ist." Wenn sich jemand auf einen neuen Lebensrhythmus einstellen muss, ist er müde und schwach. Die hungrigen Haie – die Welt, das Fleisch und der Teufel – setzen dann zum Todesstoß an.

Pastoren arbeiten oft alle Schichten gleichzeitig – Versammlungen gehen bis spät in die Nacht, am frühen Morgen kommen Anrufe, am Nachmittag berät und besucht er die Menschen und er fühlt zu jeder Tages- und Nachtzeit Paulus' „Last der Sorge für alle Gemeinden" (2 Kor 11,28). Dabei kann der Pastor als Knecht Gottes, der natürlich ständig im Dienst ist, nie kürzer treten oder eine Pause machen. So werden die Haie Blut riechen und ihn umkreisen. Sie werden erschrocken darüber sein, wie leicht Sie fallen können:

- „Ich kann meine Leute nicht mehr sehen. Wenn noch einer anruft, schreie ich!"
- „Gott sollte alles sein, was ich je brauche, aber jetzt will ich nur noch Schokolade!!"
- „Als ich mit der jungen Frau ein seelsorgerliches Gespräch führte, musste ich immer daran denken, wie toll sie in Shorts aussieht."
- „Wie kann ich andere dazu auffordern, Gott große Dinge zuzutrauen, wenn ich nach der letzten Gemeinderatssitzung nicht einmal mehr sicher bin, dass er existiert?"
- „Ich kann nicht sehen, dass durch meinen Dienst irgendjemand oder irgendetwas verändert wird. Diese Gemeinde wird nie wachsen, und ich bin dazu verurteilt, den Rest meiner Jahre in gemeindlicher Dunkelheit zu verbringen."

Wenn man auf die Probe gestellt wurde oder, schlimmer noch, wenn man nachgegeben hat, verstärken sich auch die dämonischen Haiangriffe. Sie werden versuchen, Ihnen das Fleisch von den Knochen zu reißen. So werden Sie gefressen:

- „Wie konntest du als Bote Gottes das sagen, was du gerade gesagt hast? Solltest du nicht der geistliche Leiter der Gemeinde sein? Wenn die Menschen deinem Beispiel folgen würden, gingen sie direkt hinter dir her in die Hölle."
- „Wie kannst du es wagen, über ein heiliges Leben zu predigen, wenn du dich nicht einmal selbst unter Kontrolle hast?"
- „Wo ist die Kraft des Geistes in deinem Leben, hm? Ein Pastor ohne den Heiligen Geist? Ha, wie komisch!"
- „He, Mann oder Frau Gottes, mach das doch noch einmal. Du bist so süß, wenn du zweifelst und Gott lästerst!"

„Wo ist die Kraft des Geistes in deinem Leben, hm? Ein Pastor ohne den Heiligen Geist? Ha, wie komisch!"

Und so machen Sie weiter – es sei denn, Sie können die Haie verjagen (siehe die Anleitung in Teil II) –, bis Ihr geistliches Leben und Ihre Vitalität verzehrt und nur noch trockene Knochen übrig sind.

Problem Nr. 6: Der Dienst stellt Sie der überwältigenden Gegenwart des Bösen von Angesicht zu Angesicht gegenüber

Da war ich nun, ein erwachsener Mann, der sich im Dunkeln fürchtete.

Ich wollte nachts nicht allein in die Kirche. Ich dachte die ganze Zeit an all das Gezänk und die Hinterhältigkeit, die in dieser kleinen Gemeinde seit Jahren vorherrschten. Ich dachte an den Widerstand, der mir entgegengebracht wurde, wenn ich das Evangelium predigte. Plötzlich merkte ich, dass ich mich nicht vor dem Dunkel, sondern vor „der Dunkelheit" fürchtete. Es schien eine Aura des Bösen, vielleicht sogar eine Art Dämon, hier zu sein. Ich hatte nicht genügend Erfahrung, um damit umzugehen. Ein Schauer lief mir den Rücken herunter, meine Haare standen zu

Berge. Nun wusste ich, dass in diesem Gotteshaus etwas auf mich wartete. Es war schlimm genug, dass es mich jeden Sonntagmorgen, wenn ich auf der Kanzel stand, aus dem Hinterhalt überfiel. Ich hatte immer das Gefühl, dass sich ein schweres Gewicht auf mich lege. Es war, als ob ich durch eine dunkle Wolke predigen würde. Ich fühlte mich verwirrt, mir war übel und sterbenselend. Allein durch die Gnade und Kraft Gottes überlebte ich den Gottesdienst, und einige wurden auch berührt, aber der negative Geist in der Gemeinde blieb. Gebetswache oder nicht, ich konnte auf keinen Fall eine halbe Stunde allein mitten in der Nacht dort hinein. Ich lief aus dem Gebäude, sprang in mein Auto und fuhr nach Hause.

Die dämonische Dimension ist für einen Pastor nur allzu real, stärker als für den Durchschnittschristen. Dies liegt vielleicht daran, dass wir mehr darüber nachdenken müssen als andere. Nicht nur das Wort Gottes, das ich studiere, warnt mich davor; auch andere Menschen erinnern mich immer wieder daran, ob ich es will oder nicht.

Da gibt es zum Beispiel die Frau in der Gemeinde, die sich vor ihrer Umkehr mit Okkultismus beschäftigt und nun das Gefühl hat, dass manchmal ein böser Geist in ihr Haus kommt, um ihr Angst zu machen. Da gibt es den Mann, der mir erzählt, dass er den Todesengel gesehen habe, als er mit dem Hund spazieren ging, und dass an jenem Abend jemand aus der Gegend gestorben ist. Oder der Mann, der das Gefühl hatte, dass ihn eines Nachts ein toter Verwandter besuchte. Ich bin vielleicht nicht Agent Mulder aus „Akte X“, aber ich höre genauso viele Spukgeschichten wie er (von vernünftigen, glaubwürdigen Menschen).

Solche Geschichten und Gedanken werden in meinem Unterbewusstsein gespeichert. Von Zeit zu Zeit habe ich dann das, was ich meine „dämonischen Träume“ nenne. Darin versuchen Teufel nicht nur, meinen Dienst zu zerstören, sie gebrauchen sogar Freunde und Angehörige, um mich zu töten. Ich wache meist genau dann auf, wenn sie sich gerade auf mich stürzen oder beginnen, mich in Besitz zu nehmen. Ich dachte jedes Mal, ich würde durchdrehen, bis ein älterer Pastor, den ich sehr schätze, zugab, dass er auch solche Träume hatte. Er sagte mir, dies sei ein „Berufsrisiko“. Er kann keine Horror-Filme sehen und noch nicht einmal Zeugnisse von Christen hören, die über Begegnungen mit Mächten und Dämonenaustreibungen berichten, ohne dass er das Gefühl hat, dass eine dunkle Bedrohung auf ihn kommt. Dann hat er Angst, nachts aufzustehen, manchmal sogar wochenlang!

Die dämonische Welt ist auch deshalb für Pastoren so sehr Realität, weil wir aus erster Hand die Zerstörung sehen, die sie im Leben von Menschen anrichtet. Ein Pastor wurde ohnmächtig, während er einen jungen Mann in der Notaufnahme eines Krankenhauses besuchte. Das lag aber nicht an dem Blut und den Nähten. So etwas hatte er schon vorher gesehen. Der junge Mann war mit über 180 Stundenkilometer gefahren, was zu diesem Unfall führte, bei dem seine Beifahrerin zum Krüppel wurde. Der Pastor dachte an das kranke, zerrüttete Familienleben, das den jungen Mann an diesen Punkt gebracht hatte, die tragische und sinnlose Zerstörung eines jungen Lebens und die Gefängnisstrafe, die diesem Mann mit ziemlicher Sicherheit bevorstand. Als ihm klar wurde, gegen welche Mächte er kämpfen musste, um Gottes Gnade in diese Situation zu bringen, wurde er davon überwältigt. Er fühlte sich so hilflos. Das Nächste, an das er sich erinnerte, war, dass er auf dem Fußboden lag.

Ich kann diesen Pastor verstehen. Wenn Menschen mir ihre Geschichten erzählen und ihre Übertretungen bekennen, höre ich manchmal so widerliche Geschichten von Missbrauch, sexueller Perversion, Gewalt, Gier, Selbstsucht und Hass, dass ich alles tun muss, um nicht aus dem Zimmer zu rennen und mich zu übergeben.

Jeden Abend flimmern die Nachrichten über den Müll der Welt über die Mattscheibe und spucken die tragischsten, ekelhaftesten und widerwärtigsten Geschichten in unsere Wohnzimmer. Manche Menschen besitzen die beneidenswerte Fähigkeit, abzuschalten und alles zu vergessen. Als Pastor sieht man ständig den „Müll". Man kann beginnen zu denken, dass es nichts anderes auf der Welt gibt. Man weiß, dass Gott eigentlich über Satan triumphiert hat, aber es sieht ganz sicher so aus, als hätte die falsche Seite gewonnen. Sie haben miterlebt, wie Menschen, denen Sie seelsorgerlich zur Seite gestanden haben, wieder in ihre alten Probleme zurückfielen, wie sture Vorstandsmitglieder neuen und dringend benötigten Programmen im Wege standen, wie Menschen den Glauben aufgegeben haben, wenn sie mit Schwierigkeiten konfrontiert wurden, und wie das Leben Unschuldiger zerstört wurde durch Menschen, die scheinbar ungeschoren davonkamen. Wo war Gott in all dem? Hat er die Kontrolle oder hat er sie nicht?

Pastoren ist auch schmerzlich bewusst, wie jeder einmal endet. Sie verbringen ihre Amtszeit damit, Menschen darauf vorzubereiten, ihrem Schöpfer zu begegnen. Sie besuchen die Sterbenden, leiten Beerdigungen und trösten die Trauernden. Pastoren wissen, dass jeder jederzeit gehen kann. Sie haben schon mitten in der Nacht Anrufe bekommen, dass jemand, der eigentlich gesund schien, gestorben ist. Pastoren beginnen, sich zu fragen, wer „als Nächstes dran ist", besonders, wenn gerade „Sterbesaison" ist. Kennen Sie den Spruch: „Ein Unglück kommt selten allein"? Erstaunlicherweise ist das oft tatsächlich der Fall. Beerdigungsunternehmer haben mir gesagt, dass Todesfälle gehäuft aufzutreten scheinen. Jemand hat sogar „Sterbetrends" ausgemacht und mir gesagt, dass wir bald viel zu tun bekommen werden. In solchen Zeiten beschäftigt man sich sehr intensiv mit dem Tod und wird ständig von einer gewissen Weltuntergangsstimmung begleitet. „Bin ich oder jemand aus meiner Familie der Nächste?" Sie denken an die Worte des alten Liedes, das Sie in den Flegeljahren zu singen pflegten. Nur lachen Sie diesmal nicht: *Wenn du mal einen Leichenwagen siehst, hast du je gedacht, dass du der Nächste bist? Sie wickeln dich in ein Leichentuch ein, ins tiefe Loch werfen sie dich hinein.*

In einer kleinen Gemeinde haben der Tod und das Böse Gesichter. Ich leite nicht nur die Beerdigung eines Gemeindegliedes, sondern einer Person, die ich näher kennen gelernt habe. Der Pastor macht sich nicht nur Gedanken über Gewalt in der Gesellschaft, er macht sich Gedanken, weil Karins Ehemann nicht aufhört, sie zu schlagen. Der Pastor einer kleinen Gemeinde liest nicht die Zeitung oder beruft eine Vorstandssitzung ein, um festzustellen, „welche Probleme wir als Gemeinde ansprechen sollten". Er ist ganz eng mit dem wirklichen, alltäglichen Leben von Menschen aus Fleisch und Blut verbunden. Dadurch wird das Leid, das wir mit ansehen, nur umso schlimmer. Weil sich die kleine Gemeinde als eine Familie betrachtet, wird jede Krise zur „Familienkrise". Für den Pastor als

Der Pastor einer kleinen Gemeinde ist ganz eng mit dem wirklichen, alltäglichen Leben von Menschen aus Fleisch und Blut verbunden.

verantwortliches „Familienoberhaupt“ bedeutet sein Dienst oft, dass sechs Verwandte gleichzeitig im Krankenhaus liegen und jeder Einzelne von ihnen seine Aufmerksamkeit und Fürsorge will. Die Gedanken bleiben auch lange, nachdem man das Krankenzimmer verlassen hat oder das Seelsorge-Gespräch zu Ende ist, bei dem, was sie durchmachen. Alle Leiden werden zu Ihren eigenen, bis Sie nur noch ein Wrack sind.

Problem Nr. 7: Der Dienst entfremdet Sie von Gott

„Psst! Psst!“

„Ja, Frau Jakob, was gibt es?“

„Gott ist auf Apparat 1, Herr Pastor. Er möchte mit Ihnen über die Richtung beraten, die die Gemeinde einschlagen soll.“

„Sehen Sie, ich habe gerade sehr viel zu tun. Heute Nachmittag trifft sich der Bauausschuss, und ich habe mich noch nicht für die Bibelstunde heute Abend vorbereitet. Sagen Sie ihm, ich werde nächste Woche mal versuchen, ihn irgendwo dazwischenzuschieben – vielleicht.“

Ihr Terminkalender kann oft so überfüllt sein, dass Sie weder die Zeit noch die Lust noch die Kraft haben, allein mit Gott zu sein. Es kann sein, dass Sie andere dabei begleiten wollen, einen Gott zu lieben, für den Sie nichts mehr empfinden. Es gab einfach keine Möglichkeit, die Beziehung zu pflegen. Sie sagen anderen, dass sie sich auf Gottes Kraft verlassen sollen, die sie durchs Leben bringen wird, während Sie selbst den Dienst völlig aus eigener Kraft tun.

Es ist so schwer, „den Herrn zu suchen“. Zuerst muss man innerlich ruhig werden. (Ha, wie komisch! Jedes Mal, wenn ich das versuche, klingelt das Telefon, und ein „Arbeitstier“ *muss* einfach drangehen.) Dann muss man eine passende Bibelstelle finden, sie studieren und darüber meditieren. Schließlich muss man sich durch eine endlose Liste von Gebetsanliegen beten, die man von den Gemeindemitgliedern bekommen hat. Wenn Gott mir nur hin und wieder ein kurzes, treffendes Fax senden würde, wäre alles viel einfacher.

Manche sagen vielleicht: „Pastor, es muss wunderbar sein, im vollzeitigen Dienst zu stehen. Stellen Sie sich vor, man wird dafür bezahlt, dass man den ganzen Tag über Gott nachdenkt.“

Ja, aber das ist gerade das Problem. Ich werde dafür bezahlt, über Gott nachzudenken. Er wird dann mein Beruf, nicht meine Berufung. Vor Jahren bemerkte einmal ein Reporter gegenüber einer berühmten Schauspielerin, dass es doch ein Glück sei, dass sie so gerne Gymnastik mache, da Schauspielerinnen ja in Form bleiben müssen.

Es ist so schwer, „den Herrn zu suchen". Zuerst muss man innerlich ruhig werden. (Ha, wie komisch! Jedes Mal, wenn ich das versuche, klingelt das Telefon, und ein „Arbeitstier" muss einfach drangehen.) Dann muss man eine passende Bibelstelle finden, sie studieren und darüber meditieren. Schließlich muss man sich durch eine endlose Liste von Gebetsanliegen beten, die man von den Gemeindemitgliedern bekommen hat. Wenn Gott mir nur hin und wieder ein kurzes, treffendes Fax senden würde, wäre alles viel einfacher.

„Mögen?", entgegnete sie, „ich hasse es zutiefst. Der einzige Grund, warum ich es mache, ist, dass ich weiter Geld verdienen kann. Mein Job hängt davon ab, dass ich wie ein Filmstar aussehe, also muss ich die Zeit investieren. Aber aus eigenem Antrieb würde ich es nicht tun." Ich nehme an, dass es im Leben dieser Schauspielerin einen Punkt gegeben haben muss, an dem sie gerne trainiert hat, sonst wäre sie vielleicht nie berühmt geworden. Aber im Laufe der Zeit wurde es etwas, das sie nicht länger gerne tat, zu dem sie aber gezwungen war. Viele Pastoren haben am Anfang vielleicht gern über Gott nachgedacht, sonst wären sie nie Pastor geworden. Nun hat sich aber etwas geändert. Ich tue es, weil ich *muss*, nicht weil ich *will*.

Gott ist jetzt nicht mehr mein Vater und Freund, er ist mein *Boss*. (Sie wissen ja, was man über Vorgesetzte bei Familienmitgliedern und Freunden sagt.) Sie arbeiten nun nicht mehr *mit* Gott, um sein Reich zu bauen, sondern *für* Gott, im allerschlimmsten Sinne. Gott wird derjenige, der Ihnen noch mehr Seelsorgefälle über den Weg schickt, noch mehr organisatorische Probleme zu lösen gibt, von Ihnen verlangt, dass Sie Leiter ausbilden, und Sie drängt, Zeit im Gebet für die Weltmission zu verbringen, wenn Sie ohnehin schon mit Arbeit überhäuft sind. Der Boss verlangt wirklich zu viel von mir! Ständig soll ich mich anstrengen, meine Arbeit noch besser zu machen.

Arbeitnehmer machen Witze darüber, dass ihre Chefs allwissend sind. Meiner ist es tatsächlich! Er weiß jedes Mal, wenn ich es wieder vermasselt und mich dumm benommen habe. Wenn ich seine Arbeitsanweisung an mich (die Bibel) öffne, scheint er mich immer mit der Tatsache zu konfrontieren, dass ich und die Abteilung, die ich leite (die kleine örtliche Gemeinde) nicht den Erwartungen entsprechen. Außerdem bezahlt er in kleinen Gemeinden nicht allzu gut (jedenfalls nicht in diesem Leben). Menschen in anderen Berufen, die genauso lange studiert haben und so viele Stunden arbeiten wie ich, bringen ein dickeres Gehalt nach Hause. Und nun sagt der Boss auch noch, dass er außerhalb der Arbeit auch noch Zeit mit mir verbringen, mich persönlich kennen lernen will. Das wär' ja noch schöner! Während der Arbeit muss ich es mit ihm aushalten, aber nach Feierabend bin ich frei.

Arbeitnehmer machen Witze darüber, dass ihre Chefs allwissend sind. Meiner ist es tatsächlich!

„Pastor, ich beneide Sie. Sie können doch sicher ständig im Leben der Menschen Beweise sehen, dass Gott wirklich existiert."

Nun, die sehe ich, aber ich sehe auch Dinge, die mich dazu bringen könnten zu glauben, dass Gott wirklich *nicht* da ist oder *nicht* so eingreift, wie wir denken, dass er dies tun sollte. Was mache ich zum Beispiel mit der Frau, die darauf besteht, dass Gott sie geheilt hat, wenn sie noch alle Symptome der Krankheit hat? Oder was ist mit dem Mann, der fest davon überzeugt ist, dass Gott ihm gesagt hat, wie er in einer bestimmten Sache bei der Vorstandssitzung abstimmen soll, obwohl er die Tatsachen völlig falsch verstanden hat? Und die Frau, die in Armut lebt, Übergewicht hat, gefühlsmäßig labil und ohne Ausbildung ist, die mir aber versichert, dass Gott sie zur Prophetin für unsere Zeit bestimmt hat? Und dann ist da noch die Gemeinde, die ein Freund von mir einmal besucht hat. Die Gemeinde behauptete, dass sie Beweise dafür habe, dass die Wolke von Gottes Herrlichkeit auf ihrem Gebäude läge, und man zeigte ihm die Fotos als Beweis. Mein Freund kennt sich aber mit Fotografie gut aus und erkennt Schlieren auf einem Foto (ein häufiges Problem), wenn er sie sieht. Aber dieses Wissen konnte die Gläubigen natürlich nicht von ihrer

Meinung abbringen. Manchmal frage ich mich, ob Gott wirklich mit mir ist, mich segnet, mich führt und mich lehrt – oder bin ich auch schon ein bisschen verrückt?

„Herr Pastor, Sie können Stunden mit Bibelstudium verbringen. Wie aufregend!"

Ja, und auch frustrierend. Die Stunden, die ich mit Studien verbracht habe, haben mir gezeigt, dass nicht alles im Leben schwarz oder weiß ist und dass es zu vielen theologischen Fragen und Themen mindestens zwei Seiten gibt. Meine Studien lassen mich oft verwirrt den Kopf schütteln, anstatt meine Knie in Anbetung zu beugen. Manchmal wünsche ich mir die Tage zurück, als ich noch ein „einfacher Gläubiger" war.

Ich habe schon erlebt, dass meine Gemeindeglieder an die Decke gingen, wenn ich ihnen erklärte, dass es mehr als *eine* christliche Ansicht über Themen wie die Endzeit, die Ordinierung von Frauen oder die Rolle der weltlichen Regierung gibt. Sie denken, ich will ihren Glauben zerstören. „Ich dachte, die Bibel lehrt nur einen Weg! Sie wollen sagen, dass eine Schriftstelle alles aussagen kann, was wir hineinlesen möchten, dass der Mensch dem Wort Gottes seine eigenen Lehren aufzwängen kann?" Manche raten mir, dass ich nur beten solle, Gott würde mir dann sagen, welche Interpretation dieser Themen die einzig richtige sei. Und sicher würde ich zu demselben Schluss kommen wie sie, denn Gott hatte es *ihnen* ja schon gesagt.

Ich frage mich, wie diese Gläubigen zurechtkommen würden, wenn sie die Bibel studieren müssten, um die Predigt für die kommende Woche vorzubereiten. Der liberale Kommentar, den ich zu Rate ziehe (weil seine Angaben zu Geschichte und Gebräuchen im Altertum sehr gut sind), versucht, mich logisch davon zu überzeugen, dass die Ereignisse in dieser Schriftstelle nie wirklich stattgefunden haben können. Die Priester haben sich alles nur ausgedacht, um den Wert des Gottesdienstes zu erhöhen. Die drei konservativen Kommentare stimmen nicht darin überein, welches die Hauptpunkte der Geschichte sind. Einer meint, dass ein hebräischer Satz eine bestimmte Nuance habe, während ein anderer sagt, dass diese Interpretation des Wortlautes nicht stimme. Ich würde gerne das reine, einfache, wahre, unveränderliche Wort Gottes predigen – wenn ich nur wüsste, was das ist.

Kapitel 2

Der Sturm im Wasserglas

Beim 14-tägigen Pastorentreffen saß Pastor Kleinegruppe neben Pastor Großeherde. Pastor Kleinegruppe begann, von den Schwierigkeiten in seinem Dienst zu erzählen, besonders mit einem streitsüchtigen Herrn Langemitglied.

Pastor Großeherde unterbrach ihn: „Sie können sich nicht von irgendjemandem einschüchtern lassen. Denken Sie daran, Sie sind Gottes Mann mit Gottes Plan. Zeigen Sie Ihrer Gemeinde einfach, wer der Chef ist!"

Pastor Kleinegruppe dachte: *Das ist ja das Problem, jeder weiß schon, wer der Chef ist – Herr Langemitglied!*

Pastor Großeherde war ganz in seinem Element. „Sie müssen träumen; für Ihre Gruppe Ziele setzen und dann mit ganzer Kraft vorangehen!"

Ja, stimmte Pastor Kleinegruppe innerlich zu, *das könnte ich, wenn ich die Ältesten irgendwie loswerden könnte. Übrigens, die letzten beiden Pastoren, die versucht haben, in meiner Gemeinde Dinge durchzusetzen, mussten ihre Sachen packen und gehen.*

„Sie müssen träumen; für Ihre Gruppe Ziele setzen und dann mit ganzer Kraft vorangehen!" Ja, das könnte ich, wenn ich die Ältesten irgendwie loswerden könnte. Übrigens, die letzten beiden Pastoren, die versucht haben, in meiner Gemeinde Dinge durchzusetzen, mussten ihre Sachen packen und gehen.

„Sagen Sie, hören Sie überhaupt zu?" Großeherde zog seine rechte Augenbraue hoch.

„Oh ... ja, natürlich. Ich denke, ich bin einfach müde. Eine Frau in meiner Gemeinde muss wegen einer komplizierten Operation ins Krankenhaus, und ich habe viel Zeit damit verbracht, ihr..."

„Moment mal! Ist sie eine Leiterin in Ihrer Gemeinde?"

„Nein, eigentlich nicht, aber ..."

„Da liegt Ihr Problem. Sie müssen lernen, 80 Prozent Ihrer Zeit mit nur 20 Prozent Ihrer Leute zu verbringen – denjenigen, die andere beeinflussen können."

Pastor Kleinegruppe sagte danach nicht mehr viel. Warum auch? Grosseherde hatte keine Beziehung zu dem, was er durchmachte. Obwohl Kleinegruppe und Großeherde beide Diener des Evangeliums waren, lebten, arbeiteten und bewegten sie sich offenbar in völlig verschiedenen Welten.

Es gibt geistige Lasten zu tragen, die entweder nur den Dienst in einer kleinen Gemeinde betreffen oder für deren Pastor besonders schwer zu tragen sind. Wir wollen diese Lasten einmal näher betrachten und sehen, wie sie Ihre Gesundheit gefährden können.

Last Nr. 1: Der Dienst in einer kleinen Gemeinde kann Sie in Kleinigkeiten stecken bleiben lassen

Befragen Sie eine beliebige Gruppe von Pastoren, warum sie in den Dienst gegangen sind, und Sie werden garantiert keinen finden, der Folgendes sagt:

- „Ich bin Pastor geworden, weil ich es liebe, einen defekten Kopierer dazu zu bringen, die Gemeindemitteilungen für diese Woche auszudrucken."
- „Ich mag es, in langjährige Familienfehden zwischen Menschen hineingezogen zu werden, die aufeinander herumhacken und sich nicht vergeben."
- „Ich schlichte gern einen Streit über so weltbewegende Dinge wie: Ist es Zeit, eine neue Fußmatte für den Eingangsbereich der Kirche zu kaufen? Oder: Welche Farbe sollen die neuen Liederbücher haben?"
- „Ich habe mich immer als Hausmeister gesehen. Ich wollte schon immer derjenige sein, der sich darum kümmert, dass das Gemeindehaus aufgeschlossen ist, wenn eine Gruppe hinein will."
- „Ich wollte schon immer dafür sorgen, dass sich Leute auf die Liste für Mitarbeit beim Flohmarkt eintragen."

- „Ich bin von Gott dazu berufen, Ausschuss-Vorsitzende zu überwachen, damit sie ihre Arbeit pünktlich erledigen."
- „Ich bin ein Meister darin, mit einem Kirchenvorstand, bei dem jeder für einen anderen Bereich zuständig ist, um die Veränderung der Liturgie im Gottesdienst und einen größeren Parkplatz zu kämpfen."
- „Ich warte nur auf Anrufer, die mich fragen, wann das nächste Gemeindeessen veranstaltet wird oder ob meine Gemeinde die neueste Videoserie kaufen will, die die Christenheit gerade im Sturm erobert oder ob die Kinder der Jugendgruppe eine schriftliche Erlaubnis für die Freizeit brauchen."
- „Es war schon immer mein größter Wunsch, der Leiter von Gottes Beschwerdeabteilung zu werden, und ich kann es kaum erwarten, mit Gemeindegliedern darüber zu diskutieren, warum der Gottesdienst letzten Sonntag zehn Minuten zu lang war oder warum wir für das Abendmahl Traubensaft statt Wein verwenden."

Trotzdem werden viele Pastoren feststellen, dass sie einen großen Teil ihrer Zeit mit diesen oder ähnlichen Dingen verbringen. Ich kann einen ganzen Tag lang (und eine ganze Nacht) arbeiten und habe nicht einmal die Bibel geöffnet oder ein Gebet gesprochen. Es war nicht nötig. Viele Pastoren wünschen insgeheim, dass sie ihre Vorbereitungszeit für den Dienst nicht damit verbracht hätten, tote Sprachen zu lernen oder Kirchengeschichte zu studieren. Stattdessen hätten sie lieber Geschäftsführung, Konfliktmanagement und Kurse für psychische Abnormalitäten an der Volkshochschule belegen sollen. Pastoren müssen ständig Dinge tun, für die sie wenig oder gar nicht ausgebildet sind und an denen sie, was noch wichtiger ist, kein Interesse haben.

Pastoren müssen ständig Dinge tun, für die sie wenig oder gar nicht ausgebildet sind und an denen sie, was noch wichtiger ist, kein Interesse haben.

Wahrscheinlich sind Sie aus dem einen oder allen der folgenden Gründe Pastor geworden:

- Sie fühlten sich von Gott berufen, seine Botschaft in die Welt zu tragen (Jesaja 6,8).

- Sie wollten Seelen gewinnen und Menschen dabei unterstützen, zu hingegebenen Jüngern zu werden (Mt 28,19–20).
- Sie wussten, dass Gott Sie als Lehrer gebrauchen könnte, um seine Leute für den Dienst zuzubereiten (Eph 4,11–12).
- Sie sind von Gott getröstet worden und möchten diesen Trost an andere weitergeben (2 Kor 1,3–4).
- Sie leiten gerne den Lobpreis (Ps 34,3).
- Sie sehnen sich danach, den Armen und Leidenden zu helfen (Mt 25,31–46).
- Sie wünschen leidenschaftlich, dass Gerechtigkeit in der Welt geschieht (Mal 3,5).

Aber nun stellen Sie fest, dass Ihre Zeit von Aufgaben und Pflichten in Anspruch genommen wird, die scheinbar wenig mit dem zu tun haben, wonach Sie streben. Wenn Sie ein aggressives „Arbeitstier“ sind, werden Sie wie ein Rennpferd handeln, das zu lange in einem kleinen Stall eingesperrt war. Wenn Sie nicht in der Lage sind, zu tun, wozu Sie geschaffen und ausgebildet wurden, dann drehen Sie durch. Der „Kriegsmann“ tritt gegen die Stallwände. Sie schlagen nach der Gemeinde, die Sie einengt, aus. Sie schnauben, wiehern und beißen.

Vielleicht sind Sie auch ein passiver „Lastesel“. Sie werden wie ein Arbeiter, der in einem eintönigen Job gefangen ist. Tag für Tag stehen Sie am Fließband, während Ihr Herz woanders ist. Weil Sie wissen, dass Sie nie wirklich Ihrem Herzen folgen können, stirbt etwas in Ihnen. Das Feuer in Ihren Augen erlischt. Ihr Körper erscheint jeden Tag an Ihrer Arbeitsstelle, aber Ihre Seele ist nicht mehr da. Sie beginnen für Bowling-Verein, Kabelfernsehen und freie Tage zu leben. Der Job sichert nur noch Ihren Lebensunterhalt. Er regt Sie nicht mehr an und motiviert Sie auch nicht.

Last Nr. 2: Der Dienst in einer kleinen Gemeinde bringt Sie auf eine Achterbahn der Gefühle

Für den Pastor einer kleinen Gemeinde schließt jede kleine Neuigkeit viel ein. Bill Hybels schlägt bestimmt keine Purzelbäume, wenn fünf Neue in die *Willow Creek*-Gemeinde eintreten, aber fünf neue Mitglieder können für Sie 20 Prozent Wachstum bedeuten. Außerdem hören Sie in einer kleinen Gemeinde alle Neuigkeiten sofort, da Sie für jeden jederzeit erreichbar sind. Jeder Leiter einer Megagemeinde hat bestimmt Menschen, die Anrufe für ihn entgegennehmen, aber Sie müssen aus der Dusche springen, um ans Telefon zu gehen.

Das Herz eines Pastors ähnelt oft einem Tischtennisball, der von widersprüchlichen Nachrichten getroffen wird und in kürzester Zeit zwischen Freude und Verzweiflung hin- und hergeschossen wird. Weil sich der Hirte einer kleinen Herde irgendwie für alles persönlich verantwortlich fühlt, das in der Gemeinde und bei jedem Mitglied geschieht, sei es gut oder schlecht, ist er zu manisch-depressiven Phasen verurteilt.

Das Telefon klingelt. Es ist das vitale junge Ehepaar, das die Gemeinde seit einiger Zeit besucht. Sie haben sich entschlossen, Mitglieder zu werden! Hurra! Nun gilt es, sie zu überre... äh, ich meine, sie als Mitarbeiter in der Jugendgruppe zu gewinnen. Wieder klingelt das Telefon. Es ist eine in Tränen aufgelöste Frau, die am Boden zerstört ist, weil ihr Mann sie gerade verlassen hat. Sie fühlen nicht nur mit ihr mit, Sie sind genauso verwirrt. Ihr Mann ist Leiter eines Arbeitsbereichs in der Gemeinde. Es klopft an der Tür. Es ist der Kassierer, der die Nachricht bringt, dass die Spenden dieses Jahr stark zurückgegangen sind. „Ich weiß nicht, wie wir damit die geplanten Ausgaben bezahlen sollen“, seufzt er, „besonders wenn wir alle Ihre Sozialabgaben zahlen müssen.“ Er schaut Sie hoffnungsvoll an. Sie sehen an die Decke. Am Nachmittag kommt mit der Post ein Brief, in dem Ihnen jemand für die Predigt der letzten Woche dankt. Die Schreiberin sagt, es wäre, als ob Gott ihr durch Ihre Worte einen Rettungsring zugeworfen hätte. In der Post ist auch eine Nachricht der Kirchenleitung, die Ihnen mitteilt, dass demnächst ein Evangelisations-Workshop in Ihrer Gegend stattfindet. Ihr Herz beginnt zu klopfen. Das ist genau das, was Ihre Gemeinde braucht! Dann kommen Sie aber schnell auf den Boden der Tatsachen zurück, wenn Sie sich an das eisige Schweigen erinnern, das bei jeder Sitzung des Gemeindevorstandes bei der Erwähnung von Evangelisation eintritt. Das Telefon klingelt. Es ist Ihre Frau: „Hallo, Liebling! Ich habe gerade an dich gedacht und rufe an, um dir zu sagen, dass ich dich liebe. Wie ist dein Tag so?“ Gute Frage. Sie wünschten, Sie hätten eine eindeutige Antwort.

Last Nr. 3: Der Dienst in einer kleinen Gemeinde lässt Sie sich wie einen Versager fühlen

Sie sind sich vielleicht schmerzlich der Tatsache bewusst, dass die Menschen in Ihrer Gemeinde den Rat von Reinhold Ruthe eher annehmen als den Ihren. Sie wissen, dass Sie nicht die politische Schlagkraft der Kirchenbischöfe Wolfgang Huber oder Maria Jebsen haben. Sie können nicht so wirksam predigen wie Ulrich Parzany. Und wenn Sie zur Entscheidung für Jesus aufrufen, kommen nicht die Massen nach vorne wie bei Peter Wenz. Sie sind nicht Wolfhard Margies, deshalb können Sie für den Lobpreisgottesdienst am nächsten Sonntag keine berühmten Größen einladen. Und sollten Sie je vergessen, dass Sie sich nicht mit den berühmten Pastoren unserer Zeit messen können, keine Angst! Es wird in der Gemeinde immer jemanden geben, der Sie daran erinnert.

Eine Frau, die regelmäßig nicht zum Lobpreisgottesdienst am Sonntagmorgen kommt, weil sie müde ist oder andere Verpflichtungen hat oder warum auch immer, lässt mich wissen, dass sie *niemals* einen bestimmten Fernsehprediger am Sonntagabend versäumt, denn: „Seine Botschaften sind so ein Segen. Er ist wirklich ein Mann Gottes. Er kennt die Bibel vorwärts und rückwärts." Und was bin ich dann, ein Niemand?

Eine andere Frau stellt mich zur Rede, weil ich mit ihrem liebsten Fernsehprediger in einer bestimmten theologischen Frage nicht übereinstimme. „Herr Pastor, schließlich segnet Gott ihn. Er ist im Fernsehen und alles." Ich kämpfe mit dem Wunsch, ihr zu antworten: „Pfarrer Fliege ist auch im Fernsehen. Sollte man deshalb auf ihn hören?" Oder weniger freundlich: „Wenn ich genug Leute dazu bringen könnte, mir 40 DM monatlich zu zahlen, hätte ich auch meine eigene Fernsehshow." Oder *noch* weniger freundlich: „Wenn Ihre Mutter mal wieder im Krankenhaus ist, rufen Sie doch Ihren Superstar an und bitten Sie ihn, dass er sie besucht. Wir wollen doch, dass sie *wirklich* gesegnet wird, nicht wahr?"

Abgesehen davon, dass solche Einwände dazu führen, dass Sie sich der „Konkurrenz" unterlegen fühlen (ob das nun Mediengiganten sind oder „wirklich erfolgreiche" Pastoren aus Ihrer Gegend), nicht einmal Jesus könnte Ihrer Arbeitsplatzbeschreibung gerecht werden. Ein älterer Pastor sagte mir einmal, indem er sorgenvoll den Kopf schüttelte: „Früher hat es genügt, wenn man gepredigt und die Bibel gelehrt hat, die Leute besucht, für die Kranken gebetet und die Leute getraut und beerdigt hat. Aber das reicht nicht mehr." Er hat Recht.

Nicht einmal Jesus könnte Ihrer Arbeitsplatzbeschreibung gerecht werden.

Von einem modernen Pastor wird erwartet, dass er: zu allen aktuellen Themen eine fundierte Meinung hat, sich mit Computern auskennt, weiß, wie die Lautsprecheranlage funktioniert, gut mit Jugendlichen umgehen kann, 24 Stunden am Tag, sieben Tage die Woche Rufbereitschaft für Krisenberatung hat, „uns motiviert, zu evangelisieren", große Träume für die Gemeinde hat, bei der Gemeindevorstandssitzung für das Essen sorgt, den Gedanken an Auslandsmission bei den Leuten lebendig hält, einen Plan für die Neustrukturierung der Sonntagsschule bereit hat, mithilft, Spenden für die Gemeinde aufzubringen, dafür sorgt, dass er im Ort bekannt ist, mit den neuesten Entwicklungen hinsichtlich Gemeindewachstum und geistlicher Musik Schritt hält, vertraut ist mit den neuesten Filmen, Fernsehshows, Bestsellern und Schlagern, um kein Außenseiter zu sein, dem Kirchenpfleger die neuesten Steuergesetze erklären kann, dafür sorgt, dass das Gemeindehaus behindertengerecht ist, Richtlinien über sexuelle Belästigung am Arbeitsplatz für die Angestellten der Gemeinde verfasst, Selbsthilfegruppen für Menschen mit verschiedenen Abhängigkeiten organisiert, die Umwelt schützt, eine Kampagne über „Gute Haushalterschaft der mancherlei Gaben Gottes" leitet, als Streikposten vor „Buchläden für Erwachsene" steht; zerbrochene Ehen heilt, jede Woche eine vollmächtige Predigt hält, die die Menschen anrührt – „Wissen Sie, ich gehe in die Gemeinde, damit ich aufgebaut werde!"

Kein Mensch könnte all dies tun. Unser Verstand sagt uns dies auch. Aber warum fühlen wir uns dann so schuldig, wenn wir es nicht können? Weil die notorischen Eiferer für den Herrn ein perverses Bedürfnis haben, sich schlecht zu fühlen. Wir möchten glauben, dass wir für immer dazu verurteilt sind, das absolut Unmögliche zu versuchen.

Als Pastor sind Sie berufen, einer skeptischen, zynischen Welt eine unglaubliche Botschaft zu bringen. Einige befreundete

Pastoren und ich sprachen einmal darüber, wie sehr der christliche Glaube Anstoß erregt. Wir glauben, dass ein Zimmermann, der vor 2 000 Jahren lebte, Gott ist. Wir glauben, dass er, nachdem er gestorben war, nach drei Tagen auferstand. Wir glauben, dass unsere Lieben eines Tages mit einem ganz neuen Leib aus ihren Gräbern auferstehen werden. Wir glauben, dass sich die anderen Religionen in der Welt im Irrtum befinden. Wir glauben, dass sich das Meer teilt, dass das Eisen einer Axt schwimmt, dass Männer in glühenden Öfen herumgehen, wir glauben an Engel und Dämonen, an Visionen und Träume und dass ein jahrhundertealtes Buch mit uralten Geschichten das Recht hat, uns zu sagen, wie wir unser Leben führen sollen. Mir ist oft klar, dass dies für Ungläubige klingen muss, als ob ich ihnen den Mond verkaufen wollte.

Aber nicht nur die Botschaft erregt Anstoß, sondern auch die Botschafter. Gott möchte die Welt dazu aufrufen, sich mit ihm zu versöhnen, und dazu hat er wen auserwählt? Mich! Mich, der ich schwach, müde, überarbeitet, verwirrt und auch nur ein fehlerhafter Mensch bin. Meiner eigenen Unzulänglichkeit wohl bewusst, möchte ich oft wie Mose sagen: „Oh, Herr, sende bitte jemand anderen, um das zu tun." Wie Paulus frage ich oft: „Wer ist dazu tüchtig?" (2 Kor 2,16). Ich weiß, dass ich es nicht bin. Trotzdem bin ich dazu berufen, es zu tun. Manchmal fühle ich mich, als sei ich ein fünfjähriger Junge, dem man eine schwere Rechenaufgabe stellt. Ich schreie nur immer wieder: „Ich kann es nicht, ich kann es nicht!" Aber die Lehrer schreien mich nur an, lassen mich nachsitzen oder immer wieder durchfallen.

Wiederholtes Versagen ist an der Tagesordnung, wenn der Pastor versucht, „die Gemeinde voranzubringen". Die kleine Gemeinde ist dafür berüchtigt, sich nur langsam zu verändern und neue Gedanken anzunehmen. Die Programme und Pläne des Pastors werden vom Gemeindevorstand, den Komitees, den Patriarchen und Matriarchen zunichte gemacht. Nach einer Weile lässt er sie einfach auf dem Schreibtisch sterben, ohne mit jemandem darüber zu sprechen. Der eifrige Werkmann Christi fürchtet, wieder entmutigt, enttäuscht und frustriert zu werden. Dann beginnt er zu fragen: „Was für ein Leiter bin ich eigentlich, wenn ich niemanden dazu bringen kann, mir zu folgen? Wie kann ich diese Herde hüten, wenn sie sich weigert, sich dahin führen zu lassen, wo Gott sie haben will? Wo ist die Kraft Gottes, die meinen Dienst salben sollte?"

Deprimiert schaue ich auf mein Versagen. Dann beginne ich mich zu fragen, ob die Frau, die den Fernsehprediger mir vorzieht, nicht Recht hat. Wenn ich ein solch großartiger Pastor bin, warum bin ich dann nicht im Fernsehen? Wenn ich wirklich von Gott auserwählt und gesegnet bin, warum sitze ich dann in dieser kleinen, etwas komischen Gemeinde fest? Ich kann dann leicht zu dem Schluss kommen, den Jack Nicholson in „Einer flog über das Kuckucksnest" zog: „Ich muss verrückt sein, dass ich in so einer Klapsmühle bin."

Ich beginne mich zu fragen, ob die Frau, die den Fernsehprediger mir vorzieht, nicht Recht hat. Wenn ich ein solch großartiger Pastor bin, warum bin ich dann nicht im Fernsehen? Wenn ich wirklich von Gott auserwählt und gesegnet bin, warum sitze ich dann in dieser kleinen, etwas komischen Gemeinde fest?

Last Nr. 4:
Der Dienst in einer kleinen Gemeinde verlangt, dass Sie immer wieder dieselben Dinge tun

Kleine Gemeinden suchen keine Raumschiff-Kapitäne, die sie dahin bringen, „wo noch nie zuvor ein Mensch gewesen ist". Sie sind ganz zufrieden damit zu bleiben, wo sie sind, danke sehr. Stattdessen wollen sie einen Geistlichen, der da ist, wenn Trost oder Rat gebraucht wird, der sie jeden Sonntag im Lobpreis leitet und sie traut und beerdigt. Als kreativer und begeisterter Leiter Ihrer Gemeinde sind Sie voller Ideen, wie man die Menschen Ihres Ortes erreichen, das Programm der Gemeinde verbessern, die Verwaltung neu organisieren und die Gemeinde in das 21. Jahrhundert führen könnte, und nicht damit zufrieden, nur Geistlicher zu sein. Sie möchten Spannung und Herausforderung, aber die „To-do"-Liste dieser Woche sieht fast genauso aus wie die der vorherigen. Sie müssen wieder einmal die ältere Frau Zurückgezogen besuchen, ein Bibelstudium für Mittwochabend vorbereiten, eine weitere Sonntagspredigt ausarbeiten und bei Maiers vorbeischauen, deren Tommy nach überstandener Blinddarmoperation wieder zu

Hause ist. Würden Sie nicht viel lieber an all den innovativen Ideen arbeiten, die Ihnen durch den Kopf gehen? Der ehrgeizige Pastor in Ihnen nimmt es Ihnen übel, dass Sie es nicht können und dass, selbst wenn Sie es könnten, keiner diese Ideen hören will. Der Dienst wird irgendwie langweilig. Nach einiger Zeit haben Sie das Gefühl, Sie könnten Ihre Aufgaben als Geistlicher im Schlaf erledigen. (Positiv gesehen, ermöglicht Ihnen dies, Ihr Schlafdefizit während der Arbeit auszugleichen.)

Als Pastor einer kleinen Gemeinde haben Sie immer wieder mit denselben Leuten zu tun. Viele brauchen Tag für Tag, Monat für Monat und Jahr für Jahr immer wieder dasselbe. Und unglücklicherweise sind sie wahrscheinlich auch immer wieder gleich exzentrisch, haben dieselben Schrullen und dieselben guten oder schlechten Umgangsformen. Manche werden immer wieder dieselben Beschwerden vorbringen. Menschen aus kleinen Gemeinden lassen die Vergangenheit nicht so schnell los. Das bedeutet, dass sie Groll hegen über tatsächliche oder eingebildete Verletzungen, die lange Zeit zurückliegen. Und sie sprechen gewöhnlich mit der gleichen Intensität an Gefühlen über diese Verletzungen, als sprächen sie über etwas, das gerade erst gestern geschehen ist. In einer Gemeinde, in der ich Pastor war, fragte ich mich jedes Mal, wann (nicht ob) ein bestimmtes Mitglied der Gemeindeleitung bei jeder Sitzung die Tatsache ansprechen würde, dass die Gemeinde eine ganz falsche Richtung eingeschlagen hatte, als sie *vor 15 Jahren* ihr Geld in den Umbau des Gemeindehauses investierte, anstatt neu zu bauen.

Es dauert immer ausgesprochen lange, bis kleine Gemeinden etwas in Angriff nehmen. Als Pastor sollten Sie sich deshalb auf das Unvermeidliche einstellen. „Den Schuppen da hinten reparieren" wird etwa anderthalb Jahre lang auf der Tagesordnung der Gemeindeleitung stehen.

Das Telefon klingelt. Meine Frau nimmt ab und sagt mir, dass es Herr Soundso ist. Innerlich schreie ich: *Nein, nicht schon wieder!* Aber ich überstehe es, indem ich kritzele, Träumen nachhänge oder etwas lese, während mein Anrufer weiterschwätzt. Ich brauche ihm nicht unbedingt zuzuhören, ich weiß, was er sagen wird. Dann ist da die liebe, wohlmeinende ältere Dame, die mir jedes Mal dieselben Geschichten erzählt, wenn ich ihr das Abendmahl bringe. Ich weiß, sie kann nichts dafür, genauso wie ich nichts dafür kann, dass ich mich in ihrem Hause immer sehr schläfrig fühle.

Es dauert immer ausgesprochen lange, bis kleine Gemeinden etwas in Angriff nehmen. Als Pastor sollten Sie sich deshalb auf das Unvermeidliche einstellen. „Den Schuppen da hinten reparieren“ wird etwa anderthalb Jahre lang auf der Tagesordnung der Gemeindeleitung stehen.

Das könnte sich etwa so abspielen: Bei jeder Sitzung wird die Frage gestellt: „Wer sollte sich darum kümmern?“ Niemand erinnert sich, also liest man das Protokoll der letzten Sitzung. Man findet heraus, dass Fred dazu bestimmt war. „Das ist mir neu“, sagt dieser, „aber gut, ich werde es bis zur nächsten Sitzung fertig haben.“ Natürlich vergisst er es prompt. Bei der nächsten Sitzung wird die Frage gestellt: „Müssen wir das Ding wirklich reparieren? Warum reißen wir es nicht einfach ab?“ Eine lange Diskussion folgt. Es wird beschlossen, dass der Schuppen wirklich repariert werden muss, dass Fred aber nicht die Zeit dafür hat. Irgendwelche Freiwillige? Nein? Nun, bitte denken Sie bis zur kommenden Sitzung darüber nach. Bei der nächsten Sitzung wird ein anderes Mitglied bestimmt, das aber auch nichts unternimmt. Schließlich, eines Samstags, reparieren Sie selbst als „unermüdlicher Schaffer“ den Schuppen, denn: „Ich bin es leid, darauf zu warten, bis etwas geschieht.“ Dann können Sie wenigstens diesen Punkt von der Tagesordnung streichen. Der Schuppen ist repariert – Auftrag ausgeführt!

Wenn Abwechslung das Gewürz des Lebens ist, wird dem Pastor einer kleinen Gemeinde das Leben oft fad vorkommen. Der vitale Manager fühlt sich bald wie ein Anstaltsinsasse, der seine Tage damit verbringt, immer wieder dasselbe zu tun, der endlos dieselben Flecken vom Boden entfernt oder immer wieder mit dem Kopf an die Gummiwand schlägt.

Last Nr. 5: Die Verletzungen im Dienst in einer kleinen Gemeinde stammen von Freunden

Ich erinnere mich noch gut an den Schmerz und die Verlassenheit, die ich empfand, als ich herausfand, dass eine Gemeindeleitung, zu der ich ein gutes Verhältnis hatte, sich schon seit einiger Zeit bei heimlichen Treffen die Frage stellte: „Was stimmt mit unserem Pastor nicht?" Sie hatten mich monatelang angelächelt und mir auf den Rücken geklopft, während sie gleichzeitig versuchten, mich loszuwerden.

In einer kleinen Gemeinde kommt Kritik nicht von „bestimmten Leuten in der Gemeinde", auch nicht von Kollegen bei Mitarbeiterbesprechungen, sondern von Menschen, die in Ihren Augen Ihre Freunde sind. Sie haben sich viel Mühe gegeben, sie näher kennen zu lernen, ein Teil von ihrem Leben zu werden und für sie da zu sein – und dann DAS? Weil der an seine Herde hingegebene Hirte sein Herz so völlig verschenkt, tut es so sehr weh, wenn eine Beziehung zerbricht.

Ich traute meinen Ohren nicht!

Der junge Mann hatte mich gerade beschuldigt, dass ich mich zu wenig um ihn kümmerte. Und das, nachdem ich Stunden damit verbracht hatte, mit ihm zu weinen und ihn zu beraten. Es zählte nicht mehr, dass ich einmal auf das Oster-Essen mit meiner Familie verzichtet hatte (was jeder gute Pastor mit Berufsethos tun würde), um ihm bei einem Problem zu helfen. Aber nun, weil ich einfach „nein" sagte zu einer Idee, die er für die Gemeinde hatte, bekam er plötzlich das Gefühl, ich würde ihn nicht mehr lieben. Wenig später verließ er mit seiner Familie die Gemeinde. Ich war wütend und verletzt. Diese Menschen waren nicht nur Zahlen in der Jahresstatistik. Es waren Menschen, für die ich „gelitten" hatte. Und nun wandten sie sich ab und gingen weg! Was für eine immense Verschwendung meiner Zeit! Was für ein Verrat an meiner Liebe!

Die Bibel sagt viel darüber, dass man unter Verfolgung standhalten soll. Natürlich geht es dabei gewöhnlich um Verfolgung von außen. Aber wie hält man stand, wenn die Feinde *innerhalb* der Gemeinde sind? Wie kann ich immer noch glauben, dass Jesus mich liebt, wenn der Leib Christi hinter mir her ist oder mich scheinbar verlassen hat?

Wendet man sich an die übergeordnete Instanz, hilft das auch wenig. Manch ein entmutigter Pastor einer kleinen Gemeinde wird noch mutloser, wenn er feststellt, dass die Kirchenleitung weiß, dass manche Gemeinden „sehr schwierig" sind, diese Tatsache dem Pastor aber verschwiegen haben, als sie ihn in diese Gemeinde beriefen. Pastoren werden auf Stellen gesetzt, auf denen es ihnen vorherbestimmt ist, dass sie versagen! Warum wurden diese Gemeinden nie zurechtgewiesen? Nun, in den Augen der Kirchenleitung ist es besser, ein paar Pastoren zu verlieren als eine ganze Gemeinde. Außerdem sind die Pastoren kleiner Gemeinden in dem geschäftsmäßigen, auf Wachstum ausgerichteten System, das in manchen Denominationen vorherrscht, nicht so wichtig. Wie ein Pastor schrieb (ich habe vergessen, wo): „Wenn Sie denken, dass Sie jemals von Ihrer übergeordneten Dienststelle Hilfe bekommen, wählen Sie 0180-TRÄUM-NICHT."

Last Nr. 6: Der Dienst in einer kleinen Gemeinde macht aus Mücken Elefanten

In jeder kleinen Gemeinde gibt es den Hecht im Karpfenteich. Tatsächlich treten manche Menschen nur in kleine Gemeinden ein, weil sie dort zu Shamu, dem Wal, werden und ihre Bedeutung zeigen können. In einem größeren Gewässer könnten sie springen, sich herumwerfen und Blasen machen, ohne dass sich die Oberfläche auch nur kräuselt. In der kleinen Gemeinde können König (oder Königin) Shamu und der Hofstaat ein Viertel der Gemeinde bilden. Wenn sie sich entschließen wegzuschwimmen, hinterlassen sie eine Lücke, die erst einmal gefüllt werden muss (besonders, wenn sie viel gegeben und mitgearbeitet haben). Deswegen behandeln sie die anderen aus dem Fischschwarm mit Respekt.

In jeder kleinen Gemeinde gibt es den Hecht im Karpfenteich.

In einer Gemeinde, in der ich einmal Pastor war, musste das jährliche Gemeindepicknick einmal um eine Stunde verschoben werden, weil es undenkbar war, damit zu beginnen, bevor eine bestimmte Matriarchin erschien. In einer anderen Gemeinde wurden alle Entscheidungen aufgeschoben, bis feststand, was Karl-Heinz und Maria wollten, denn, so sagte man mir: „Wissen Sie, es ist eigentlich Karl-Heinz' und Marias Gemeinde."

Alle Pastoren kleiner Gemeinden lernen schnell, dass sie besser den Herrschern gefallen (um ein anderes Bild zu gebrauchen), sonst sind ihre Tage gezählt. Tatsächlich tun Pastoren, für die Anerkennung und Bestätigung das Lebenselixier ist, alles, um von den amtierenden Herrschern ein „Daumen rauf" zu bekommen und kein „Daumen runter". Es passiert mir leicht, dass ich mich sonntags damit beeile, die Besucher zu begrüßen, nicht nur, weil ich es möchte, sondern weil ich weiß, dass ein „Herrscher" mich fragen wird, ob ich die Neuen überhaupt wahrgenommen und angesprochen habe, bevor sie wieder gegangen sind. Es kann sein, dass ich ein bestimmtes Thema immer wieder bei den Sitzungen der Gemeindeleitung zur Sprache bringe, weil ich mir darüber im Klaren bin, dass es das bevorzugte Thema eines „Herrschers" ist, und ich ihm zeigen will, dass ich mich dort für die Dinge einsetze, die ihm am Herzen liegen.

Die „Herrscher" und „Herrscherinnen" verfolgen den unsicheren, auf Wertschätzung bedachten Pastor sogar, wenn sie nicht anwesend sind. Ich kann bemerken, dass eine Matriarchin am Sonntag wohl schlechte Laune hatte, und mir den Rest der Woche Gedanken machen, ob das an etwas lag, das ich getan habe oder nicht. Ich kann einen Patriarchen mit einem anderen Gemeindemitglied im Café sitzen sehen und *weiß einfach,* dass sie über mich reden. Ich kann Geschichten darüber hören, wie die „Herrscher" sich zusammengetan haben, um den letzten Pastor loszuwerden, und ich habe dann Alpträume, dass sie jetzt gerade auch gegen mich ein Komplott schmieden.

Als Pastor, der es allen recht machen möchte, habe ich nicht mehr länger die Kontrolle über mein eigenes Leben. Ich habe sie *denen* überlassen. Ich habe diese gewöhnlichen Sterblichen zu meinen Göttern gemacht. Wie viel mehr meiner selbst muss ich noch opfern, um ihren Zorn zu stillen oder ihren Segen zu bekommen?

Last Nr. 7: Der Dienst in der kleinen Gemeinde kann Sie faul machen

Alle Dinge neigen zum Chaos und die Leiter kleiner Gemeinden bilden da keine Ausnahme.

Ich muss mein Gehirn nicht sehr strapazieren, um meine Arbeit zu tun. Ich kann meine Gemeinde mit Einsichten verblüffen, die direkt aus meinen Seminaraufzeichnungen stammen oder aus Büchern, die ich vor Jahren gelesen habe. Theologisch gesehen bin ich den meisten, wenn nicht sogar allen Gemeindemitgliedern um Lichtjahre voraus. Ich weiß mehr über Kirchengeschichte als die meisten Gemeindemitglieder überhaupt interessiert. Wenn es um Gemeindewachstumsstrategien oder Erneuerung des Lobpreises geht, weiß ich mehr, als sie wissen wollen oder mich je fragen werden. Kurz gesagt, ich weiß viel mehr, als für die Arbeit in der kleinen Gemeinde erforderlich ist. So ist die Versuchung groß, einfach nur im Leerlauf zu fahren. Das Problem ist, wie beim Fahrrad, dass man im Leerlauf am schnellsten fährt, wenn es bergab geht.

Theologisch gesehen bin ich den meisten, wenn nicht sogar allen Gemeindemitgliedern um Lichtjahre voraus.

Die Neigung, nachzulassen und mein Gehirn auszuschalten, wird auch dadurch nicht gemindert, dass kleine Gemeinden mich nicht an allzu hohen beruflichen Standards messen. Sie sind oft froh, dass sie einfach jemanden auf die Kanzel bekommen haben. „Wenigstens haben wir endlich einen Pastor!" Da für Menschen in kleinen Gemeinden Beziehungen viel wichtiger sind als Redegewandtheit, kommt man auch durch, wenn man freundlich ist und gut zuhören kann, selbst wenn man auf der Kanzel die Sprache geradezu „misshandelt".

Oft arbeiten in kleinen Gemeinden auch solche, die entweder auf der kirchlichen Karriereleiter aufsteigen wollen oder mit einem Auge schon auf den Ruhestand schielen. So kann es sein, dass diese Gemeinden daran gewöhnt sind, Leiter zu haben, die nicht mit ganzem Herzen bei der Sache sind. Ich erinnere mich an eine kleine Gemeinde, die mich beständig dafür lobte, dass ich weitaus mehr tat als die Pastoren vor mir, während ich das Gefühl hatte, nur den minimalen Anforderungen an meine Arbeit zu genügen.

Wenn Sie sich einmal entschlossen haben, die Dinge so laufen zu lassen, wie sie sind, werden sich Ihre geistlichen und intellektuellen Muskeln zurückbilden. Und dann ist es sehr schwer, wieder in Form zu kommen.

Teil II:

Die andere Seite sehen

Kapitel 3

Das Erfreuliche an den Schwierigkeiten

Ich war mit meinen Kindern in einem speziellen Kindermuseum, als ich eine Offenbarung hatte: Der Dienst in einer kleinen Gemeinde ist eine optische Täuschung!

Wir sahen uns bekannte Bilder an, die eigentlich zwei Bilder in einem waren. Vielleicht kennen Sie die Bilder, von denen ich spreche. Das eine stellt entweder zwei Vasen oder zwei Gesichter dar, die sich anschauen, das andere ist entweder eine junge Frau mit einem ausgefallenen Hut oder eine alte Frau. Plötzlich wurde mir klar, dass mein Dienst genau wie diese beiden Bilder war. Wenn ich ihn von der einen Seite betrachtete, war er mühsam, eine Prüfung, frustrierend, manchmal sogar ein Fluch. Aber wenn ich ihn von der anderen Seite betrachtete, war er spannend, eine Möglichkeit zu geistlichem Wachstum, eine Freude und ein Segen.

Als „Dienstbote" meiner Gemeinde hatte ich natürlich ein berechtigtes Interesse daran, meinen Dienst in einem möglichst schlechten Licht zu sehen. So konnte ich mich zu Recht mürrisch und depressiv fühlen. Ich hatte dann gute Gründe, meinen Körper zu misshandeln, indem ich lange aufblieb und mir Sorgen machte oder zu viel aß. Ich musste für meine Handlungen keine Verantwortung übernehmen. Ich tat, was ich tat, weil meine Arbeit mich dazu *trieb*.

Nachdem ich aber diese Bilder betrachtet hatte, hielt ich inne und begann, mein Verhalten in Frage zu stellen. Machte meine Arbeit mich verrückt, oder war es meine Betrachtungsweise der Arbeit, die mich verrückt machte? Wie Shakespeare sagte: „Der Fehler liegt nicht in den Sternen, sondern bei uns." Oder, wenn Sie den berühmten Spruch der Zeichentrickfigur Pogo vorziehen: „Wir sind dem Feind begegnet – wir sind es selbst."

Ich wusste nun, ich musste versuchen, die verschiedenen

Aspekte meiner Arbeit in einem möglichst positiven Licht zu sehen. Zuerst rebellierte ich etwas dagegen und dachte, das sei mehr „positives Denken“ als „biblische Wahrheit“, aber dann fand ich eine Schriftstelle, die mich dazu auffordert, mein Glas für halb voll und nicht halb leer zu halten. Paulus schreibt in seinem Brief an die Philipper: „Schließlich, meine Brüder, [...] was ehrbar, was gerecht, was rein, was liebenswert ist, was einen guten Ruf hat, sei es eine Tugend, sei es ein Lob – dem denket nach“ (Phil 4,8).

Okay, okay! Gott hat es gesagt. Ich glaube es. Damit ist doch alles klar, oder? Klar!

Ich nahm mir einige meiner größten Frustrationen im Dienst in der kleinen Gemeinde vor und unternahm den Versuch, ob man sie nicht anders betrachten könnte, sodass die lobenswerten und guten Dinge mehr betont wurden. Ich wollte die junge Frau mit dem Hut sehen und nicht die Alte.

1. Feststellung: Es ist nicht „meine Gemeinde“!

Wenn ich von der Gemeinde spreche, in der ich gerade arbeite, rede ich von „meiner Gemeinde“, aber das stimmt nicht. Sie gehört den Mitgliedern, die schon lange vor mir da waren. Sie gehört denen, die ständig am Ort wohnen und lange, nachdem ich einem anderen Ruf gefolgt sein werde, noch da sein werden. Sie sind es, die die Macht ausüben. Ich bin oft nur dem Namen nach der „Leiter“. Ich habe nicht die Autorität, die Sitzordnung des Chores zu ändern, geschweige denn die Struktur der Jugendarbeit. Ich bin ein Außenseiter, der eine festgefügte Gruppe zu überzeugen versucht, in Betracht zu ziehen, dass ein Fremder die eine oder andere Idee hätte, die ihnen weiterhilft. Natürlich nur, wenn diese Ideen nicht zu radikal sind und niemanden verärgern. Ich kann nicht führen, indem ich ihnen eine Vision vorhalte, sie herausfordere, messbare Ziele setze oder „hervorragendes“ Perso-

Ich weiß nur zu gut, dass ich nur im Amt bin, solange meine Wähler mich dulden. Wenn ich bei den entscheidenden Leuten Missfallen errege, ist meine Amtszeit Geschichte.

nal anstelle, das meine Pläne umsetzt. Stattdessen muss ich führen, indem ich gut zurede, Hinweise fallen lasse, Kompromisse mache und dafür sorge, dass die richtigen Leute an meiner Seite sind – kurz, indem ich „politische Spielchen" mache. Ich weiß nur zu gut, dass ich nur im Amt bin, solange meine Wähler mich dulden. Wenn ich bei den entscheidenden Leuten Missfallen errege, ist meine Amtszeit Geschichte.

2. Feststellung: Es besteht keine Gefahr überheblich zu werden!

Ich nahm einmal an einem einwöchigen Seminar teil, bei dem Pastoren großer Gemeinden Vorträge hielten. Einer dieser Pastoren erzählte den Teilnehmern frohgemut, dass seine Gemeindeleitung ihm grundsätzlich einen Freibrief gab. Die Leitung stimmte immer allem zu, was der Pastor machen wollte, denn, wie er ihnen gesagt hatte: „Meine Herren, es ist meine Aufgabe zu führen. Ihre Aufgabe ist es, zu folgen." Ein anderer Pastor wartete mit Geschichten über unglaubliche Kunststücke auf, die er auf der Kanzel vorführte, um seine Predigt zu verdeutlichen. Später, beim Mittagessen, saß eine Gruppe von uns mit einem seiner Co-Pastoren an einem Tisch. Wir merkten an, dass die Gemeinde dem Pastor X offenbar alles durchgehen ließ. Der Co-Pastor antwortete: „Über die Gemeinde Y müssen Sie eines wissen: Gemeinde Y ist die Gemeinde von Pastor X. Alle, die dorthin gehen, kommen, weil sie Pastor X mögen und sehen wollen, was er wohl als Nächstes macht. Pastor X hält die Gemeinde zusammen, und ich glaube sicher, dass die Gemeinde auseinander fallen würde, wenn er je wegginge."

Man sagt, dass absolute Macht auch völlig verderbe. Könnte dies einer der Gründe dafür sein, dass wir gesehen haben, wie bekannte Christen sich falsch verhalten oder seltsame Ansprüche stellen oder unausgegorene Projekte beginnen, die sie nicht zu Ende bringen können? Vielleicht begannen sie, dem zu glauben, was man über sie sagte. Vielleicht hatten sie wirklich das Gefühl, dass sie auf alles eine Antwort hatten und jedes Wort, das von ihren Lippen kam, Gold war. Was die beiden Pastoren des oben genannten Seminars anging, so veröffentlichte Jahre später der Pastor, dessen Leitung ihm immer zustimmte, einen Artikel in einem Magazin seiner Kirche, in dem er viele der Prinzipien, die er damals gelehrt hatte, widerrief und sagte, dass beinahe sein Dienst und seine Ehe an ihrer Befolgung zerbrochen seien. Einer meiner Freunde wurde später Co-Pastor von Pastor X. Als er diesen Posten wieder verließ, lautete sein trauriger Kommentar: „Gemeinde Y braucht den Heiligen Geist nicht. Sie haben den wunderbaren Pastor X, ein ganz neues Gebäude in erstklassiger Lage, ein großes Budget und Studien, die ihnen genau sagen, wo die Bewohnern der Gegend der Schuh drückt. Der Heilige Geist könnte die Gemeinde Y heute verlassen und sie würde mindestens noch 5 Jahre weiterwachsen und gedeihen, bis ihnen auffiele, dass etwas fehlt.“

Der Heilige Geist könnte die Gemeinde Y heute verlassen und sie würde mindestens noch 5 Jahre weiterwachsen und gedeihen, bis ihnen auffiele, dass etwas fehlt.

In der kleinen Gemeinde bleibt mir das Verderben, das mit absoluter Macht einhergeht, erspart. Man wird meine Ideen anfechten (auch wenn ich es mir anders wünschen würde). Aber das ist gesund. Es dient dazu, dass ich „scharf“ bleibe. In den Sprichwörtern, Kapitel 27, Vers 17 heißt es: „Eisen wird durch Eisen geschärft und ein Mann schärft das Angesicht seines Nächsten.“ In der kleinen Gemeinde bleibt mir die Versuchung erspart, mich für unersetzlich zu halten. Die Mitglieder meiner Gemeinde kamen schon lange, bevor ich überhaupt auf der Bildfläche erschien, zusammen. Die Menschen hier haben sich zusammengeschlossen, um eine Gemeinde zu sein und um Gott am Sonntagmorgen gemeinsam anzubeten. Sie sind Teil des Reiches Gottes und nicht der Fanclub eines x-beliebigen Pfarrers.

Zu den Freuden, die ich kürzlich im Dienst erlebte, gehörte, dass der Gottesdienstbesuch während der drei Wochen, die ich im August in Urlaub war, nicht zurückgegangen war. Einer der Gründe dafür ist wohl, dass die Menschen Gott und einander immer mehr lieben. Sie möchten mit ihrem himmlischen Vater und ihren Geschwistern in Christus zusammenkommen, ob ich nun da bin oder nicht.

Nein, es ist nicht meine Gemeinde. Aber das ist ja gerade der Punkt. Die Gemeinde gehört Jesus Christus. Es ist seine Braut, nicht meine. In der kleinen Gemeinde wird das oft schmerzlich deutlich. Und darüber bin ich froh.

3. Feststellung: Es wird nur mit Wasser gekocht!

Die kleine Gemeinde ist eine Organisation von Freiwilligen. Die Mitarbeiter, die mir zur Verfügung stehen, haben vielleicht nicht die Erfahrung, die Ausbildung, die Zeit oder die nötigen Voraussetzungen, um zu garantieren, dass alles, was wir tun, erstklassig ist. Das kann sehr frustrierend sein, nicht nur, weil wir „unser Bestes für den Herrn geben" wollen, sondern auch, weil uns die Experten sagen, dass eine Gemeinde nur wachsen kann, wenn sie „hervorragend" ist. Heutzutage verlangen und erwarten die Menschen „qualitativ hochwertigen Service", und wenn sie ihn nicht bekommen, gehen sie woanders hin.

Die kleine Gemeinde lässt aus reiner Notwendigkeit Menschen mit ihren Fähigkeiten experimentieren, und sie entdecken dabei geistliche Gaben, von deren Vorhandensein sie keine Ahnung hatten. In der kleinen Gemeinde mag es sein, dass wir mit dem auskommen müssen, was wir haben, aber wir stellen oft fest, dass wir mehr haben, als wir dachten.

Im Gegensatz dazu habe ich gesehen, wie Einzelne in kleinen Gemeinden gewachsen sind, wenn auch neue Mitglieder nicht gerade die Türen einrannten. Ich denke an die junge Frau aus einer sehr schwierigen Familie, die etwas schüchtern war und nicht so gute Umgangsformen hatte. Wenn eine Gemeinde Mitarbeiter für ihr „hervorragendes" Kinderprogramm gesucht hätte, wäre sie sicher nie berücksichtigt worden. So wurde sie jedoch Sonntagsschullehrerin und stellte nicht nur fest, dass sie es gern tat, sondern auch dass die Kinder sie liebten. Ihr Zutrauen wuchs und ebenso die Bereitschaft, andere Dienste in der Gemeinde auszuprobieren.

Ich erinnere mich auch an einen jungen Mann, der seine musikalischen Fähigkeiten in der Gemeinde einbringen wollte. Ich entschloss mich, es ihm zu erlauben. Es erwies sich als schmerzhafte Erfahrung für alle Beteiligten. Er war so nervös, dass er zitterte, sein Stil entsprach nicht ganz dem, was die Gemeinde gewöhnt war, und seine Stimme brach (manche würden sagen: Sie überschlug sich), wenn er versuchte, die hohen Töne zu singen. Dennoch gelang es ihm schließlich, in einer anderen Gemeinde die Musikarbeit zu leiten. In einer Mega-Gemeinde hätte man ihn kein zweites Mal angeschaut. Entweder wäre er beim Vorsingen vor dem Talent-Koordinator durchgefallen oder man hätte ihm gesagt, dass die Lücken im Lobpreis- und Anbetungsteam bereits gefüllt seien.

Die kleine Gemeinde lässt aus reiner Notwendigkeit Menschen mit ihren Fähigkeiten experimentieren, und sie entdecken dabei geistliche Gaben, von deren Vorhandensein sie keine Ahnung hatten. In der kleinen Gemeinde mag es sein, dass wir mit dem auskommen müssen, was wir haben, aber wir stellen oft fest, dass wir mehr haben, als wir dachten.

4. Feststellung: Es ist alles offen!

Der Dienst in kleinen Gemeinden hat etwas Unbeständiges. Als Pastor einer solchen Gemeinde kann es Ihnen schmerzhaft bewusst sein, dass die Gemeinde, wenn sie noch eine oder zwei Familien verliert, Ihren Lohn nicht mehr zahlen kann. Sie arbeiten vielleicht in einer Gegend, in der die Geschäfte schließen, die jungen Leute wegziehen und die Lebensqualität abnimmt. Vielleicht betreuen Sie eine Gemeinde älterer Bürger und „so, wie die Dinge hier sind“, wissen Sie, dass kaum eine Chance besteht, dass frisches Blut dazukommt. Sie sehen der Tatsache ins Auge, dass die Gemeinde in 20 Jahren oder früher buchstäblich ausgestorben sein wird.

Meine Frau und ich werden immer von den kleinen Gemeinden, in die wir kommen, gefragt: „Haben Sie vor, lange zu bleiben?“ Unsere Antwort lautet dann: „Wir wissen es nicht.“ Wir würden gerne in einem Ort Wurzeln schlagen und einen Platz haben, der für uns eine Heimat ist, aber wir wissen, dass es zu viele Kräfte außerhalb unseres Einflussbereichs gibt, die es nötig machen können, dass wir wieder packen und weiterziehen.

Als Pastor einer kleinen Gemeinde liegt die Zukunft außerhalb meiner Kontrolle. Ich kann meine Woche planen und dabei Zeit reservieren, an Plänen für eine Evangelisationswoche zu arbeiten, um unser Gebiet für Jesus zu gewinnen, wenn plötzlich das Telefon klingelt. Frau Schmidt wurde vom Notarzt ins Krankenhaus gebracht. Es sieht nach einem schweren Herzinfarkt aus. Ob ich bitte sofort kommen könne? Meine Woche verbringe ich dann mit der Familie und leider auch mit den Vorbereitungen für die Beerdigung. Nicht, dass kein wichtiger Dienst getan wurde, aber es war ganz sicher nicht das, was ich geplant hatte. Mit der Zeit kann ich den Gedanken aufgeben, überhaupt langfristige Pläne zu machen. Jedes Mal, wenn ich es versuche, kommt etwas dazwischen.

Aber eigentlich zwingt mich die kleine Gemeinde, das zu tun, was die Bibel verlangt: Ich soll nicht krampfhaft an meinen Plänen festhalten. In Jakobus, Kapitel 4, Verse 13 bis 16 heißt es:

> „Und nun ihr, die ihr saget: Heute oder morgen wollen wir in die und die Stadt gehen und wollen ein Jahr dort zubringen und Handel treiben und Gewinn machen –, die ihr nicht wisst, was morgen sein wird. Was ist euer Leben? Ein Rauch seid ihr, der eine kleine Zeit bleibt und dann verschwindet. Dagegen sollt ihr sagen: Wenn der Herr will, werden wir leben und dies oder jenes tun. Nun aber rühmt ihr euch in eurem Übermut. All solches Rühmen ist böse."

Die kleine Gemeinde hält mich demütig, indem sie mich ständig daran erinnert, dass meine Zeit nicht mir gehört. Ich bestimme nicht über mein Schicksal. Gott tut es.

Die kleine Gemeinde hält mich demütig, indem sie mich ständig daran erinnert, dass meine Zeit nicht mir gehört. Ich bestimme nicht über mein Schicksal. Gott tut es. Und Gott bestimmt auch das Schicksal einer Gemeinde.

Und Gott bestimmt auch das Schicksal einer Gemeinde. Wir denken vielleicht, wir hätten die Zukunft der Gemeinde gut geplant, aber plötzlich werden wir schwer krank oder die Finanzen fließen nicht mehr oder unser neues Gebäude brennt nieder. Wir müssen zugeben, dass unsere besten Pläne nichts taugen, wenn der Herr nicht dahinter steht. Statt uns selbst auf die Schulter zu klopfen für unseren Einfallsreichtum und die harte Arbeit, die die Gemeinde dahin gebracht haben, wo sie heute steht, müssen wir auf die Knie gehen und Gott für das Leben, die Kraft, die Zurüstung und Gaben danken, die er gebraucht hat, um sein Reich zu bauen. Und wir müssen im Angesicht der Zukunft um seine ständige Gegenwart bitten.

Letztendlich kann es auch gar nicht so schlimm sein, mit einem Gefühl der Unbeständigkeit zu leben. Es könnte sogar einer der Schlüssel zur Weisheit sein. In Prediger 7, Verse 2 bis 4 heißt es:

> *„Es ist besser, in ein Haus zu gehen, wo man trauert, als in ein Haus, wo man feiert; denn da zeigt sich das Ende aller Menschen, und der Lebende nehme es sich zu Herzen! Trauern ist besser als Lachen; denn durch Trauern wird das Herz gebessert. Das Herz der Weisen ist dort, wo man trauert, aber das Herz der Toren dort, wo man sich freut.“*

Die Unbeständigkeit des Dienstes in kleinen Gemeinden wird mir wohl auf dieser Welt kein Denkmal einbringen. Stattdessen bringt er mich dazu, mir Schätze im Himmel zu sammeln, dem einzigen beständigen Heim, das ich habe. Alle guten Dinge haben ein Ende. Der Pastor einer kleinen Gemeinde weiß das und kann auf das vorbereitet sein, was *nach* dem Ende kommt.

5. Feststellung: Es ist Dienst an Freunden!

Bereits an anderer Stelle in diesem Buch habe ich über die Frustration gesprochen, die im Dienst an kleinen Gemeinden dadurch entsteht, dass man immer und immer wieder mit denselben Menschen zu tun hat. Aber als ich mich selbst aus meiner übereifrigen Blindheit löste, erkannte ich, dass dies auch viel Gutes hatte.

Im Dienst in der kleinen Gemeinde kann ich ich selbst sein, weil ich nicht versuchen muss, wie ein Pastor zu denken und zu handeln, wenn im Leben meiner Gemeindeglieder besondere Ereignisse anstehen. Ich kann einfach das tun, was sich natürlich ergibt, denn in der kleinen Gemeinde kenne ich die Mitglieder wirklich gut.

Wenn ich auf der Beerdigung eines Gemeindemitglieds predige, dann predige ich für einen Freund. Ich lese nicht nur die Worte aus irgendeiner allgemeinen Ordnung. Ich suche in der Schrift nach Worten, die die Menschen trösten, die ich liebe. Ich muss kein passendes ernstes Gesicht machen und eine traurige Haltung einnehmen. Ich trauere wirklich! Genauso ist es bei einer Trauung: Ich muss mich nicht dazu zwingen, fröhlich zu sein. Ich freue mich und möchte feiern. Zwei Menschen, mit denen ich zusammen gelacht und geweint habe, werden getraut. In der Trauliturgie der Reformierten Kirche Amerikas bittet der Pastor die Familien und Freunde der Braut und des Bräutigams zu versprechen, dass sie das junge Paar unterstützen werden. An dieser Stelle im Gottesdienst habe ich das Gefühl, dass ich von der Kanzel heruntergehe und auch dies Versprechen gebe. Eine Trauung zu vollziehen ist für mich nicht nur eine Aufgabe in meinem Dienst. Es bedeutet, Gott um seinen Segen für Freunde zu bitten.

Während ich vielleicht mutlos werde, wenn ich sehe, wie einige Gemeindeglieder mit Problemen kämpfen, die einfach nicht verschwinden, kann ich mich andererseits darüber freuen, im Leben von Menschen auch Wachstum zu sehen. Ich erhalte von meinen Mitarbeitern im Seelsorgedienst keinen Ergebnisbericht: „In diesem Monat wurde 130 Menschen geholfen." Ich sehe, wie Ehen geheilt werden, Menschen umkehren, Männer und Frauen in ihrem Glauben und in ihrer Persönlichkeit wachsen. Ich erinnere mich an eine Frau, die mir erzählte, dass sie gerade ein gutes Gespräch mit ihrer Schwester hatte und sich drauf freute, sie bald zu sehen. Ich freute mich! Warum? Weil diese Frau früher an Groll und alten Verletzungen festgehalten hatte. Als ich in die Gemeinde kam, sprach sie mich immer und immer wieder an und erzählte mir, wie oft ihre Schwester ihr Böses angetan hatte. Nun, ein paar Jahre später war sie bereit zu vergeben. Und sie dachte offenbar, dass meine Predigten und Bibelstudien etwas mit der Änderung ihrer Haltung zu tun hatten. Preist den Herrn!

Ich erinnere mich an ein junges Paar, das zusammenlebte, ohne an Heirat zu denken. Sie kamen in unsere Gemeinde, und mit der Zeit gelangten sie zu der Überzeugung, dass das, was sie taten, nicht richtig war. Ich traute sie und freute mich, dass ich später ihr Baby taufen konnte. Und nichts und niemand konnte an dem Tag, als der junge Mann zum Diakon eingesegnet wurde, meine unbändige Freude darüber trüben.

Ich sah einmal, wie eine junge Braut, die beim Empfang Hochzeitsgeschenke auspackte, alles stehen und liegen ließ, um in der neuen Studienbibel, die sie bekommen hatte, zu lesen. Man musste ihr ein paar Mal sagen, dass sie sie weglegen sollte, um andere Geschenke zu öffnen. Ich hätte Freudentränen weinen können. Nicht nur, weil sich ein junger Mensch nach dem Wort Gottes sehnte, sondern weil ich den geistlichen Weg kannte, den sie bis an diesen Punkt zurückgelegt hatte. Dies sind Augenblicke, in denen Gott mir zeigt, dass er durch meinen Dienst das Leben Einzelner berührt. Wie Fred Astaire sang: „Das kann mir keiner nehmen." Tatsächlich sind es solche Zeiten, die mir die Kraft geben weiterzumachen. Ich kann durch einen Konflikt in der Gemeinde völlig erledigt sein. Meine Arbeitswut kann so stark sein, dass ich mich kaum noch wie ein Christ fühle, geschweige denn wie ein Pastor. Aber wenn ich mich am Sonntagmorgen umschaue und die Gesichter von Menschen sehe, zu denen ich eine enge Beziehung aufgebaut habe und die ich in ihrem Herzen erreicht habe, bekomme ich neue Energie. Plötzlich scheint es so richtig zu sein, auf dieser Kanzel zu stehen, dass ich mir nicht vorstellen kann, etwas anderes zu tun.

Nicht nur ich lerne die Mitglieder meiner Gemeinde kennen und lieben, auch sie bauen diese enge Verbindung zu mir auf. Deswegen bin ich von dem Druck befreit, vollkommen sein zu müssen. Während des Gottesdienstes rutscht mir so mancher Versprecher heraus. Ich habe auch schon fröhlich einen Teil des Gottesdienstes ausgelassen, ohne es zu bemerken. Keiner beschwert sich wirklich. Sie wissen, dass ich Fehler mache, wenn ich müde bin. Und sie wissen, dass ich müde bin, weil mich in der Woche ihre Sorgen völlig in Beschlag genommen haben. Ein weiser alter Pastor sagte einmal zu mir: „Wenn Ihre Leute wissen, dass Sie die ganze Woche an ihren Schwierigkeiten mitgetragen haben, übersehen sie auch einen gelegentlichen Versprecher am Sonntagmorgen." Außerdem kommen die Menschen, um zusammen mit ihren Freunden Gott anzubeten und einen Freund das Wort Gottes predigen zu hören. Sie kommen nicht, um die wöchentliche Show zu sehen. Ich habe das Gefühl, dass ich mich ihnen mitteile, und nicht, dass ich ihnen etwas vorführe. Sie werden nicht ihr Geld zurückverlangen, wenn die Vorführung nicht voll ihren Erwartungen entsprach.

Einmal, zu der Zeit, als ich mich und die Gemeinde noch wie ein Sklavenhalter antrieb, verlor ich gegenüber einem Leitungsmitglied während einer Sitzung die Beherrschung. Ich fühlte mich sofort sehr schlecht und entschuldigte mich. Zu meiner Überraschung wurde die Entschuldigung angenommen und wir machten weiter. Die Mitglieder der Gemeindeleitung wussten, dass es nicht mein „wahres Ich" war, das da gesprochen hatte. Es war der innere Antreiber, der mich wie eine Krankheit beherrschte. Nun, viele von ihnen hatten schon schwächere Anfälle von diesem Leiden gehabt und verstanden genau, was ich durchmachte. Als Freunde waren wir in der Lage, diese Dinge schnell hinter uns zu lassen. Sie nahmen mich so an, wie ich war.

Aber auch ich lernte, sie so anzunehmen, wie sie waren. Das ist vielleicht der größte Vorteil für den Pastor einer kleinen Gemeinde – er wird in eine Situation gestellt, in der er lernen muss, ganz verschiedene Menschen über einen längeren Zeitraum zu lieben. Wenn ich Pastor einer Gemeinde wäre, in die hauptsächlich Mitglieder der Baby-Boomer-Generation gehörten (das heißt in der Zeit nach dem Zweiten Weltkrieg geboren wurden), hätte ich keine Gelegenheit, die tiefe Liebe kennen zu lernen, die ich in einer kleinen Gemeinde erfahre. Es wäre leicht, Menschen zu lieben und mit ihnen auszukommen, die dieselbe Musik mögen wie ich, alle meine Lieblingssendungen im Fernsehen und meine Lieblingsfilme kennen, die das Leben so sehen wie ich und sich um dieselben Dinge Gedanken machen. Es ist schwieriger, Menschen aus einer anderen Generation zu lieben, Menschen, die eine sehr eigenwillige Art haben, die Dinge zu sehen, und mit denen ich, zumindest am Anfang, wenig gemeinsam habe. Aber lieben zu lernen ist eines der wichtigsten Dinge, die ich tun kann. Nach der Aussage im 1. Korinther-Brief, Kapitel 13 habe ich nichts, wenn ich keine Liebe habe. Ich kann der beste Pastor sein, den die Gemeinde je hatte, aber wenn ich nicht liebe, bin ich nichts. Ich kann der Pastor mit dem schnellsten Gemeindewachstum im Land werden, aber wenn mein Verhalten nicht von Liebe geprägt ist, habe ich nichts gewonnen. Glaube, Hoffnung und Liebe. Diese drei – nicht meine Programme, nicht meine Ziele, nicht meine Träume und Wünsche – bleiben bestehen. Und das Größte unter ihnen ist die Liebe.

Es ist schwieriger, Menschen aus einer anderen Generation zu lieben, Menschen, die eine sehr eigenwillige Art haben, die Dinge zu sehen, und mit denen ich, zumindest am Anfang, wenig gemeinsam habe.

Was ist Liebe? Liebe heißt, die Bedürfnisse, Sorgen und die

Ehre anderer über uns selbst zu stellen (vgl. Mt 25,31–46; Röm 12,10; Phil 2,1–4). Liebe heißt, andere so zu behandeln, wie ich behandelt werden möchte, über andere so denken, wie ich möchte, dass sie über mich denken, anderen die Erholungszeiten geben, die ich von ihnen zugestanden haben möchte (vgl. Mt 22,34–40). Liebe heißt, auf Menschen zuzugehen, die zuerst vielleicht nicht liebenswürdig sind (vgl. Röm 5,6–8; 1 Joh 4,9–10). Liebe heißt, mit den Menschen mitzufühlen, sich in sie hineinzufühlen und mit ihnen durch die Höhen und Tiefen des Lebens zu gehen (vgl. Röm 12,15). Liebe heißt, alles dafür zu tun, um mit jedem auszukommen (vgl. Röm 12,16.18). Kurz gesagt, Liebe hat viel mit dem Dienst in einer kleinen Gemeinde zu tun. Wenn ich lerne, das Leben eines Pastors einer kleinen Gemeinde zu leben, bin ich tatsächlich bereit für das Reich Gottes!

6. Feststellung: Es ist die Schönheit der Verborgenheit!

Die weltweite Gemeinde Jesu nimmt von Pastoren kleiner Gemeinden wenig Notiz. Manchmal beschleicht uns das Gefühl, dass die Arbeit, die wir tun, nicht so bedeutend sei. In christlichen Zeitschriften und Büchern kann ich von Missionaren lesen, die für ihren Glauben zu Märtyrern wurden, von Theologen, die mit ihren römisch-katholischen Kollegen daran arbeiten, einen neuen ökumenischen Geist zu fördern, von Lobbyisten, die den Machthabern in Washington Zeugnis geben, von der engagierten Frau, die ganz alleine eine Missionsarbeit im Zentrum einer Stadt begann und so weiter.

Die weltweite Gemeinde Jesu nimmt von Pastoren kleiner Gemeinden wenig Notiz. Manchmal beschleicht uns das Gefühl, dass die Arbeit, die wir tun, nicht so bedeutend sei.

Was habe ich letzte Woche getan? Nun, ich habe für die entlaufene Katze eines kleinen Jungen gebetet, habe einige Leute im Krankenhaus besucht, ein Bibelstudium für zehn Teilnehmer vorbereitet, den Lobpreis geleitet und eine Predigt gehalten. Manchmal kommt mir meine kleine Gemeinde schon *sehr* klein vor. Und der Pastor, der in der kleinen Gemeinde auf der Kanzel steht, muss logischerweise auch *sehr* klein sein. Manchmal möchte ich *groß* sein! Ich möchte, dass über *mich* Artikel geschrieben werden. Ich möchte, dass *mein* Bild in die Zeitung kommt! Zumindest hätte ich es gerne, dass man im größeren Rahmen anerkennt, dass es mich gibt.

Dennoch ist es vielleicht besser, nicht bemerkt zu werden. Ruhm und Reichtum bringen Versuchungen mit sich, mit denen ich lieber nicht konfrontiert werden möchte. Die Ursünde des Menschen - Stolz - kann leicht ihr hässliches Haupt erheben, wenn man Loblieder auf Sie singt.

Der Dienst in der kleinen Gemeinde hält mich demütig. Er kann sogar genau das Instrument sein, das Gott dafür benutzt. Wenn der Apostel Paulus in irgendeiner Form ein Beispiel ist, so tut Gott schließlich alles, um seine Diener demütig zu machen. In seinem 2. Brief an die Gemeinde in Korinth spricht Paulus davon, dass er in den Himmel entrückt wurde und „unaussprechliche Worte hörte, welche der Mensch nicht sagen darf" (2 Kor 12,3–4). Aber dann fährt er in Vers 7 fort: „Und damit ich mich wegen der hohen Offenbarungen nicht überhebe, ist mir gegeben ein Pfahl ins Fleisch, nämlich des Satans Engel, der mich mit Fäusten schlagen soll, damit ich mich nicht überhebe." Von Martin Luther bis Billy Graham haben viele „große" Männer ihren „Dorn im Fleisch" gehabt, gesundheitliche und andere Probleme, die sie davon abhielten, zu hoch von sich zu denken, und sie dazu brachten, noch mehr an Jesus zu denken.

Wenn es auch manchmal für mich ein „Dorn im Fleisch" ist, in einem vergessenen Teil von Gottes Reich „gestrandet" zu sein, ist es doch ein relativ schmerzloser. Es ist oft sogar ganz angenehm. Ich schaudere, wenn ich daran denke, was Gott sonst gebrauchen könnte, um mich zu demütigen. Wie schon mehr als ein Redner gesagt hat, überreichte man Paulus nicht die Schlüssel zu einer Stadt, wenn er in ein Gebiet kam. Stattdessen zeigte man ihm das Innere des Gefängnisses!

Also: Last oder Segen?

Unser Gott hat Freude daran, Fluch in Segen zu verwandeln. Er nahm einen jungen Mann, der von seiner Familie verraten worden war, in die Sklaverei verkauft und zu Unrecht einer Vergewaltigung beschuldigt wurde und daraufhin in einem ägyptischen

Gefängnis landete. Ihn gebrauchte er, um das auserwählte Volk zu retten. Später sagte Josef zu denen, die ihn verraten hatten: „Ihr gedachtet es böse mit mir zu machen, aber Gott gedachte es gut zu machen“ (Gen 50,20). Jahrhunderte später gebrauchte Gott einen Mann, der fälschlicherweise eines Verbrechens beschuldigt und auf demütigende, quälende Weise öffentlich hingerichtet wurde, um die ganze Welt zu retten. Die Bibel sagt: „Denn das Wort vom Kreuz ist eine Torheit denen, die verloren werden; uns aber, die wir selig werden, ist's eine Gotteskraft“ (1 Kor 1,18).

Gibt es Lasten in Ihrem Dienst, die Gott in Segen verwandeln möchte? Was sieht in Ihrem Leben töricht aus und ist in Wirklichkeit die Kraft Gottes? Es hängt viel davon ab, wie Sie die Dinge betrachten. Wie möchte Gott wohl, dass Sie Ihren Dienst in der kleinen Gemeinde ansehen? Möchte er, dass Sie die junge Frau mit dem Hut sehen oder die hässliche alte Frau? Welche sieht er, wenn er sich das Bild anschaut?

Kapitel 4

Wir sind nicht mehr im Wolkenkuckucksheim

Wie der Mann in der Psychiatrie, der behauptet, dass er wirklich James Bond auf einer Mission im Auftrag ihrer Majestät sei, hat der Pastor, der unter Arbeitssucht leidet, Schwierigkeiten, die Wirklichkeit anzunehmen. Anstatt sich freudig und energiegeladen in den Dienst hineinzugeben, den Gott ihm gegeben hat, und daraus das Beste für sich zu machen, verbringt er als Traumtänzer unmäßig viel Zeit damit, sich zu wünschen, dass er woanders wäre. Er beginnt zu glauben, dass er nie wirklich glücklich und erfüllt sein wird bis zu dem magischen Tag, an dem der Himmel ihm wohl gesonnen ist und er seine Traumgemeinde bekommt.

Wenn ein Patient sich weigert, die Realität anzunehmen, und stattdessen lieber in einer Fantasiewelt lebt, gibt es nur ein Heilmittel, und das ist nicht sehr angenehm. In diesem Kapitel werde ich Sie mit Schocktherapie behandeln müssen. Ich weiß, es tut weh, und das tut mir Leid. Aber ich werde die Realität so deutlich darstellen müssen, wie ich nur kann, ohne viel Zuckerguss. Vertrauen Sie mir. Es ist der einzige Weg, Sie so weit zu bringen, dass Sie Ihre Welt sehen, wie sie tatsächlich ist. Und das ist der erste Schritt, um zu lernen, wie man mit der Wirklichkeit umgeht.

Wappnen Sie sich, ich drehe jetzt den Strom des Elektro-Schock-Gerätes an.

Schock Nr. 1: Sie sind nicht in einer großen Gemeinde!

Sie sind Leiter einer Gemeinde, die nicht so sehr darauf ausgerichtet ist, der Welt zu dienen als vielmehr sich selbst.

„Wurden alle Einsamen besucht?“, „Ist jeder glücklich über das, was in der Gemeinde vorgeht?“, „Wie können wir unsere passiven

Mitglieder dazu bringen wiederzukommen?“ und: „Können wir genügend Geld aufbringen, um dieses Jahr den Kirchturm neu zu streichen?“ Das sind die Fragen, die eine kleine Gemeinde beschäftigen. Sie fragt nicht: „Wie können wir unsere Stadt für Jesus erreichen?“ Sie macht sich keine Gedanken darum, dass sie eine Zielgruppe aussuchen sollte, um diese mit allen Kräften anzusprechen (die Baby-Boom-Generation, die geburtenschwachen Jahrgänge, die Generation X, allein erziehende Väter und Mütter usw.) und ihre „spürbaren Nöte“ zu lindern. Zusammenarbeit mit anderen Gemeinden, um ein stärkeres, einheitlicheres christliches Zeugnis zu geben, steht auf ihrer Prioritätenliste nicht sehr weit oben. Die Armen im Ort durch soziale Tätigkeiten zu erreichen, ist etwas, das die Regierung tun soll – „Wir haben alle Hände voll zu tun, für uns selbst zu sorgen“.

Sie sind Leiter einer Gemeinde, die nicht so sehr darauf ausgerichtet ist, der Welt zu dienen als vielmehr sich selbst.

Sie sind Leiter einer Gemeinde, die sich darauf konzentriert, die Tradition zu erhalten. Sie sehen keinen Bedarf an Fünf- und Zehn-Jahresplänen für die Gemeinde oder an einer Vision für die Zukunft der Gemeinde. Sie wissen genau, wie die Zukunft der Gemeinde aussieht. Jedes Jahr im September wird das Kinderkirchenjahr mit einer Planungssitzung begonnen, im Oktober findet das jährliche Eintopfessen zum Erntedankfest statt, im November werden die Verstorbenen des vergangenen Jahres im Gottesdienst verlesen, im Dezember wir eine Adventsfeier für Mitarbeiter und am Heiligen Abend der übliche turbulente Familiengottesdienst veranstaltet. Und so geht es weiter. Wehe dem, der diesen heiligen Zeitplan ändern will!

Sie sind Leiter einer Gemeinde, die von Kirchengemeinderäten geführt wird, die Sie sich nicht ausgesucht haben. Sie haben kein bezahltes Personal, das Ihre Befehle ausführt. Die Menschen, die die Macht in Ihrer Gemeinde innehaben, sind die, die am längsten da sind oder die das meiste Geld geben oder die offensichtlich immer bestimmte Dinge getan haben oder die am beliebtesten sind. Es sind keine Menschen, die Sie ausgebildet haben. Sie teilen nicht unbedingt Ihre Vision. Sie sind vielleicht nie formal in eine Position gewählt worden, aber jeder achtet sie dennoch, als wäre es so.

Sie sind Leiter einer Gemeinde, die sich durch Außenstehende bedroht fühlt. Sie ist nicht daran interessiert, die Gottesdienste für Kirchendistanzierte ansprechender zu gestalten. „Die gehören hier sowieso nicht hin, wenn sie unsere Art nicht verstehen und sich nicht anpassen können.“ Wenn zu viele neue Besucher kommen, „ist das einfach nicht mehr dieselbe Gemeinde“. Ihre Gemeinde verlangt nicht danach, Ihrer Leitung zu folgen – schließlich sind Sie als Pastor der größte Außenseiter. Sie halten es für ihre Pflicht, Sie und alle Ihre wilden Ideen im Zaum zu halten. Während Sie versuchen, sie in die Art Gemeinde zu verwandeln, zu der Sie gern gehören würden, arbeiten sie daran, Sie zu der Art Pastor zu machen, wie sie ihn schon immer hatten.

Dies sind allgemeine Eigenschaften einer kleinen Gemeinde. Ich will Ihnen nicht den Eindruck vermitteln, dass kleine Gemeinden sich nie verändern oder ein tieferes Verlangen bekommen können, Gott zu dienen. Es ist nur so, dass der, der Veränderung bewirken will – so wie Sie –, Wege finden muss, *innerhalb* des bestehenden Rahmens zu arbeiten und nicht dagegen. Eine Definition von Geistesgestörtheit lautet: „Immer wieder dasselbe auf immer die gleiche Art tun, wobei von vornherein klar ist, dass der Erfolg ausbleibt.“ Viele überzeugte „Arbeits-Apostel“ gehen von einer kleinen Gemeinde zur nächsten und versuchen überall, Strategien von Megagemeinden anzuwenden, und sind jedes Mal traurig und schockiert, wenn ihr Dienst zerbricht. Was sagt uns das über ihren Geisteszustand? Wir müssen damit beginnen, Strategien anzuwenden, die ganz bewusst für kleine Gemeinden entwickelt worden sind.

Schock Nr. 2: Sie sind in einer Gemeinde, die wahrscheinlich nie schnelles, dramatisches Wachstum erleben wird!

Nach Angaben, die mir vorliegen, haben ungefähr 90 Prozent aller freikirchlichen Gemeinden weniger als 200 Mitglieder. Bei landeskirchlichen Gemeinden wird zwar eine hohe Zahl an Gemeindegliedern angegeben, weil alle Christen dieser Konfession in diesem Gebiet automatisch dazugezählt werden. In Wirklichkeit aber nehmen nur 3 bis maximal 10 Prozent dieser „Seelen“ aktiv am Gemeindeleben teil. Das bedeutet, dass große Gemeinden und Megagemeinden eindeutig in der Minderheit sind! Sie ziehen vielleicht die Aufmerksamkeit der Medien auf sich, aber es gibt eine „stille Mehrheit" von Christen, die nie erfahren wird, wie es ist, zu einer Großgemeinde zu gehören. Statistisch gesehen sind die Chancen sehr gering, dass Sie einmal Pastor oder Leiter einer Gemeinde werden, „in der wirklich etwas abgeht".

Statistisch gesehen sind die Chancen sehr gering, dass Sie einmal Pastor oder Leiter einer Gemeinde werden, „in der wirklich etwas abgeht".

Die Megagemeinde ist die Ausnahme, nicht die Regel. Sie entsteht, wenn es eine außergewöhnliche Kombination von Zeit, Ort, starker geistlicher Leiterschaft, besonderer Einbindung der Laien, einer günstigen wirtschaftlichen Situation und besonderer Ausgießungen des Heiligen Geistes gibt. Larry Gilbert vom Institut für Gemeindewachstum sagt:

> *„Wenn man aus einer Gemeinde mit 102 Mitgliedern eine mit 5 000 machen will, braucht man eine außergewöhnliche Leiterschaft. Das kann aber nicht unsere Definition von Erfolg sein. Bill Hull, Direktor des Gemeindedienstes für Evangelische Freikirchen in Amerika, hat geschrieben: ‚Die Pastoren von Megagemeinden sind gewöhnlich Persönlichkeiten mit besonderem Charisma und besonderen Gaben. Obwohl sie gern Pastoren kleiner, ums Überleben kämpfender Gemeinden versprechen: Was ich kann, kannst du auch, ist das für die meisten, die auf Seminare über Gemeindewachstum gehen, einfach nicht wahr'. Wir müssen Pastoren helfen, aus einer Gemeinde mit 102 Mitgliedern eine mit 112 zu machen. Wenn dieses beständige Wachstum, und sei es noch so klein, in Tausenden von Gemeinden geschehen würde, würde dies den Leib Jesu revolutionieren"* („Leite oder geh aus dem Weg", in: *Leadership* 16, Nr. 3, Sommer 1995, Seite 126).

Ich weiß nicht, ob Sie den „Nachschock" oder „Schock 2A" im obigen Zitat gespürt haben. Wenn nicht, werde ich den Strom etwas stärker stellen, sodass Sie ihn wirklich spüren. Gibt es viele solcher Ideen in Ihren Ordnern über Gemeindewachstum? Sie werden bei Ihnen nicht funktionieren! Lassen Sie mich noch einmal auf den Knopf drücken. Warum nicht? Nun, schauen Sie in den Spiegel und machen Sie sich bereit für „Schock 2B“: *Sie sind nicht Bill Hybels oder Rick Warren oder Walt Kallestad oder Peter Wenz!* Hören Sie auf, sich verrückt zu machen, indem Sie versuchen, einer von ihnen zu sein (es sei denn, Sie wären es tatsächlich!).

Schauen Sie in den Spiegel und machen Sie sich bereit für „Schock 2B“: Sie sind nicht Bill Hybels oder Rick Warren oder Walt Kallestad oder Peter Wenz! *Hören Sie auf, sich verrückt zu machen, indem Sie versuchen, einer von ihnen zu sein (es sei denn, Sie wären es tatsächlich!).*

Es gibt noch mehr Gründe, warum diese Ideen bei Ihnen nicht funktionieren werden. Sie arbeiten vielleicht in einem Teil des Landes, in dem einfach kein schnelles und spektakuläres Gemeindewachstum stattfindet.

Schauen wir Deutschland an (nach „Idea-Spektrum“ vom September 2000, Seite 24): In den neuen Bundesländern gibt es beispielsweise Gemeinden, in denen sich die Gemeindeglieder über 30 Dörfer verteilen. Die Kirchengebäude sind nach den langen Jahren der Nichtbenutzung zu Zeiten des DDR-Staates in einem so schlechten Zustand, dass der Regen durch das Dach tröpfelt oder ganze Gotteshäuser wegen Baufälligkeit gesperrt werden müssen. Im Gottesdienst am Sonntagmorgen sitzen drei bis fünf vorwiegend ältere Gläubige, während am Ortsrand der Fußballverein die Bevölkerung mit einem Spiel anlockt. Hier sind die Menschen säkularisiert, sie wollen von Gott nichts wissen und die meisten von ihnen – vor allem die Jüngeren – haben keine Ahnung, wer Jesus Christus überhaupt ist. Es ist klar, dass für diese Menschen die Kirche keine Rolle spielt, und auch der Pastor ist für sie höchstens eine skurrile Gestalt, mit der sie nichts anfangen können.

Dort Gemeindeaufbau zu betreiben ist die reinste „Knochenarbeit“. Der Kontakt zu den Menschen muss mühevoll neu geknüpft werden und es gilt zunächst eine Vertrauensbasis aufzubauen. Das geht nicht von heute auf morgen! Hier gibt es keinen schnellen Aufbruch mit explosiv wachsenden Gemeinden, hier ist Kleinarbeit gefragt, Arbeit an der Basis, die viel Zeit, Einsatz und Herzblut kostet – ohne dass schnelle Erfolge zu sehen wären.

Oder während es in einigen Orten vor allem im Süden Deutschlands noch zur sonntäglichen Tradition gehört, in die Kirche zu gehen, finden in anderen Teilen der Republik vor allem in den Innenstädten großer Ballungsräume keine Gottesdienste mehr statt, weil hier keine Christen mehr wohnen. Statt dem Geläut der Kirchenglocken herrscht hier Totenstille.

Früher war die Gottesdienstzeit am Sonntagmorgen geschützt, und in einigen Gebieten wird tatsächlich noch darauf geachtet, dass es zu dieser Zeit keine anderen Veranstaltungen gibt. In weiten Teilen Deutschlands verbringen jedoch die Menschen im Gegensatz dazu ihre Sonntagvormittage damit, Fußball und Basketball zu spielen. Die Jugendgruppen und Stadtligen spielen alle am Sonntagvormittag. An manchen Sonntagen fehlen immer ein Viertel bis die Hälfte der Mitglieder einer Gemeinde. Die Gemeindeglieder sind dann bei einem wichtigen gesellschaftlichen Ereignis, auf Handwerksausstellungen, Märkten, Kunstausstellungen, Verkaufsmessen oder ähnlichen Events. Jeder und jede Organisation nutzt „den einen Tag, an dem die Menschen keine anderen Verpflichtungen haben". Die Gemeinde zählt einfach nicht. Oder, um es genauer zu sagen, es gibt nicht genug Christen, damit sie zählt.

Mit dieser vielfältigen Konkurrenz am Sonntagmorgen kann ich als kleiner Pastor einer kleinen Gemeinde einfach nicht mithalten!

Hinzu kommt, dass in manchen Gegenden des Landes die Bevölkerungszahlen rückläufig sind. Vielleicht liegt es daran, dass ein großer Arbeitgeber Stellen abbaut, die Produktionsstätte verlegt oder den Betrieb stilllegt. Vielleicht sind die Steuern zu hoch. Vielleicht sind die Produkte, die bislang die dortige Wirtschaft in Schwung hielten, nicht mehr gefragt. Neue Technologien haben manche Produkte und Dienstleistungen überflüssig gemacht. Städtebauliche Veränderungen haben das Gesicht der Gegend verändert. Eine Wohnsiedlung ist einfach miteinander alt geworden, und nun beginnt sich die Bevölkerungsstruktur zu wandeln, weil ausländische Mitbürger einziehen, die ihre eigene Religion haben. Was auch immer der Grund ist: Die Gemeinden in dieser Gegend werden klein bleiben, denn ohne Menschen kann keine Gemeinde wachsen. Ich weiß, das ist eine Binsenwahrheit, aber in der „Hurrah"-Literatur über Gemeindewachstum wird diese oft übersehen. Vielleicht steht Ihre Gemeinde kurz vor dem Aussterben. Die Umgebung Ihrer Gemeinde hat sich in den letzten Jahren dramatisch geändert, sodass die Menschen, die zum Gottesdienst kommen, nicht länger in der Umgebung leben und auch eine andere Kultur, Sprache oder einen anderen sozialen Hintergrund haben. Wenn keine jungen Menschen in Ihre Gegend ziehen, sind die Chancen gering, dass eine Gemeinde auf eine der drei üblichen Arten wachsen kann – Babys werden geboren, Mitglieder kommen aus anderen Gemeinden oder es kommen Menschen zum Glauben. Ihre Gemeinde stirbt dann an „Altersschwäche".

Die Gemeinden in dieser Gegend werden klein bleiben, denn ohne Menschen kann keine Gemeinde wachsen. Ich weiß, das ist eine Binsenwahrheit, aber in der „Hurrah"-Literatur über Gemeindewachstum wird diese oft übersehen.

Eine Gemeinde auf ihre Schließung vorzubereiten, die Menschen im Trauerprozess zu begleiten, das Gemeindeeigentum zu verkaufen und zu sehen, ob eine andere Gemeinde das Gebäude gebrauchen kann, das sind die Prioritäten eines Pastors in einer sterbenden Gemeinde. Wenn das Ihre Aufgabe ist, sollten Sie Ihre Zeit genauso wenig mit Wachstumsstrategien verschwenden, wie Sie versuchen würden, einem 90-Jährigen, der im Sterben liegt, das Inlineskaten beizubringen.

Ich will damit nicht sagen, dass Gott eine Gemeinde nicht auch in einer feindlichen Umgebung und unter schwierigen Umständen zum Wachsen bringen kann. Er kann und er will. Aber nicht immer. Und wie es scheint, auch nicht oft. Wir eifrigen Missionare für den Herrn bereiten uns selbst eine bittere Enttäuschung, wenn wir erwarten, dass Gott etwas tut, das er nie versprochen hat.

Ein junger Pastor zog in eine kleine Stadt, um dort eine kleine charismatische Gemeinde zu übernehmen. Es war wirklich ein Ort, der das Evangelium brauchte. „Gib mir zwei Jahre", sagte er und richtete sich zu voller Größe auf, „und ich sorge dafür, dass die Kneipen geschlossen werden." Nun, inzwischen ist das sechs Jahre her. Ich war neulich in der Gegend und sah, dass die Bars immer noch gut liefen und die Gemeinde immer noch klein war. Ich frage mich, ob der Pastor weiterhin seine unmöglichen Träume träumt.

Zusammenfassend schreibt Loren B. Mead:

„Was ich deutlich machen möchte, ist, dass Dutzende, Hunderte, ja Tausende von Gemeinden nicht die Erfahrung von explosivem Wachstum gemacht haben und wahrscheinlich nie machen werden; sie können, *aber es ist nicht wahrscheinlich. Die meisten Pastoren, die jetzt in Gemeinden arbeiten, und die meisten Gemeindeleiter werden in ihrem Leben keine dramatischen Veränderungen im Blick auf die Mitgliedschaft erfahren. Mit einigen wenigen Ausnahmen; das galt immer für das Gemeindewachstum. Wir feiern die Ausnahmen (wie zum Beispiel gegenwärtig in einigen Gegenden Ostafrikas), und wir sollten alles daransetzen, eine solche Ausnahme zu sein, aber es ist gut möglich, dass wir unser ganzes Leben ohne eine solche Erfahrung arbeiten müssen. Wenn unser Glaube nicht damit umgehen kann, haben wir Schwierigkeiten“* (*More Than Numbers: The Way Churches Grow*, New York, Alban Institute, 1993, Seite 41).

Schock Nr. 3: Sie sind nicht mehr auf der Universität oder auf der Bibelschule!

Während Ihrer Ausbildung richtet sich alle Aufmerksamkeit auf Sie. Die Professoren werden dafür bezahlt, dass sie Ihre Fragen beantworten und dafür sorgen, dass Sie eine gute Ausbildung erhalten. Sie verbringen Stunden damit, Ihre theologischen Ansichten und Beobachtungen mit Ihren Studienkameraden zu diskutieren. Während Ihrer praktischen oder klinischen Ausbildung schreiben Sie Berichte und gehen in Begleitgruppen, um folgende Fragen zu beantworten: „Wie fühlte ich mich bei dieser Erfahrung? Wenn ich mich nicht gut fühlte, warum? Was hätte ich besser machen können? Welche zusätzliche Ausbildung brauche ich noch? Bekomme ich genügend Unterstützung von meinen Mitarbeitern? Wie hat mir diese Erfahrung in meinem geistlichen Leben geholfen? Hat es mein Verständnis von Gott und vom Dienst vertieft? Welche unbeantworteten Fragen bleiben noch für mich?“

Im Dienst geht es aber um die Gemeinde. Werden *ihre* Bedürfnisse erfüllt? Hört jemand auf *ihre* Sorgen? Wie können die Gemeindeglieder zu einer Einheit werden und zu ihrer Identität als Gemeinde finden? Welche Dienste macht die Gemeinde gut, an welchen muss noch gearbeitet werden? Wie hat eine bestimmte Tragödie (Tod, Feuer, Krieg, gesellschaftliche Veränderungen) ihr Leben beeinflusst?

Der ehrgeizige, erfolgshungrige Pastor möchte aber, dass es die ganze Zeit um „Mich! Mich!" geht: „Gefällt mir, was hier geschieht? Nimmt man meine Ideen gut auf? Wie geht es meinem Glauben? Wie geht es mir mit der Art, wie die Gemeinde mich behandelt? Mögen mich alle?" Während des Wahlkampfes für die Präsidentschaftswahlen 1996 sagte Ross Perot die ganze Zeit: „Sehen Sie, hier geht es nicht um mich. Es geht um die Zukunft des amerikanischen Volkes." Im Dienst in einer kleinen Gemeinde muss ich mir immer und immer wieder sagen: „Siehst du, es geht nicht um mich. Es geht darum, wo diese Menschen die Ewigkeit verbringen werden." Tatsächlich war Ross nicht der Erste, der so etwas sagte, Jesus tat es:

> „Will mir jemand nachfolgen, der verleugne sich selbst und nehme sein Kreuz auf sich und folge mir. Denn wer sein Leben erhalten will, wird's verlieren; wer aber sein Leben verliert um meinetwillen, wird's finden" (Mt 16,24–25).

> „Aber so ist es unter euch nicht; sondern wer groß sein will unter euch, der soll euer Diener sein; und wer unter euch der Erste sein will, der soll aller Knecht sein. Denn auch der Menschensohn ist nicht gekommen, dass er sich dienen lasse, sondern dass er diene und sein Leben gebe als Lösegeld für viele" (Mk 10,43–45).

> „Wenn nun ich, euer Herr und Meister, euch die Füße gewaschen habe, so sollt auch ihr euch untereinander die Füße waschen. Ein Beispiel habe ich euch gegeben, damit ihr tut, wie ich euch getan habe" (Joh 13,14–15).

Wenn ich es nicht lernen kann, mich selbst im Dienst für andere hinzugeben, kann ich kein wahrer Nachfolger Jesu sein. Dann ist es mein kleinstes Problem, dass ich ein frommer „Workaholic" bin.

Während der Ausbildung waren Sie mit der Suche nach Wahrheit beschäftigt. Ihre Aufgabe war es, die Bibel in sich aufzunehmen, die Lücken in Ihrer Theologie zu füllen, den Plan Gottes, der sich in der Kirchengeschichte entfaltet, zu betrachten und den Herrn und den Rat gottesfürchtiger Freunde zu suchen, um Ihren Platz in diesem Plan zu finden. Sie mussten sich mit den besten und klügsten christlichen Denkern auseinander setzen (entweder direkt oder durch ihre Werke). Einen Großteil Ihrer Zeit verbrachten Sie mit Lesen, Nachdenken und dem Kampf um Glauben oder Zweifel.

Im Dienst sind Sie jedoch oft zu beschäftigt, um nach Wahrheit zu suchen. Sie sind auf der Suche, aber es ist die Suche nach einem besseren Weg, eine kleine Freiwilligenorganisation zu managen, nicht eine Suche nach dem Sinn des Lebens.

Ich weiß, dass heute viele die Ansicht vertreten, Pastoren sollten sich aus dem Alltagsgeschäft zurückziehen, um lieber geistliche Leiter zu werden. Der geistliche Leiter verbringt seine Zeit so ähnlich wie während der Ausbildung; er liest gute Bücher, macht Bibelstudien, meditiert und reflektiert – dazu kommen lange Zeiten von Fasten und Gebet. So haben die Mitglieder der Gemeinde, wenn sie Hilfe bei Problemen brauchen, jemanden, der in der Stille vor dem Herrn war. Der geistliche Leiter wird ein so tiefes Verständnis und eine so leidenschaftliche Liebe zu Gott haben, dass er ganz leicht den Kirchendistanzierten zu Jesus bringen kann. Krisen in der Gemeinde werden den geistlichen Leiter nicht erschüttern, denn er war in der Nähe Jesu.

Alles, was ich dazu sagen kann, ist: „Schöner Job, wenn Sie so einen bekommen!“ Die kleine Gemeinde sieht ihren Pastor auf jeden Fall nicht so. Vielleicht können und sollten sie ihre Ansicht ändern, aber wie jede andere Veränderung auch wird dies nur über einen langen Zeitraum hinweg geschehen. Meine Gemeinde bezahlt mich nicht, damit ich Predigten und Bibelstudien vorbereite. „Schließlich“, so argumentieren sie, „wie lange braucht man dazu schon?“ (Haben die eine Ahnung!) Sie bezahlen mich sicher nicht, um den ganzen Tag herumzusitzen und mir heilige Gedanken zu machen. Sie bezahlen mich, damit ich bei Komiteesitzungen dabei bin, damit ich weiß, was in den verschiedenen gemeindlichen Gruppen gerade läuft, damit ich mir (wieder einmal) die Klage von Frau Müller anhöre, dass junge Frauen nicht zur Frauenstunde kommen, damit ich Handwerker in das Gebäude lasse, meinen Rat bei der Aufstellung des jährlichen Haushaltsplanes gebe, helfe, Spenden zu bekommen, und Freiwillige für die verschiedenen Arbeiten finde, die in der Gemeinde getan werden müssen. Während ich mir vielleicht wünsche, nur ein geistlicher Leiter zu sein, bin ich in Wirklichkeit auch Verwalter und Schaltzentrale des Kommunikationsnetzwerkes der Gemeinde.

Ist das wirklich so verkehrt? Viele Mitarbeiter in der kleinen Gemeinde müssen mehr als eine Aufgabe übernehmen. Warum nicht auch der Pastor? Eine Frau in der Gemeinde muss vielleicht in der Kinderkirche eine Gruppe leiten, im Chor singen, den Basar organisieren und zu allen möglichen Dienstleistungen bereit sein (zum Beispiel die Spülmaschine nach der Altenfeier zu bedienen). Ein Mann in der kleinen Gemeinde muss Schatzmeister sein, kleine Reparaturen erledigen, dem Missionsausschuss vorstehen und als Ältester dienen. Warum sollte der Pastor nicht geistlicher Leiter, Verwalter, Schaltzentrale und Manager sein? Wenn ich mich darauf verlasse, dass meine Leute mehr als eine Aufgabe übernehmen, darf ich dann weniger tun?

Einige junge Pastoren beklagten sich, dass sie wegen all der Unterbrechungen nie zum eigentlichen Dienst kamen (weit reichende Pläne für die Zukunft zu machen, neue Programme zu beginnen, Stunden im Gebet zu verbringen, in der Schrift nach Gottes Wort für die Gemeinde zu suchen usw.). Die älteren Pastoren in der Gruppe lachten. Einer sagte: „Freunde, die Unterbrechungen *sind* der Dienst", und er hatte Recht. Die Gemeinde erwartet und bezahlt Sie dafür, dass Sie sich unterbrechen lassen. Wenn Sie sich auf die Unterbrechungen einlassen, bietet sich Ihnen die Chance, mit Ihren Mitgliedern in Kontakt zu kommen und sie über die eine Stunde am Sonntagmorgen hinaus zu prägen. Sie als Pastor erinnern sie an Gottes heilige Gegenwart in ihrem Alltag. Ihre Gemeinde holt Sie aus Ihrem Elfenbeinturm, sorgt dafür, dass Sie sich dem wirklichen Leben stellen, und macht Sie menschlicher.

Sie als Pastor erinnern sie an Gottes heilige Gegenwart in ihrem Alltag. Ihre Gemeinde holt Sie aus Ihrem Elfenbeinturm und sorgt dafür, dass Sie sich dem wirklichen Leben stellen, und macht Sie menschlicher.

Lassen wir das zu! Wenn man nur dadurch Gott näher kommen kann, wenn man sich stundenlang in sein Arbeitszimmer zurückzieht, welche Hoffnung gibt es da für den Mann in Ihrer Gemeinde, der einen schrecklichen Acht-Stunden-Job hat, dazu zweimal am Tag eine hektische Fahrt zum Arbeitsplatz und Überstunden am Samstag? Ganz zu schweigen von der Mutter mit kleinen Kindern, deren Bedürfnisse Tag und Nacht erfüllt werden müssen. Welche Botschaft sende ich ihnen, wenn ich daran festhalte, dass es für meine geistliche Gesundheit nötig ist, jeden Tag drei Stunden durch den Wald zu wandern? Ich sage ihnen unbewusst, dass es keine Hoffnung für sie gibt, jemals geistlich zu wachsen – es sei denn, sie werden Pastor.

Während der Ausbildung hat alles ein Ende. Die Semester gehen zu Ende, Projekte werden fertig gestellt und abgegeben, Anforderungen werden erfüllt, Prüfungen gemacht und die Glocke läutet zum Unterrichtsende. Sie können in den Semesterferien nach Hause fahren und kein Druck bleibt auf Ihnen. Alle Arbeit ist beendet.

Das Problem liegt nicht so sehr darin, dass ich Dinge unerledigt zurücklasse, sondern darin, dass ich mich deswegen schuldig fühle. Das Problem liegt nicht so sehr darin, dass der Dienst immer weitergeht, sondern darin, dass es mich stört und ich ständig erwarte, dass es anders ist.

Der unermüdliche Pastor tut seinen Dienst und wartet darauf, dass die Glocke läutet, aber sie tut es nicht. Immer wieder kommt jemand ins Krankenhaus. Die nächste Sonntagspredigt muss vorbereitet werden. Es gilt, noch mehr Komiteesitzungen zu leiten. Sie müssen das Ehepaar anrufen, das seinen Seelsorgetermin nicht wahrgenommen hat, und sie fragen, wie es ihnen geht. Und haben Sie schon die Antwort auf die Frage des Jugendleiters nachgeschlagen? Jemand hat einen Verwandten, der in einer Krise steckt, und er möchte, dass dieser auf die Gebetsliste aufgenommen wird. Die Bedürfnisse von Menschen zu erfüllen und eine dynamische Organisation wie die Gemeinde zu betreuen, sind immerwährende Aufgaben. Es gab selten Zeiten, in denen ich in den Urlaub gehen konnte und das Gefühl hatte, dass ich alles getan hatte. Es gab immer Dinge, die noch in der Schwebe waren.

Das Problem liegt nicht so sehr darin, dass ich Dinge unerledigt zurücklasse, sondern darin, dass ich mich deswegen schuldig fühle. Das Problem liegt nicht so sehr darin, dass der Dienst immer weitergeht, sondern darin, dass es mich stört und ich ständig erwarte, dass es anders ist.

Ein Freund und ich sind zu dem Schluss gekommen, dass alle Pastoren lernen müssen, „christliche Buddhisten" zu sein. Im Buddhismus wird gelehrt, dass nicht die Umstände böse sind, sondern dass der Wunsch, sie zu ändern, alle Probleme verursacht. Wenn man nur lernen könnte, das Leben so anzunehmen, wie es kommt, und sich von allen Wünschen und allem Verlangen reinigen könnte, fände man Frieden. Wenn Pastoren nur den Wunsch nach einer Zeit aufgeben könnten, in der keine kranken oder verletzten Menschen besucht, keine Entscheidungen gefällt, keine „Feuer gelöscht" werden müssen oder niemand während eines Fernsehfilms anruft, fänden sie Frieden.

Um diese Lektion zu lernen, muss man sich aber nicht östlichen Denksystemen zuwenden. Sie müssen nur Ihre Bibel aufschlagen. In Philipper 4, Verse 11 bis 13 spricht Paulus darüber, wie er mit verschiedenen Situationen umgeht. Anstatt sich darüber zu beklagen oder zu wünschen, dass sie sich ändern, sagt er: „Ich habe gelernt, mir genügen zu lassen, wie's mir auch geht. Ich kann niedrig sein und kann hoch sein; mir ist alles und jedes vertraut: beides, satt sein und hungern, beides, Überfluss haben und Mangel leiden, ich vermag alles durch den, der mich mächtig macht."

Alles, außer Pastor einer kleinen Gemeinde zu sein? Natürlich nicht!

Schock Nr. 4: Sie sind einsam!

In der Ausbildung sind Sie einer unter vielen. Ein Student, der mit anderen Studenten zu tun hat. Sie genießen das Privileg und den Luxus, von gleich gesinnten Menschen umgeben zu sein – andere, die Ihre Leidenschaft für Debatten über dogmatische Lehrsätze oder für die Diagnose des Zustandes der Kirche heute oder dafür, eine verlorene Welt mit dem Evangelium zu erreichen, teilen.

Im Dienst als Pastor unterscheiden Sie sich von den vielen, weil Sie anders sind. Sie haben mit Menschen zu tun, die nicht wissen, wie Ihr Leben aussieht. Sie finden selten jemanden, der Ihre Interessen teilt. Die Interessen Ihrer Gemeindeglieder sind ihre Karriere, ihre Hobbys, ihre Verwandtschaft, ihre Traditionen, ihre Kinder, ihre Schulen, ihr Sport und ihr Wohnort. Und über diese Dinge reden sie gern.

Aristoteles definierte Freundschaft als *eine* Seele, die in *zwei* Körpern wohnt. Der Pastor fühlt sich oft so, als ob ein Teil seiner Seele fehlen würde. Viele erschöpfte Pastoren gehen herum und suchen nach dem fehlenden Teil und bereiten sich selbst eine Enttäuschung nach der anderen, weil keine Beziehung diesen Erwartungen entspricht.

Aber kann es denn überhaupt anders sein? Der Pastor soll der geistliche Leiter der Gemeinde sein. Ein Leiter ist der Mann, der in der vordersten Reihe steht. Man erwartet, dass Sie den Menschen, denen Sie dienen, in Ihrem Bibelverständnis und Ihrer Theologie voraus sind. Man erwartet, dass Sie mit dem Zustand der Gemeinde unzufrieden sind, warum würden Sie sonst je versuchen, sie zu Wachstum anzuspornen? Man erwartet, dass Sie eine Sichtweise von außen – Gottes – in die Welt Ihrer Gemeinde bringen. Sie haben die Ausbildung, die Zeit und die Ressourcen, dies zu tun. Ihre Leute haben das nicht. Wenn diese Menschen je an den Punkt kommen, dass es ihnen gelingt, Sie völlig zu verstehen und eine Beziehung zu Ihnen zu unterhalten, könnte es für Sie an der Zeit sein weiterzugehen. Ihre Effektivität als Leiter könnte geschmälert werden.

„An der Spitze ist es einsam" ist ein altes Klischee. Ein Satz wird nur dann ein Klischee, wenn er stereotyp wiederholt wird. Er wird aber immer wiederholt, weil er der Realität entspricht. Ein gewisses Maß an Einsamkeit kommt einfach mit dem Beruf. Nicht, dass es für Sie nicht auch Möglichkeiten gibt, Freunde und Unterstützer zu finden und mit Einsamkeit umzugehen. Wir werden sie später im Buch noch betrachten. Fürs Erste merken Sie sich bitte, dass Sie immer eine andere Gangart als die Gemeinde haben werden. Aber das ist gut so. Gott kann Ihre Andersartigkeit gebrauchen, um eine schlafende Gemeinde aufzuwecken.

Schock Nr. 5: Sie sind jetzt in der Armee!

Um diesen Teil zu beginnen, habe ich Bischof Georg Kämpfer, Veteran vieler Evangelisationskampagnen, gebeten, zu uns zu sprechen. Ich weiß, seine Methoden sind ein wenig unorthodox, aber erfolgreich. Ja, es ist derselbe Bischof Kämpfer, der einmal bemerkte, dass ein Pastor während eines Seminars niedergeschlagen aussah.

„Was ist los mit dir, mein Sohn?“, fragte Kämpfer.

„Ich bin völlig im Stress, Sir.“

„Im Stress? Im STRESS?“, schrie Kämpfer. „Junge, du bist nichts weiter als ein Feigling!“ Woraufhin der Bischof dem Pastor eine Ohrfeige gab.

So lassen Sie uns jetzt alle richtig breit lächeln und Bischof Kämpfer willkommen heißen.

„Rührt euch. Rauchen Sie, wenn Sie wollen, es sei denn, Sie gehören zu einer Denomination, die Ihnen das nicht erlaubt. Hören Sie zu! Man hat mich gebeten, zu Ihnen über den arbeitssüchtigen armen Pastor einer kleinen Gemeinde zu sprechen. Nun, was ist das für ein selbstgerechter ‚New Age‘-Psychoquatsch? Können Sie ‚*Sünder*‘ sagen? Hä-hem. Ich habe die Nase voll von euch Muttersöhnchen, die jedes Mal jammern, wenn ein Anruf eure Gebetszeit unterbricht. In anderen Teilen der Welt wird das Leben von Gläubigen ständig unterbrochen – von Gewehrkugeln!

Ich habe die Nase voll von euch Muttersöhnchen, die jedes Mal jammern, wenn ein Anruf eure Gebetszeit unterbricht. In anderen Teilen der Welt wird das Leben von Gläubigen ständig unterbrochen – von Gewehrkugeln!

So, ihr müsst heute Abend zu einem Mitarbeitertreffen, aber ihr würdet lieber zu Hause bleiben und einen Film sehen? Wie würde es euch gefallen, stattdessen ins Gefängnis zu gehen? Ihr seid zu weichlich, das ist das Problem. Hat man euch in diesen komischen Seminaren nicht beigebracht, dass es geistliche *Kriegsführung* heißt (Eph 6,10–18)? Habt ihr überhaupt jemals euren Einberufungsbefehl gelesen? Unser Oberbefehlshaber sagte: ‚In dieser Welt habt ihr Angst‘ (Joh 16,33). ‚Wenn sie mich verfolgt haben, werden sie euch auch verfolgen‘ (Joh 15,20). Ihr habt wohl gedacht, das

Leben sei ein einziges Lobpreis-Konzert, was? Ihr habt wohl gedacht, dass die einzige Verletzung, die ihr euch jemals zuziehen würdet, ein Muskelriss wäre, den ihr euch bei dem Versuch zuzieht, einen Band des Lexikons ‚Religion in Geschichte und Gegenwart' aus dem Bücherregal zu holen?

Wie steht es mit General Paulus, der gesagt hat: ‚Ich trage die Malzeichen Jesu an meinem Leibe' (Gal 6,17)? Hat er nicht über den inneren Druck gesprochen, den er wegen der Sorgen um seine Gemeinden empfand (2 Kor 11,28–29)? Er instruierte Leutnant Timotheus: ‚Nimm teil an den Trübsalen als ein guter Kriegsmann Jesu Christi' (2 Tim 2,3). Ihr seid wie die Charaktere in diesen so genannten Komödien über unsere Streitmacht, die aus Hollyschnulz kommen. In denen der Rekrut dem Friseur sagt, wie er sein Haar geschnitten haben möchte, oder ein anderer, der seinen Ausbilder fragt, ob er die Wochenenden frei haben kann. Ihr benehmt euch, als ob alles, was im Dienste des Herrn geschieht, für euch eine völlige Überraschung ist!

Beschreibt die Bibel nicht Kämpfe innerhalb der Gemeinde (Apg 15,36–40; 1 Kor 1,10–12; 3,1–3; Phil 4,2)? Sagt sie euch nicht, dass Gemeinden manchmal ihre Leiter ablehnen (2 Kor 10,1–11; Gal 4,12–16)? Solltet ihr nicht vorgewarnt sein, dass so etwas auch Pastoren geschieht?

Ja, es wird schmerzhaft. [Da wir gerade davon reden: Wenn Sie versuchen, das Buch aus der Hand zu legen, bevor ich fertig bin, werden Sie wahren Schmerz kennen lernen.] Aber es wird auch glorreiche Siege geben. Seht ihr, wir sind nicht nur dazu berufen, für Jesus zu leiden, wir sind berufen, die Horden Satans durch die Macht Jesu leiden zu lassen. Hört auf zu jammern und geht hin und fügt denen Schmerzen zu – nicht euch selbst! Schlagt einige von dem dämonischen Pack! Wegtreten!"

Wir verbringen viel zu viel Zeit mit Klagen über die Schmerzen, die das Leben, das wir gewählt haben, nun einmal mit sich bringt.

Danke, Bischof. Sie gaben wehleidigen Pastoren ... ich meine Sündern ... ah, was auch immer, etwas zum Nachdenken. Wir verbringen viel zu viel Zeit mit Klagen über die Schmerzen, die das Leben, das wir gewählt haben, nun einmal mit sich bringt.

Eine andere wahre Redensart lautet: „Krieg ist die Hölle". Das Ziel der Kriegsführung ist es, dem Feind so große Verletzungen zuzufügen, dass er aufgeben muss. Gleichzeitig tut der Feind sein Bestes, Ihnen so große Verletzungen zuzufügen, dass *Sie* aufgeben müssen. Dieser Vorgang ist nicht angenehm. Dennoch will der unermüdliche und eifrige Pastor immer noch die Welt für Jesus gewinnen, ohne selbst in schmutzige Kämpfe verstrickt zu werden. Das wird ihm nicht gelingen.

Ich versuche, zwei- oder dreimal in der Woche in einen Fitness-Club zu gehen, um an den Maschinen zu trainieren. Während ich die Kraft, Gesundheit, Stärke und das bessere Aussehen, das ich durch das Training bekomme, genieße, gibt es Zeiten, in denen ich das Training selbst nicht genieße. Um neues Muskelgewebe aufzubauen, muss das alte erst abgebaut werden. Und das tut weh. Aber wie die Gewichtheber gerne sagen: „Ohne Schweiß kein Preis." Das sollte der Wahlspruch eines jeden Pastors sein und in jedem Arbeitszimmer hängen. „Ohne Schweiß kein Preis." Sie werden nie Ihre Gemeinde zu geistlicher Gesundheit, neuer Vitalität, größerer geistlicher Stärke und besserer Fähigkeit, Nichtchristen anzuziehen, führen können, ohne die Zähne zusammenzubeißen und sich irgendwo auf dem Weg durch Schmerzen zu kämpfen.

Um bei Schmerzen nicht aufzugeben, halte ich mich an Geschichten über Männer und Frauen, die mit den Herausforderungen des Kampfes konfrontiert wurden. Schauen Sie sich doch einmal Kriegsfilme und Western an und fragen Sie sich dabei: „Was sagt mir dies über das christliche Leben allgemein und das Amt des Pastors im Besonderen?"

Mich inspirieren zum Beispiel die „Star Trek"-Filme. Ich bin ein großer Fan der Science-Fiction, aber es sind auch die militärischen Aspekte der Serie, die mich faszinieren. Ich schätze Kirks wagemutige „Alles-oder-nichts"-Haltung, wenn es um die Rettung seines Schiffes geht. Ich bin begeistert, wenn Picard am Moralkodex festhält, obwohl es einfacher wäre, die Aliens schlicht über den Haufen zu schießen. Es inspiriert mich, wie Sisko eine Gruppe leitet, die nicht sicher ist, ob sie ihn als Leiter will, und wie Janeway das Beste aus einer schlimmen Situation macht und jedem ständig versichert, dass sie ihr Ziel erreichen werden. Eines meiner Lieblingszitate stammt aus „Star Trek – Raumschiff Voyager". Fähnrich Kim spricht darüber, wie schrecklich ihr letztes Abenteuer war. Kapitän Janeway antwortet: „Mr. Kim, wir sind Offiziere der Sternenflotte. Das Schreckliche gehört zu unserem

Beruf.“ Es geschieht oft, dass ich mich selbst erinnern muss: „Du bist Offizier in Gottes Armee. Das Schlimme gehört zu deinem Beruf.“

Schock Nr. 6: Sie schaffen es nicht allein!

Als Führer in Gottes Armee muss ich lernen zu delegieren. Kein General hat je eine Schlacht allein gewonnen. Er ist von seinen Truppen, Spähern, Strategen, Offizieren, dem Wetterdienst, den Munitionsherstellern usw. abhängig. Der notorische Einzelgänger will hingegen den Kampf im Alleingang gewinnen. Es scheint einfacher zu sein. Sie müssen nicht ständig hinter Freiwilligen herlaufen, die losgehen und wer weiß was machen und Ihre Pläne ruinieren. Aber das ist nicht biblisch. In seinem Brief an die Epheser erinnert uns Paulus daran, dass unsere Aufgabe „die Vollendung der Heiligen für das Werk des Dienstes“ ist (Eph 4,12) und dass die Gemeinde „das Wachstum des Leibes bewirkt zu seiner selbst Auferbauung in Liebe“ (Eph 4,16). Nach Aussage der Bibel ist es für Sie allein völlig unmöglich, eine Gemeinde zum Wachsen zu bringen.

Es gibt wirklich keine Entschuldigung dafür, dass Sie nicht einen größeren Teil der Gemeinde in den Dienst einbeziehen. Sie sollten sich nicht völlig verausgaben, indem Sie versuchen, alles selbst zu machen. Aber was noch schwerer wiegt: Sie sollten das Wachstums des Leibes Christi nicht ersticken und seine Siege nicht verhindern.

Es gibt wirklich keine Entschuldigung dafür, dass Sie nicht einen größeren Teil der Gemeinde in den Dienst einbeziehen. Sie sollten sich nicht völlig verausgaben, indem Sie versuchen, alles selbst zu machen. Aber was noch schwerer wiegt: Sie sollten das Wachstums des Leibes Christi nicht ersticken und seine Siege nicht verhindern. Ich hörte einmal von Frauen in China, deren Füße schon von klein an fest eingewickelt wurden. Wenn sie älter wurden, blieben ihre Füße verdreht und verkrüppelt, sodass sie selbst dann, als ihre Füße nicht mehr eingebunden wurden, nicht normal laufen konnten.

Genau darum ging es aber. Frauen zählten zum Besitz und mussten am Weglaufen gehindert werden. Genauso, wie ein Mann seine Tiere einsperrte, „sperrte" er auch seine Frauen ein. Viele Pastoren „sperren" ihre Gemeinden ein, indem sie die Mitglieder nie ausprobieren lassen, wie viel in ihnen steckt. Vielleicht tun sie es, weil sie tief in ihrem Inneren nicht möchten, dass ihre Gemeinde ohne sie auskommt und selbstständig Dinge tut. Pastoren möchten gebraucht, beachtet und geschätzt werden. Sie möchten sich unentbehrlich fühlen. Aber wenn der Pastor schließlich eine Gemeinde verlässt und die Stützen entfernt sind, wissen die Menschen nicht, wie sie allein stehen sollen. Kleine Gemeinden ohne Pastoren kommen oft zum Stillstand oder gehen ganz baden. Anstatt dafür verantwortlich zu sein, dass sie später unselbstständig sind, warum nehmen Sie nicht jetzt schon die Stützen weg und lehren sie stehen, gehen und laufen? Warum lassen Sie die Gemeinde nicht stärker zurück, als Sie sie vorfanden?

Gibt es Hindernisse auf dem Weg dorthin? Ja, na und? Ein guter Soldat findet einen Weg, Hindernisse zu überwinden.

Vielleicht sagen Sie jetzt: „Niemand reagiert jemals auf meine Bitten um Hilfe." Formulieren Sie Ihre Bitten persönlicher. Machen Sie nicht nur Ankündigungen von der Kanzel aus und bringen Sie nicht nur Hinweise im Gemeindeblatt. Viele werden sich nicht auf „Wir suchen jemanden, der bei der Verstärkeranlage hilft, Interessenten wenden sich bitte an den Pastor" melden. Die Menschen reagieren erfahrungsgemäß eher auf eine persönliche Einladung. „Uwe, ich schätze an dir, dass du jede Woche treu in die Gemeinde kommst. Und du scheinst ein gutes Ohr für Musik zu haben. Wir haben gerade ein kleines Problem, und ich frage mich, ob du uns aushelfen könntest. Wir brauchen jemand, der zuverlässig ist und uns bei der Verstärkeranlage hilft. Wir werden dich einarbeiten. Es ist nicht so schwierig. Was hältst du davon? Würde dich das interessieren?"

Vielleicht sagen Sie: „Ich würde gern neue Mitarbeiter gewinnen, aber unsere langjährigen Mitglieder haben alle Schlüsselpositionen und Ämter fest im Griff." Fordern Sie Ihre langjährigen Mitglieder dazu heraus, die Gemeinde auf die Zukunft vorzubereiten. Mitglieder in kleinen Gemeinden reden immer davon, dass sie die Gemeinde für „ihre Kinder" erhalten wollen (selbst wenn die Wahrscheinlichkeit groß ist, dass „ihre Kinder" wegziehen).

Neue Mitarbeiter einzubeziehen und sie auszubilden, ist eines der Dinge, die man für die nächste Generation tun kann. Bitten Sie auch die langjährigen Mitglieder, bei der Einarbeitung neuer Mitarbeiter zu helfen. Sagen Sie: „Wir brauchen jemanden, der sich auskennt und ihnen zeigt, wie die Dinge hier funktionieren." Menschen möchten sich wichtig fühlen. Sie möchten nicht das Gefühl haben, zugunsten Jüngerer auf die Ersatzbank geschickt zu werden. Indem langjährige Mitglieder ein Teil des Schulungsprozesses werden, geben Sie ihnen das Gefühl von Wert und Bedeutung, das sie brauchen.

Da wir gerade vom Schulungsprozess reden, vielleicht fragen Sie sich gerade: „Wie soll ich die Zeit finden, einen Haufen Freiwillige zu schulen?" Schulung besteht nicht notwendigerweise darin, dass der Pastor einen Stapel Papiere schreibt und besondere Schulungen hält. Sie können Menschen schulen, indem Sie sie einfach einladen, mit Ihnen zu kommen, wenn Sie die Arbeit tun, von der Sie hoffen, dass diese Person sie einmal übernimmt. So können zum Beispiel Älteste lernen, den Besuchsdienst zu übernehmen, indem sie den Pastor begleiten und mit ihm später darüber sprechen, was bei dem Besuch geschah. Auf diese Weise schulte Jesus seine Jünger. Er nahm sie mit in die Ereignisse des Dienstes und des Lebens und reflektierte sie dann mit ihnen.

Vielleicht sagen Sie: „Meine Leute erwarten, dass ich überall meine Finger drin habe." Gut, es mag sein, dass Ihre Gemeindeglieder eine Menge falscher und sündiger Haltungen haben. Ist es da als Pastor nicht hauptsächlich Ihre Verantwortung, sie zu korrigieren, anstatt sie einfach darin verharren zu lassen? Verweisen Sie jeden konsequent an die „Experten" der Gemeinde:

„Walter weiß mehr über Computer als ich. Warum rufen wir ihn nicht an und fragen, ob er herausfinden kann, warum der Gemeindebrief nicht gedruckt wird?"

„Fred ist doch handwerklich sehr geschickt. Fragen wir ihn doch mal nach seiner Meinung, ob man diese Tür ersetzen muss oder nicht."

„Lisa hat wirklich ein Herz für die Arbeit mit Kindern. Vielleicht hat sie einige Ideen, wie man die Jugendlichen stärker einbeziehen könnte."

„Susi ist für die Buchführung zuständig. Wenn du Zahlen darüber brauchst, wie die Gemeinde ihr Geld ausgibt, wende dich bitte an sie."

Richten Sie die Aufmerksamkeit von sich weg und stellen Sie andere ins Rampenlicht. Mit der Zeit werden die Gemeindeglieder aufhören, Sie wegen bestimmter Dinge anzurufen und sich direkt an die „Experten“ wenden. Manchmal gibt es in meiner Gemeinde Projekte, von denen ich, der Pastor, nichts weiß. Ich sage dann spaßeshalber: „Fragt mich nicht, ich arbeite hier bloß!“

So wie Sie nicht der einzige Mitarbeiter in der Gemeinde sind, sind Sie auch nicht der einzige Offizier. Autoritäre Pastoren verlieren die Fassung, wenn die Gemeindeleitung ihre Pläne in Frage stellt. Sie müssen aufhören, sich für den Oberbefehlshaber zu halten. Wenn Sie an einer Sitzung der Gemeindeleitung teilnehmen, sind Sie nicht da, um Befehle zu erteilen. Sie sind da, um zusammen mit anderen an Problemen zu arbeiten. Ihre Gemeindeleitung sollte eine „Denkfabrik“ für Jesus sein. Sie und die Mitglieder der Gemeindeleitung sind militärische Leiter, die von dem wahren Oberbefehlshaber, Jesus Christus, berufen wurden, um den besten Weg zu finden, seinen Feldzug durchzuführen. Sie und die anderen Leiter diskutieren *gemeinsam* die Mannschaftsstärke, die finanziellen Mittel, Strategien und Taktik, Berichte vom Nachrichtendienst, den Zeitplan, die Ziele, die Gefallenenberichte usw.

Die Mitglieder der Gemeindeleitung sind auch nicht die einzigen Offiziere in einer kleinen Gemeinde. Jugendmitarbeiter, Chorleiter, respektierte und geachtete langjährige Mitglieder, ja, sogar Ihre Sekretärin können in der Augen der Gemeinde einen genauso hohen Rang haben wie Sie (oder sogar noch höher)! Es wird von Ihnen erwartet, dass Sie sich mit anderen beraten, mit ihnen gemeinsam planen und zusammenarbeiten. Es wird nicht erwartet, dass Sie sie herumkommandieren. Wenn Sie es dennoch tun, kommen Sie in kürzester Zeit vors Kriegsgericht. Das heißt nicht, dass Sie im Gegenzug all ihren Befehlen folgen müssen. Aber Sie müssen unbedingt ihren Rat ernsthaft in Betracht ziehen und, wenn nötig, mit ihnen Kompromisse erarbeiten.

Wahrscheinlich bekommen Sie auch Ideen vom obersten Führungsstab der Universalgemeinde – Professoren am Seminar, Konferenzredner, Seminarleiter, Autoren, ältere Pastoren usw. Sie müssen dabei nur daran denken, sich nicht einschüchtern zu lassen. Es sind lediglich Gleichgestellte, die ihren Rat anbieten. Es sind keine Vorgesetzten, die Ihnen Befehle erteilen können. Aber leider sieht dies der Pastor, der alles richtig machen will, oftmals so: Sie gehen zu einer Schulung und kommen mit einem gefüllten Notizbuch zurück, das voller guter Ideen ist – neue Evangelisationsprogramme, Notizen darüber, wie man ein „verantwortungsvoller" Leiter ist oder wie der Anbetungsteil verändert werden muss, damit er überhaupt Nichtchristen anziehen kann, einem Plan, mit Zellgruppen zu beginnen und „10 Gründen, auf Lobpreis- und Anbetungsmusik umzusteigen". Dann beginnen sie, ihren Dienst „nach Vorschrift" zu machen, und wissen, dass, wenn sie nur den Befehlen von General Gemeindewachstum-Superstar folgen, ihre Gemeinde lebendig wird und vor neuen Mitgliedern aus den Nähten platzt. So funktioniert es jedoch nur selten. Der General kennt die Eigenheiten ihres Charakters und Stils, ihrer Gemeinde oder ihrer Region nicht und kann sie auch nicht kennen. Und so passen seine Befehle nicht immer zu ihnen. Und auch Gott möchte nicht, dass unsere Gemeinden von weit entfernten Leitern ferngesteuert werden.

Ich möchte nicht die anerkannten „Experten" in der christlichen Welt niedermachen. Ich habe aus vielen ihrer *Ratschläge* Nutzen gezogen und bin dadurch gewachsen. Zum Beispiel wäre mein Dienst heute nicht das, was er ist, wenn ich nicht die Regeln von *Willow Creek* kennen würde, wie eine Gemeinde kirchenferne Menschen erreichen kann. Meine Gemeinde hätte aufgehört zu wachsen und ich hätte nicht die geringste Ahnung, warum. Aber ich nehme das, was die Experten sagen, als *Rat*, nicht als Befehl. Ich bewerte es, wende es an, wenn ich kann, und manchmal lehne ich es ab. Ich behandle die Experten genauso, wie ich die Offiziere behandle, mit denen ich in der kleinen Gemeinde zusammenarbeite. Sie haben einige gute Ideen und einige, die einfach nicht funktionieren.

Ich möchte nicht die anerkannten „Experten" in der christlichen Welt niedermachen. Ich habe aus vielen ihrer Ratschläge *Nutzen gezogen und bin dadurch gewachsen.*

Vielleicht kommt es Ihnen zuerst komisch vor, so zu denken. Wer sind Sie denn, dass Sie sich gegen General Superstar stellen? Ich erinnere mich, welch ein Schock es für mich war, als einer meiner früheren Professoren aus dem Seminar mich bei einem Ältestentreffen nach meiner Meinung fragte, kurz nachdem ich ordiniert worden war. Er behandelte mich wie seinesgleichen! Er wusste, dass derselbe Herr, der ihn beauftragt hatte, auch mich beauftragt hatte. Und derselbe Herr, der General Superstar zu einem Offizier macht, machte auch Sie zu einem Offizier. General Superstar und Sie dienen gemeinsam im Mitarbeiterstab Gottes. Behandeln Sie die Superstars als Ihre Partner, nicht als Ihre Idole.

Es tut mir Leid, wenn ich in diesem Kapitel ein wenig brutal sein musste, aber wenn Sie sich einmal von den Schocks erholt haben, hoffe ich, dass Sie mir dankbar dafür sein werden. Ich weiß, dass die Wirklichkeit manchmal weh tut. Aber welche Alternative gibt es?

Kapitel 5

Sorgen Sie dafür, dass es Ihnen gut geht!

Eine Gruppe Studenten war bei einem berühmten evangelikalen Denker zum Essen eingeladen. Sie freuten sich auf einen Abend mit anregenden Diskussionen und bereiteten Fragen und Themen vor, die sie ansprechen wollten. Als jedoch das Abendessen begann, wurden ihre Hoffnungen schnell zunichte gemacht, als der Gastgeber nach der ersten Frage sagte: „Sehen Sie, ich befasse mich den ganzen Tag mit Theologie. Das ist mein Beruf. Zu Hause möchte ich über Fußball sprechen."

Die Studenten waren wie betäubt. Sie hatten „Tischgespräche" mit einem modernen Luther erwartet, stattdessen aßen sie mit einem Nero Wolfe, der sich weigerte, außerhalb des Büros über Geschäftliches zu sprechen. Vielleicht sprachen sie lediglich aus Enttäuschung so, aber hinterher begannen einige, die Ernsthaftigkeit und Hingabe an den Glauben des Denkers in Frage zu stellen. Wenn jemand wirklich Jesus liebte, würde er da nicht die ganze Zeit über ihn reden wollen? Sollte man nicht bereit sein, sich von allem in der Welt zu trennen, um Jesus zu dienen? Und schließt „alles in der Welt" nicht auch die Erste Fußball-Liga mit ein?

Luther wusste, dass man im Kampf um die „großen und bedeutenden geistlichen Anliegen des Tages" ab und zu eine Pause einlegen muss, oder man dreht durch (oder endet als ausgebranntes Wrack, was auf dasselbe herauskommt).

Tatsächlich stand der berühmte Gastgeber dem Geist Luthers näher, als die Studenten ahnten. Um geistliche Depression abzuwehren oder zu heilen, pflegte Luther im Garten zu arbeiten oder in die

Schänke zu gehen, um dort der Musik zuzuhören. Luther wusste, dass man im Kampf um die „großen und bedeutenden geistlichen Anliegen des Tages“ ab und zu eine Pause einlegen muss, oder man dreht durch (oder endet als ausgebranntes Wrack, was auf dasselbe herauskommt).

Ich muss Ihnen etwas beichten: Ich finde oft genauso viel Erfrischung, Ruhe, Erleichterung und bekomme neue Energie, wenn ich meinen Hobbys nachgehe wie in meiner Stillen Zeit. Wenn ich meine Comic-Sammlung ordne und registriere, kann ich mich genauso wohl fühlen wie nach dem Lesen einiger Psalmen. Nachdem ich mit meinem Sohn eine Partie Schach gespielt habe, ist mein Glaube daran, dass Gott alles im Griff hat und sich um meine Probleme kümmern wird, genauso stark wie nach einer Zeit des Gebets mit meinen Amtskollegen. Beim Besuch eines Museums kann ich genauso zu der Überzeugung kommen, dass Gott möchte, dass ich in meiner jetzigen Gemeinde bleibe, als ob ich Stunden auf den Knien im Gebet verbracht und nach Gottes Willen gefragt hätte. Wenn ich mich bei einem Fußball-Spiel heiser schreie, kann mich das genauso beruhigen, als hätte ich gerade eine Stunde lang Lobpreis- und Anbetungslieder gesungen.

Nun, bevor Sie mich als Gotteslästerer auf dem Scheiterhaufen verbrennen oder als zu fleischlich verwerfen, lassen Sie mich ein paar Worte zu meiner Verteidigung sagen. Erstens ist es biblisch, die guten Dinge in der Welt zu genießen (vgl. Ps 104,14–15; 1 Tim 4,3–5). Zweitens behaupte ich nicht, dass Hobbys jemals geistliche Übungen ersetzen sollten, sie haben aber oft die gleiche sofortige Auswirkung. Warum? Weil geistliche Übungen und Hobbys mich gleichermaßen eine Zeit lang von den Problemen, die gerade meine Aufmerksamkeit fordern, wegziehen. Sie erinnern mich daran, dass das Universum größer ist als meine kleine Gemeinde und das, was gerade in ihr vorgeht. Die geistlichen Übungen bringen mich mit dem größeren Universum Gottes in Verbindung, mit seiner Macht und seinen Plänen. Meine Hobbys bringen mich mit dem größeren Universum der Menschheit in Verbindung und mit der Kreativität, den Gaben und der Vielfalt, die Gott uns gegeben hat.

Und gerade die Arbeits-Lasttiere *kleinerer* Gemeinden müssen *dem Großen* ausgesetzt werden. Sonst werden sie den Wald vor lauter Bäumen nicht sehen. Anstatt einen Gesamteindruck von dem, was Gott durch ihren Dienst tun will, zu bekommen, sind sie sonst auf problematische Menschen und Situationen fixiert. Anstatt eine Idee von dem zu entwickeln, worum es im Leben geht, fangen sie an zu glauben, dass es nur aus dem besteht, was innerhalb der vier Wände der kleinen „Ersten Gemeinde“ vorgeht. Und die kann überwältigend groß wirken, wenn man sie nicht mit etwas Größerem vergleichen kann!

Der andere Blickwinkel

Die richtige Perspektive ist wirklich ein Problem. Als Pastor einer kleinen Gemeinde verstricken Sie sich in viele „üble Gedanken“, Gedanken, die so richtig erscheinen, aber völlig falsch sind, Gedanken, die „heilig“ zu sein scheinen, aber in Wirklichkeit Sie verformen und Ihr Leben zerstören. Und einer der übelsten Gedanken ist der, dass Ihr Glück und Ihre Erfüllung von Dingen abhängen, die im Gesamtplan des Universums relativ unbedeutend sind: was Ihre winzige Gemeinde macht oder nicht macht, ob Sie mit einigen streitsüchtigen Individuen zurechtkommen oder nicht, ob Sie die Probleme der Hand voll Ratsuchenden, die zu Ihnen kommen, lösen können oder nicht.

Als Pastor sind Sie der Mittelpunkt des Universums der kleinen Gemeinde. Es wird immer Gruppen und Einzelne geben, die Ihre Aufmerksamkeit wollen. Pastor in einer kleinen Gemeinde zu sein ist so ähnlich wie kleine Kinder zu haben.

Auf den ersten Blick scheint es für Sie richtig und angemessen zu sein, endlos mit diesen Dingen beschäftigt zu sein. Schließlich sind Sie Pastor. Sie sind in diese kleine Gruppe berufen worden und Sie nehmen Ihren Ruf und Ihre Identität ernst. Sie möchten ein treuer Diener Jesu sein. Sie möchten Hirte sein, planen, lehren und beten – und all das erfordert, dass man sich Gedanken darum macht, viele Gedanken. Hinzu kommt, dass viele kleine Gemeinden nur „gerade so“ überleben. Wenn nur einige Mitglieder die Gemeinde verlassen, hat sie vielleicht nicht mehr genügend Mitarbeiter für die Arbeit mit Kindern oder kann ihre Rechnungen nicht mehr bezahlen. Deswegen scheint es nötig zu sein, jeden immer glücklich zu machen. Und ist es nicht Ihre Aufgabe als Pastor, dass genügend Mitglieder in der Gemeinde bleiben, damit diese überlebt?

Als Pastor sind Sie der Mittelpunkt des Universums der kleinen Gemeinde. Es wird immer Gruppen und Einzelne geben, die Ihre Aufmerksamkeit wollen. Pastor in einer kleinen Gemeinde zu sein ist so ähnlich wie kleine Kinder zu haben. Weil man der Mittelpunkt ihrer Welt ist, rufen sie immer: „Mami, schau, was ich kann!“, „Papi, ich habe ein Bonbon bekommen!“, „Ich habe Hunger!“, „Ich habe Angst!“, „Johannes gibt mir sein Spielzeug nicht!“ oder: „Ich muss Pipi!“ Und viele Eltern kleiner Kinder merken, dass sie, selbst wenn sie einmal einen Abend ohne die Kinder ausgehen, über nichts anderes reden können als über ihren Nachwuchs. Sie sind zwangsweise so daran gewöhnt, immer auf ihre Kinder einzugehen, dass sie selbst dann, wenn sie es nicht müssen, nicht an etwas anderes denken können. Dasselbe geschieht mit Pastoren, stimmt's? Es ist normal, sich ständig auf die Gemeinde zu konzentrieren. Das ist kein Anzeichen für ernste Probleme.

Wenn dazu noch erst absolut jeder in der Gemeinde glücklich sein muss, bevor Sie *glücklich sein können, dann machen Sie sich auf ein Leben gefasst, das geprägt ist von Sorge und einem Gefühl der Hilflosigkeit. Sie haben die Kontrolle über Ihr Leben an andere abgegeben. Wer weiß, was die damit anstellen werden? Und Sie werden nicht in der Lage sein, etwas zu unternehmen, um sie aufzuhalten!*

Oder etwa doch? Tragischerweise haben einige Ehepaare, die jahrelang ausschließlich über ihre Kinder geredet haben, nichts mehr gemeinsam, wenn die Kinder erwachsen und aus dem Haus sind. Wenn alles, womit Sie sich beschäftigen, die Menschen und Sorgen Ihrer kleinen Gemeinde sind, werden Sie eines Tages traurig feststellen, dass Sie buchstäblich an nichts anderes mehr denken können. Es bleibt kein „Sie“ mehr übrig vom „Sie als Pastor!“

Wenn dazu noch erst absolut jeder in der Gemeinde glücklich sein muss, bevor *Sie* glücklich sein können, dann machen Sie sich auf ein Leben gefasst, das geprägt ist von Sorge und einem Gefühl der Hilflosigkeit. Sie haben die Kontrolle über

Ihr Leben an andere abgegeben. Wer weiß, was die damit anstellen werden? Und Sie werden nicht in der Lage sein, etwas zu unternehmen, um sie aufzuhalten!

Schließlich – hat Ihre Gemeinde irgendetwas davon, wenn Sie ausgebrannt sind? Was wird aus Ihrer Berufung, wenn Sie in der Psychiatrie enden oder irgendwo Autos verkaufen?

Deswegen müssen Sie Ihre Gedanken ab und zu auf *etwas anderes* ausrichten. Seien Sie nicht wie manche Pastoren, die ich kenne, die als Hobby theologische Bücher lesen. (Sie kommen einfach nicht davon los!)

Finden Sie ein Hobby, das Sie jedes Mal gefangen nimmt, wenn sie es ausüben – entweder weil es Ihre Aufmerksamkeit verlangt (wie Nähen oder Tischlern oder ein Musikinstrument lernen) oder weil es Sie augenblicklich in eine andere Welt entführt (wie Lesen oder Filme sehen) oder weil es Ihren Körper in Bewegung bringt und Ihre Gedanken mitzieht (wie Sport). Wenn Sie nicht schnell umschalten können, ist es vielleicht nicht das richtige Hobby für Sie. Wenn Sie daran arbeiten müssen, werden Sie es nicht ausüben. Sie werden behaupten, dass Sie von der Gemeindearbeit zu müde sind, und sofort wieder an die Gemeinde denken. Ich weiß, wovon ich rede. Vergessen Sie nicht, ich bin auch einer von denen, die von ihrer Gemeinde in einen kleinen goldenen Käfig gesteckt wurden.

Gehen Sie einem Hobby nach, das Ihnen Freude macht. Dies scheint selbstverständlich, aber ich weiß, wie der Verstand vieler pflichtbewusster Gemeinde-Diener funktioniert. Einige werden sagen: „Das Buch, das ich gerade lese, sagt, dass ich mir ein Hobby suchen muss. Mal sehen – gut, ich werde Vögel beobachten. Jetzt muss ich also auf ein Feld gehen und meine Zeit damit verschwenden, darauf zu warten, dass diese dummen kleinen Dinger vorbeiflattern. Ich muss mir sicher auch ein Fernglas kaufen und natürlich einen waschbaren Hut, falls das Unaussprechliche passiert. Ich muss das alles tun, weil es mir irgendwie gut tun soll. Nun, warten wir mal ab. Ich zweifle, dass es gut für mich ist. Eigentlich zweifle ich sogar stark daran!" Und, siehe da, eine oder zwei Wochen später sind sie wieder an ihrem Ausgangspunkt angekommen und machen die Gemeinde zu ihrer einzigen Beschäftigung. „Nun, ich habe das mit dem Hobby probiert, aber es hat nicht funktioniert. Mein Ruf ist es, Pastor zu sein und nicht Ornithologe."

Wählen Sie ein Hobby, das Ihren finanziellen Mitteln entspricht. Glauben Sie mir, ich weiß, wie knapp die Mittel von Pastoren kleiner Gemeinden sind. Vielleicht können Sie keine Gemälde sammeln, aber Sie können lange Spaziergänge im Wald machen oder ein Museum besuchen. Vielleicht können Sie sich keine Tischlerwerkzeuge leisten, aber Sie könnten Schnitzen lernen. Vielleicht haben Sie kein Geld für Musikunterricht, aber Sie könnten ein Buch zum Selbststudium für Blockflöte oder Mundharmonika kaufen.

Vielleicht müssen Sie einige Hobbys ausprobieren, bevor Sie das für Sie richtige finden. Schließlich haben Sie auch nicht von Anfang Ihres Lebens an gepredigt oder eine Gemeinde geleitet. (Wenn dies doch der Fall ist, gehören Sie in eine Gruppe für erwachsene Kinder religiöser Fanatiker und sollten kein Buch über Pastoren mit Problemen lesen.) Irgendwo auf Ihrem Weg haben Sie die geistliche Rolle ausprobiert und festgestellt, dass sie zu Ihnen passt und dass Sie darin gut sind. Experimentieren Sie mit verschiedenen Hobbys. Finden Sie die, die zu Ihnen passen. Forschen Sie nach. Wir Pastoren tun das doch sowieso gern, oder? Besuchen Sie Hobbyläden oder Zeitschriftenstände oder gehen Sie in die örtliche Bücherei. Surfen Sie im Internet und probieren Sie im Internet Chatrooms über Hobbys aus. Wenn man darüber nachdenkt, ist das Forschen über Hobbys selbst schon eines. Es kann Ihre Gedanken von den alltäglichen Verpflichtungen ablenken und Sie anderweitig beschäftigen.

Hobbys: Freund oder Feind?

Manche Pastoren machen sich Sorgen, sie könnten so mit ihren Hobbys beschäftigt sein, dass ihr Dienst darunter leidet. Das ist wirklich eine Gefahr. Wir kirchlichen Workaholics neigen auf Grund unserer Persönlichkeit zu Abhängigkeiten, und wir können uns genauso gut auf das Sammeln von Telefonkarten fixieren wie auf die Probleme unserer Gemeinde, besonders, wenn wir in problematischen Gemeinden dienen. Vor ein paar Jahren, als ich in einer besonders schwierigen Gemeinde war, bestimmte mein Hobby – das Sammeln von Comics – nach und nach mein Leben. Es füllte mehr und mehr meine Gedanken aus. Ich zählte die Tage, bis die nächste Lieferung in meinem Stamm-Comicladen eintreffen würde. Ich gab viel zu viel Geld dafür aus. Ich engagierte mich zu sehr darin, den Geschichten nachzugehen, Briefe an die Herausgeber zu schreiben und mir über die Charaktere Sorgen zu machen, als seien sie reale Personen. Eines Tages sagte mir meine Frau liebevoll, aber fest: „Steve, dein Hobby ist dein Gott geworden." Obwohl ich es zuerst nicht zugeben wollte, wusste ich, dass sie Recht hatte. Schließlich lud ich meine Sammlung ein, fuhr zur Müllkippe und warf restlos alle Bücher weg, wobei ich mich fühlte, als würde ich mir das Herz herausschneiden. Jetzt sammle ich wieder, aber ich habe es unter Kontrolle. (Ich verkleide mich nicht als Batman und klettere auf den Glockenturm, um über die Stadt nachzugrübeln.) Und ich vertraue meiner Frau, dass sie mir sagt, wenn ich wieder in Gefahr stehe zu übertreiben. Vertrauenswürdige Freunde und Amtskollegen (siehe nächstes Kapitel) können Ihnen helfen, ein Hobby zu haben und gleichzeitig das Risiko, davon abhängig zu werden, gering zu halten.

Es lohnt sich, das Risiko einzugehen, nicht nur, damit Sie normal bleiben, sondern weil Ihre Hobbys auch Ihre Effektivität als Pastor erhöhen können. Schließlich verbringen die Menschen, die Sie betreuen, nicht ihre ganze Zeit mit theologischen Gedanken oder dem Ausarbeiten von Strategien, um den Ort zu erreichen. Wie wollen Sie in der Lage sein, Beziehungen zu ihnen aufzubauen (und in der kleinen Gemeinde steht und fällt alles mit Beziehungen), wenn Sie nicht mit ihnen reden können und sie mit Ihnen? In meiner Gemeinde gibt es Menschen, mit denen ich mich über „Star Trek" unterhalte (ein Mann hat mir sich bewegende Sterne als Bildschirmschoner installiert, weil er weiß, dass mich das inspiriert), und Menschen, die den Frust über meine Lieblings-Fußballmannschaft mit mir teilen (die Mannschaft kommt einfach nicht aus den Schwierigkeiten heraus!). Wenn man die gleichen Hobbys hat, trägt das viel dazu bei, „einer von ihnen" zu werden.

Meine Hobbys helfen mir, den Menschen in meiner Gemeinde geistliche Wahrheiten nahe zu bringen. Einmal versuchte ich zu erklären, warum Jesu Tod etwas mit uns zu tun hat, und sprach über die *Chicago Bulls*, die gerade ihren vierten Meistertitel gewonnen hatten. Als ich mir das betreffende Spiel im Fernsehen angeschaut hatte, hatte ich laut ausgerufen: „Wir haben es geschafft! Wir haben gewonnen!" Ich bin sicher, dass Michael Jordan und Scottie Pippen mich anschauen und sagen würden:

„Was meinst du mit ‚wir', Steve? Bist du mit uns das Spielfeld rauf und runter gerannt?" Nun, das nicht, aber weil die *Bulls* die Favoriten des Ostens waren und somit meine Stellvertreter, war ihr Sieg auch mein Sieg. Ihre Freude war auch meine Freude. Ihre Leistung war meine Leistung. Und als sie feierten, feierte ich auch. Ich verband dies mit Jesu Tod. Er vertrat am Kreuz die Menschheit. Als er der Sünde starb, starben wir auch der Sünde. Als er wieder auferstand und den Sieg beanspruchte, war es ebenfalls unser Sieg über den Tod. Als er sich zur Rechten des Vaters setzte (seine „Siegesfeier"), war es unsere Feier, und jetzt haben wir Anteil an seiner Freude.

Einmal verglich ich in einer Predigt Jesus mit Columbo, dem Detektiv aus der gleichnamigen Fernsehserie. Man kann leicht denken, dass dieser brummige Mann in dem verknitterten Mantel keine Gefahr für die eigenen Pläne und Vorhaben darstellt. Aber in der letzten halben Stunde jeder Episode machen die Gangster, denen er auf der Spur ist, die erschreckende Entdeckung, dass er sie als die sieht, die sie sind, jede Einzelheit ihres Verbrechens kennt und sie bald vor aller Welt entlarven wird. Man kann leicht annehmen, dass ein Zimmermann, der vor 2 000 Jahren lebte, für das eigene Leben völlig bedeutungslos ist. Wenn man an Gott denkt, stellt man sich östliche Gottheiten vor oder eine namenlose Macht oder sogar sich selbst, aber nicht einen geschlagenen, blutenden Mann an einem Kreuz. Dennoch, wenn der letzte Vorhang fällt, wird deutlich, dass er jeden sieht, wie er ist, dass er jede Einzelheit ihres Lebens und Herzens kennt und sie vor dem Vater bloßstellen wird. Ich forderte die Gemeinde auf, Jesus als den zu erkennen, der er jetzt ist und nicht auf den letzten Akt zu warten.

Meine Gemeindeglieder sprechen darüber, dass sie meine Predigten wirklich verstehen können (der Gedanke, dass man sie wirklich ver*steht und nicht nur die 20-minütige wöchentliche Rede des Pastors* über*steht, ist für manche neu!).*

Meine Gemeindeglieder sprechen darüber, dass sie meine Predigten wirklich verstehen können (der Gedanke, dass man sie wirklich *ver*steht und nicht nur die 20-minütige wöchentliche Rede des Pastors *über*steht, ist für manche neu!). Sie sagen, dass sie meine Illustrationen schätzen. In meinem Fall helfen mir meine Hobbys nicht nur, selbst ein interessantes Leben zu führen; sie helfen auch vielen anderen, Leben zu finden.

Armer, geplagter und gestresster Pastor, kommen Sie aus Ihrem Elfenbeinturm ins Grüne, auf eine Kegelbahn oder auf die Piste. Lassen Sie Ihre Kommentare liegen und gehen Sie ab und zu mal ins Kino oder in den Baumarkt. Sie und Ihre Gemeinde werden froh sein, dass Sie es getan haben.

Kapitel 6

Heraus aus dem Schmollwinkel!

Als Junge war eine meiner Lieblings-Fernsehserien „Der einsame Ranger“. Ich wollte gern der berühmte maskierte Mann sein, und ich liebte es, seine Abenteuer nachzuspielen. Aber ich machte dabei eine seltsame Entdeckung: Trotz seines Namens konnte man den „einsamen Ranger“ nicht ganz allein spielen. Man musste jemanden haben, seine Schwester oder einen Freund – einfach einen Partner, durch den die Einsamkeit erst richtig zum Tragen kam. Ohne dieses Gegenüber gibt es auch den einsamen Helden nicht.

Mutterseelenallein auf weiter Flur, müssen Sie begreifen, egal, als was Sie sich bezeichnen – Pastor, Hirte, Prediger, Vorsitzender, Pfarrer, geistlicher Leiter –, Sie brauchen einige freundschaftliche Tritte, wenn Sie überleben wollen. Es sollte für Sie unvorstellbar sein zu versuchen, allein ohne einen Partner oder ein freundschaftliches Gegenüber unterwegs zu sein.

Für Gott ist es auf jeden Fall unvorstellbar. In seinem Wort sehen wir deutlich, dass Teamarbeit die Regel sein sollte, nicht die Ausnahme. Aaron und Hur hielten Mose die Arme hoch, als dieser müde wurde (Ex 17,12). Jonathan half David, auf die Hilfe Gottes zu vertrauen (1 Sam 23,16). Jesus sandte seine Jünger zu zweit aus (Lk 10,1). Paulus unternahm seine Missionsreisen mit Begleitern (Apg 13,2; 15,40-41; 16,10). Und der Prediger lehrt uns: „So ist's ja besser zu zweien als allein; denn sie haben guten Lohn für ihre Mühe. Fällt einer von ihnen, so hilft ihm sein Gesell auf. Wehe dem, der allein ist, wenn er fällt! Dann ist kein anderer da, der ihm aufhilft. Auch wenn zwei beieinander liegen, wärmen sie sich; wie kann ein Einzelner warm werden? Einer mag überwältigt werden, aber zwei können widerstehen, und eine dreifache Schnur reißt nicht leicht entzwei“ (Koh 4,9–12).

Denken Sie an die großen Leiter in der Kirchengeschichte. Wo wäre Luther ohne Melanchthon? Calvin wäre nie nach Genf gegangen, wenn Farel ihn nicht ermahnt hätte. John Wesley begann, im Freien zu predigen, weil George Whitefield ihn drängte. Könnte Billy Graham ohne sein Evangelisationsteam zu einem Evangelisationsfeldzug aufbrechen?

Wenn Gott und die Kirchengeschichte für die Teamarbeit sind, wer sind wir, dass wir dagegen sind? Dennoch ist es für die kirchlichen Würden- und Bürdenträger oft schwer, sich ihren Mitchristen zu öffnen und irgendwelche Verletzungen zu zeigen, damit jemand ihnen in ihrer Einsamkeit beisteht. Viele einsame Gemeinde-Helden kämpfen oft mit Gefühlen von Schuld, Scham und einem geringen Selbstbild. Aber so jemand gibt seine Schwächen natürlich nicht so leicht vor anderen zu!

Werden Sie nicht der „ganz einsame Ranger"!

Am Anfang meiner Laufbahn nahm ich nie an Gruppen teil, in denen Pastoren zusammen waren. Das rührte teilweise daher, dass ich das Gefühl hatte, Pastoren müssten stark sein und bräuchten keine „empfindungsvollen und gefühlsgeladenen“ Treffen. Aber hauptsächlich, denke ich, geschah es aus Angst. Als verletzliche Person, übersensibilisiert durch meine Arbeit in der kleinen Gemeinde, hatte ich ein tiefes Bedürfnis danach, dass mich jeder mochte. Wenn jemand die Kämpfe, die in meinen Gefühlen und meinem Verstand tobten, sehen würde, würde er mich dann nicht ablehnen? So blieb ich für mich. Es dauerte nicht lange und aus dem „einsamen Ranger“ wurde der „ganz einsame Ranger“. Und Einsamkeit kann einen Mann zu Verzweiflungstaten treiben – sogar dazu, sich endlich mitzuteilen!

Einsamkeit kann einen Mann zu Verzweiflungstaten treiben – sogar dazu, sich endlich mitzuteilen!

Das Buch, das Sie gerade in der Hand halten, ist hauptsächlich das Ergebnis dessen, dass ich mich anderen Pastoren gegenüber geöffnet habe. Als ich begann, über meine Kämpfe zu sprechen, da schauten mich einige an, als käme ich vom Mars, aber die Mehrzahl der Pastoren sagte: „Wir sitzen genau im selben Boot!“

Ich fasste neuen Mut, weil ich erkannte, dass ich nicht allein war. Und nicht nur das, ich sah auch, dass es offenbar anderen half, wenn ich ihnen Einsichten, die ich im Dienst gewonnen hatte, mitteilte. Und selbstverständlich lernte ich auch eine Menge von den anderen. Ich entdeckte den unschätzbaren Wert, den es hat, sich mitzuteilen (jetzt tue ich es sogar in Buchform!). Ich glaube, dass dies auch für Sie gilt. Sie werden wenigstens sagen können: „Es gibt andere, denen es genauso geht. Ich bin nicht verrückt!"

Wie finden Sie solche Menschen? Beginnen Sie, indem Sie Einladungen an andere Pastoren in Ihrer Gegend schicken und anregen, sich regelmäßig zum Mittagessen oder auf einen Kaffee zu treffen und über „das Geschäft" zu reden. Sie sollten diese Einladungen nicht nur auf Pastoren Ihrer Denomination beschränken. Wenn Sie in einer abgelegenen ländlichen Gegend wohnen, werden vielleicht nicht viele Pastoren in der Nähe sein, die Ihre Überzeugungen teilen. Aber darauf kommt es nicht an. Sie werden feststellen, dass die Tatsache, dass Sie Pastor sind, Ihnen automatisch die gemeinsame Basis gibt, die Sie brauchen. Obwohl ich ein „konservativer Evangelikaler" bin, habe ich von „liberalen" Pastoren viel über Menschen und Gemeindepolitik gelernt. Obwohl ich theologisch zum reformierten Lager gehöre, habe ich durch drei armenisch-orthodoxe Pastoren ein neues Verständnis und eine neue Wertschätzung für John Wesleys Lehre der „vorauslaufenden Gnade" bekommen.

Es ist gut, eine Art Programm für Ihre Treffen aufzustellen. Das kann ganz einfach sein: Jede Person erzählt kurz, wie es in seinem oder ihrem Leben und Dienst gerade läuft, dann wird in Gruppen für die vorgebrachten Anliegen gebetet. Es kann auch strukturierter sein. Sie könnten beschließen, gemeinsam ein Buch oder einen Aspekt eines Buches über geistlichen Dienst durchzuarbeiten. Vor jedem Treffen sollte jeder das nächste Kapitel lesen. Teilnehmer der Gruppe übernehmen abwechselnd die Leitung und bereiten ein paar Diskussionsfragen vor.

Wenn Sie kein Programm haben, laufen Sie Gefahr, das Treffen mit Gesprächen über Golf, Computer, Politik oder die letzte Ausgabe der Heimwerkerzeitschrift zu verbringen. Dann werden die Pastoren nach und nach wegbleiben und alles als „Zeitverschwendung" bezeichnen (Ich wäre einer der Ersten, der wegbliebe.). Ein Programm zwingt Sie nicht in eine starre Struktur. Ich habe es noch nie erlebt, dass eine Gruppe einem Pastor, der am Rande eines Nervenzusammenbruchs stand, gesagt hat: „Wir haben heute keine Zeit, uns mit deinem Problem zu beschäftigen. Wir müssen Kapitel drei durchnehmen.“ Die Gruppe hat immer die Freiheit, das Programm zu ändern oder beiseite zu lassen, wenn die Umstände es erfordern. Aber ein Programm ermöglicht, dass die Treffen immer inhaltlich gefüllt sind.

> *Ein Programm zwingt Sie nicht in eine starre Struktur. Ich habe es noch nie erlebt, dass eine Gruppe einem Pastor, der am Rande eines Nervenzusammenbruchs stand, gesagt hat: „Wir haben heute keine Zeit, uns mit deinem Problem zu beschäftigen. Wir müssen Kapitel drei durchnehmen."*

Es ist auch klug, einen Zeitrahmen zu setzen, damit Dinge zu Ende gebracht werden. Pastoren sind sehr beschäftigt (oder glauben das jedenfalls). Sie sind eher bereit, zu einem Treffen zu kommen, das von 12:00 Uhr bis 13:30 Uhr angesetzt ist, als zu einer Open-End-Veranstaltung. Die Zeit für den Abschluss muss ja nicht in Stein gemeißelt sein. Jemand, der gerade von einem Ereignis erzählt, muss nicht mitten im Satz aufhören, wenn die Glocke läutet. Aber die Teilnehmer sollten die Freiheit haben, leise wegzugehen, wenn die Zeit vorbei ist, ohne dass sie sich deswegen schlecht fühlen oder viele Entschuldigungen machen müssen.

Wie oft sollten Sie sich treffen? Das hängt von der Gruppe ab. Manche Gemeinschaften treffen sich wöchentlich, andere monatlich. Meine gegenwärtige Gruppe kommt am ersten und dritten Donnerstag im Monat zusammen. Vergewissern Sie sich, dass jeder teilnehmen kann – und es auch will. Es muss ein gewisses Maß an Einsatz und Zuverlässigkeit da sein. Nichts ist so tödlich wie: „Ich war diese Woche einfach zu beschäftigt, um zu kommen“ oder „Ich habe die Zeit gebraucht, um Dinge aufzuarbeiten“. Wenn ein Mitglied nicht kommt, sorgen Sie dafür, dass er oder sie angerufen wird, damit er/sie erfährt: „Wir haben dich vermisst“, und um zu sehen, wie es ihm oder ihr geht. Wir sind als Pastoren oft starke Eigenbrötler, Wesen mit schlechten Gewohnheiten, und man gewöhnt es sich leicht an, Treffen ausfallen zu lassen, sogar dann, wenn sie für unsere Seele wichtig sind.

Und wenn es keine Kollegen in Ihrer Umgebung gibt, mit denen Sie sich treffen könnten? Suchen Sie andere Möglichkeiten, um die Verbindung zu anderen Pastoren zu halten oder um mit ihnen in Kontakt zu treten!

Wenn Sie an einem sehr abgelegenen Ort wohnen, nutzen Sie moderne Technik, um die Beziehung zu Pastoren aufrechtzuerhalten, die woanders leben. Da gibt es diese wunderbare neumodische Erfindung, die man „Kutsche ohne Pferde“ nennt. Besorgen Sie sich eine. Als ich in einer Gemeinde arbeitete, lebten mein Pastorenfreund und ich wenigstens anderthalb Autostunden voneinander entfernt. Wir fanden ein Restaurant, das etwa 45 Minuten von jedem von uns entfernt lag, und fuhren einmal im Monat zum Mittagessen dorthin. Wie waren wir in der Lage, so viel Zeit von unseren Gemeinden „zu stehlen“? Wir sagten ihnen die Wahrheit: „Ich muss zu einem wichtigen Pastorentreffen.“ Niemand wird mit Ihnen diskutieren, wenn Sie sagen, dass Sie zu einem Treffen müssen. Treffen sind heilig, wussten Sie das nicht?

Ein Pastor wird erfrischt, indem er E-Mails mit seinen Freunden austauscht. Ich habe oft ein Diktiergerät bei mir, wenn ich etwas erledigen muss oder zu einem Gespräch fahre. Ich nehme „sprechende Briefe“ an einige meiner Studienkollegen auf, in denen ich meine Freuden, meinen Frust, meine Probleme und meine Beobachtungen mit ihnen teile. Sie übersprechen die Kassetten dann wieder (hoffentlich nachdem sie sie gehört haben) und schicken sie zurück. Ich finde, dass ich als Pastor und Autor genug schreibe und habe deshalb keine Lust, nach Stift und Papier zu greifen und Briefe zu schreiben (wenn Sie so ein Verlangen haben, umso besser!). Aber ich bleibe dennoch in Verbindung und nutze die „verlorene“ Zeit auf der Straße. Wenn Sie natürlich sehr reich sind, können Sie auch einfach zum Telefon greifen. Aber bei dem durchschnittlichen Gehalt des Pastors einer kleinen Gemeinde würde ich das nicht so oft empfehlen.

Entdecken Sie das Gemeindeglied an Ihrer Seite!

Wie auch immer Sie es machen, es ist wichtig, mit denen im Gespräch und in Verbindung zu bleiben, die Gott Ihnen zur Ermutigung, zum Verständnis, als Herausforderung, zur Weisheit, zur

Gebetsunterstützung und zum Lieben gegeben hat. Das schließt einige ein, die direkt vor Ihrer Nase sind, die aber oft übersehen werden: Ihren Ehepartner und die Verantwortlichen Ihrer Gemeinde. Manche Pastoren haben das Gefühl, dass es nicht richtig ist, ihnen zu viel mitzuteilen, aber ich glaube, dass diese Pastoren grundfalsch liegen und wertvolle Glieder des Leibes Jesu ignorieren.

„Sie sollten Ihren Ehepartner nicht mit den Problemen der Gemeinde belasten. Möchten Sie nicht, dass er oder sie in der Lage ist, in den Gottesdienst zu gehen und es zu genießen, Gott anzubeten, ohne sich darüber Gedanken zu machen, wer was über wen sagt? Denken Sie daran, Sie sind es, der vom Herrn zum Pastor berufen und dafür ausgerüstet wurde, nicht Ihr Ehepartner."

Sehen Sie? Ich kenne alle Argumente, ich glaubte sie sogar selbst, bis zwei Dinge geschahen: Ich heiratete und ich wurde Pastor einer kleinen Gemeinde.

Mir war nicht klar, wie sehr der Ausdruck „die zwei werden ein Fleisch sein" wirklich zutrifft, bis ich geheiratet habe. Ich kann nichts vor meiner Frau verbergen und sie nichts vor mir. Sie kann genau sagen, wenn mich etwas bedrückt. Meine Stimmungen, Haltungen und geheimen Gedanken wirken sich auf sie aus. Weil wir „eins" sind und weil sie die „Gehilfin, die zu mir passt", sein will, möchte sie für mich da sein, mir ein verständnisvolles Ohr leihen, sodass ich mich aussprechen kann. Und sie kennt mich besser als irgendjemand sonst auf der Welt. Deswegen kann sie mir auch Einsichten vermitteln, die mir *sonst niemand* vermitteln kann. Warum sollte ich mir selbst wehtun und mir den Dienst schwer machen, indem ich mir meinen besten Seelsorger nehme?

Und warum sollte ich *sie* verletzen wollen? Ich sprach einmal mit der Frau eines Pastors, der gerade eine schwere Zeit in seiner Gemeinde durchmachte. „Ich weiß nur, dass er die ganze Zeit verärgert ist", erzählte sie mir. „Ich weiß nicht, warum. Und ich weiß nicht, was ich dagegen tun kann." Sie fühlte sich hilflos, frustriert und von den Problemen, die das Leben ihres Mannes bestimmten, ausgeschlossen. Sie war nicht „erleichtert, dass man ihr die Last ersparte". Sie hatte das Gefühl, dass sie und ihr Mann sich auseinander lebten. Eine Frau in dieser Position kann leicht das Schlimmste über die Gemeindemitglieder denken oder auf den Gedanken kommen, dass sie selbst der Grund ist, warum ihr Mann so aggressiv ist. Ist es wirklich so gut, die Wahrheit vor ihr zu verheimlichen? Besonders, wenn alle anderen in der Gemeinde sie kennen?

Es ist fast unmöglich, in einer kleinen Gemeinde ein Geheimnis zu bewahren. Zu Beginn meines Dienstes verschwieg ich gewöhnlich meiner Frau Deborah gegenüber, was auf den Ältesten- und Diakonensitzungen gesagt wurde, nur um später festzustellen, dass deren Frauen alles darüber wussten, ebenso wie ihre Freunde. Warum sollte meine Frau die Letzte sein, die alles erfuhr? Die Gemeinde nahm sowieso an, dass sie über alles schon Bescheid wusste. Sie wurde oft angerufen und man begann mit ihr über die „Neuigkeiten" zu reden. Da ich bislang immer in kleinen Gemeinden diente, wurde ich selbstverständlich auch zu Hause angerufen. Wenn ich nicht zu sprechen war, gaben die Anrufer ihre Mitteilungen (oft mit blutrünstigen Details) an meine Frau weiter.

Es ist fast unmöglich, in einer kleinen Gemeinde ein Geheimnis zu bewahren.

Es machte die Sache nicht besser, dass wir einmal in einer kleinen Wohnung lebten. Natürlich hörte meine Frau alles mit, was ich zu den Leuten sagte. Selbst wenn sie ins Schlafzimmer ging und die Tür schloss, war sie nur fünf Meter entfernt. In einer großen Gemeinde kann der Pastor vielleicht das Büro verlassen und abends nach Hause kommen. In der kleinen Gemeinde sind Wohnung und Büro oft eins und die Ehepartner sind Teil der Arbeit, ob sie es mögen oder nicht.

Viele kleine Gemeinden haben feste Vorstellungen von der Rolle, die die Pastorenfrau ausfüllen soll. So kam es, dass man sich bei Deborah über die Frauengruppe, den Kindergottesdienst oder die Krabbelgruppe beschwerte und sie sich fragte, warum. Dann dämmerte es ihr – als Frau des Pastors erwartete man irgendwie von ihr, dass sie die Verantwortung über diese Gemeindebereiche übernahm und die dort auftretenden Probleme zur Zufriedenheit aller löste. So wurde sie oft gegen ihren Willen in Gemeindeangelegenheiten hineingezogen.

Es sei denn, man verbindet dem Ehepartner die Augen und stopft ihm Wachs in die Ohren, aber ich sehe keinen anderen Weg, ihn oder sie davon abzuhalten, Dinge zu entdecken, die er oder sie nicht „wissen sollte". Warum sollen sie es nicht von Ihnen hören anstatt über viele Ecken von anderen?

Das heißt nicht, dass ich Deborah alles erzähle. Es gibt Zeiten, in denen ich von einem Seelsorgegespräch zurückkomme und nur sage: „Diese Menschen machen eine schwere Zeit durch, und das belastet mich. Bitte bete für mich." So verletze ich nicht das Vertrauen, das andere mir entgegenbringen, gebe meiner Frau aber trotzdem die Möglichkeit, ihre Fürsorge für mich auszudrücken. Es kommt ebenso häufig vor, dass ich über ein Problem in der Gemeinde nachdenke und feststelle: „Sie muss das nicht unbedingt wissen, um mich oder die Gemeinde zu verstehen." Andererseits kann sie mich unterbrechen, wenn ich anfange, in eine Klage-Litanei zu verfallen, und sagen: „Das muss ich nicht unbedingt hören. Ich will nur wissen, wie du dich dabei fühlst." Manchmal komme ich von einer Sitzung zurück und sage ihr nur: „Das war typisch ‚kleine Gemeinde'. Nichts, worüber du dir den Kopf zerbrechen müsstest."

Aber wenn etwas an mir nagt oder unsere Zukunft in diesem Dienst bedroht, muss sie das wissen. Und, was noch wichtiger ist, *ich* brauche das Gefühl, dass sie es weiß.

Machen Sie aus den Verantwortlichen Ihrer Gemeinde Partner!

Mir ist es ebenfalls wichtig, dass mein Presbyterium weiß, wenn etwas nicht stimmt. Das Neue Testament macht sehr deutlich, dass die Ortsgemeinde von einem Team geleitet werden sollte, nicht von einem Einzelnen (vgl. Apg 20,17.28–31; Phil 1,1; 1 Thess 5,12–13; 1 Tim 3,1–13; Tit 1,5–9, Hebr 13,17; Jak 5,14). In der kleinen Gemeinde ist es durchaus möglich, dass diese Ältesten (Presbyter) entweder länger in der Gemeinde sind oder länger in der Gegend leben als ich. Sie wissen vielleicht mehr über einzelne Störenfriede als ich. Sie sehen Kämpfe in der Gemeinde aus der Perspektive ihrer Vorgeschichte. Sie haben Hintergrundinformationen, die mir fehlen. Ich brauche die Weisheit und Einsicht, die sie zu den Herausforderungen, mit denen unsere Gemeinde konfrontiert wird, mitbringen.

Es ist nun nicht so, dass ich ihnen alles erzähle. Sitzungen des Gemeindevorstandes sollen nicht in Therapiestunden für den

Pastor ausarten. Aber wenn ich ein Problem habe, das meinen Dienst beeinflusst, sage ich es. Zum Beispiel laufe ich nicht jedes Mal zu meinen Ältesten, wenn ich kritisiert werde. Als aber in einer Gemeinde die ständige Kritik an meiner Person mich herunterzog und mir die Kraft nahm, ging ich zu ihnen und wir überlegten uns eine gemeinsame Vorgehensweise.

In der kleinen Gemeinde ist es durchaus möglich, dass diese Ältesten (Presbyter) entweder länger in der Gemeinde sind oder länger in der Gegend leben als ich. Sie wissen vielleicht mehr über einzelne Störenfriede als ich. Sie sehen Kämpfe in der Gemeinde aus der Perspektive ihrer Vorgeschichte. Sie haben Hintergrundinformationen, die mir fehlen.

Von Zeit zu Zeit habe ich auch das Bedürfnis, die Ansichten der Gemeinde-Verantwortlichen in einem Seelsorgefall zu hören oder meine Diakone einzubeziehen, um jemandem praktisch zu helfen. Denken Sie daran: Ihre Kirchengemeinderäte kennen einen Ratsuchenden oft länger als Sie und könnten Dinge wissen, die Ihnen nicht bekannt sind. Ich frage den Ratsuchenden jedoch um Erlaubnis, bevor ich irgendetwas weitergebe. Ich lasse das Leitungsteam wissen, dass er zugestimmt hat, sodass sie nicht glauben, ich beginge einen Vertrauensbruch, oder dass sie „verbotene“, vertrauliche Dinge hören.

Auf Anregung eines der Ältesten macht es sich die *Cobblestone*-Gemeinde zur Regel, dass jeden Monat ein anderer Presbyter mit mir zum Mittagessen geht und mich fragt, wie es in meinem Dienst läuft. Gibt es etwas, wofür er oder sie beten kann? Was läuft meiner Meinung nach gut in der Gemeinde? Was macht mir Sorgen? Was sind meine Träume für die Zukunft der Gemeinde? Ich revanchiere mich, indem ich jedem von ihnen ähnliche Fragen stelle. Das ist ein Ventil für uns alle und, was noch wichtiger ist, es stellt sicher, dass wir immer auf dem Laufenden sind.

Jedes Jahr im Februar unternehmen wir miteinander einen Rückblick für die Gemeinde. Die Mitglieder der Gemeindeleitung und ich beantworten getrennt einige Fragen über meine Amtsführung, den Zustand der Gemeinde im Allgemeinen und unsere Ziele für das kommende Jahr. Dann treffen wir uns, um über die

Antworten zu sprechen: Obwohl es jedes Mal ein Kampf für mich ist, meinen Teil zu schreiben, und ich die Treffen jedes Mal fürchte, endet es doch immer in Gelächter, und wir sagen: „Nun, da war nichts Überraschendes." Wie ein Ältester uns erinnerte, „sollte das in einer guten Beziehung auch nicht sein". Tun Sie alles, was in Ihrer Macht steht, um Überraschungen in Ihren Beziehungen so gering wie möglich zu halten.

Verbringen Sie Zeit mit Gott!

Sie sollten sich sehr bemühen, mit Ihren Leitern, Ihrem Ehepartner und Ihren Amtskollegen eine echte Partnerschaft zu führen. Aber da gibt es noch eine wichtige, ja, wesentliche Person, die Sie als Partner brauchen, wenn Ihr Dienst fruchtbar sein soll und Sie normal bleiben wollen: Gott. Und oft scheint es am schwersten, sich ihm mitzuteilen.

Vielleicht sind Sie so wie ich. Aus irgendeinem Grund finde ich es sehr schwer, viel Zeit mit Gott im Gebet über die Gemeinde oder meine Kämpfe darin zu verbringen. Nicht, dass ich denke, Gebet sei unwichtig. Weit gefehlt! Ich weiß, dass der Dienst letztlich unmöglich ist, wenn Gott nicht dahinter steht. „Wenn der Herr das Haus nicht baut, vergeblich arbeiten daran die Bauleute" (Ps 127,1). Ich glaube, dass gilt: „Ihr habt nichts, weil ihr nicht bittet" (Jak 4,3). Ich kann bezeugen, dass nur das Gebet mich durch die Sonntagsgottesdienste bringt. Ich habe wunderbare Gebetserhörungen erlebt – von Heilungen von Unruhestiftern in der Gemeinde, die sich plötzlich beruhigten und nett wurden, über Ferienpläne für diesen gehetzten Pastor, die einfach klappten, bis zu sehr deutlichen Zeichen der Liebe Gottes, als ich sie brauchte. Wenn mich jemand fragt, warum die *Cobblestone*-Gemeinde wächst, kann ich ehrlich sagen: „Weil meine Frau und meine Kinder und meine Eltern dafür beten." Als meine Tochter Abigail dreieinhalb war, gab es kein einziges Kind ihrer Altersgruppe für eine Kindergruppe. Sie beschloss, für mehr Kinder zu beten, und im Herbst begann eine Gruppe mit acht Teilnehmern!

Nicht, dass ich nicht bete, aber meine Gebete sind gewöhnlich kurze, direkte „Gebetspfeile", keine dreistündigen Kämpfe auf den Knien mit dem Allmächtigen. Ich habe mich nach dem Grund gefragt: Warum kann ich im Gespräch über meine Sorgen mit anderen Pastoren und mit meiner Frau Stunden verbringen, aber nur Minuten, wenn ich mit Gott rede? Ich denke, das hat zum Teil damit zu tun, weil ich ein Dienstbote Gottes bin, der nur die Arbeit sieht.

Als solcher denke ich, dass meine Anstrengungen nie gut genug sind. Wenn es um Gebet geht, bin ich leicht eingeschüchtert, wenn ich lese, dass einige Pastoren dringend raten, mindestens eine Stunde am Tag, wenn nicht sogar mehr, in konzentriertem Gebet zu verbringen. Wenn ich versuche zu beten, schweifen meine Gedanken ab, das Telefon klingelt, ich sehe etwas auf meinem Schreibtisch, das dringend getan werden müsste usw. Bevor ich es so richtig merke, bete ich gar nicht mehr. Dann bitte ich Gott um Vergebung, dass ich es nicht geschafft habe, und fange von vorne an. Dann schaffe ich es wieder nicht. Und so geht es weiter. Meine „Stunde im Gebet" kommt, wenn ich Glück habe, auf 15 Minuten. Dann setzen Schuldgefühle ein. Konnte ich „nicht eine Stunde wachen"? Verglichen mit den *richtigen* Pastoren kann ich einfach nicht mithalten. Was denkt Gott über meine mickrigen Versuche zu beten? Hört er da nicht lieber Walter Heidenreich oder Hermann Riefle oder sonst jemandem zu? Es dauert nicht lange, bis ich es ganz aufgebe, überhaupt länger zu beten.

Ich frage mich manchmal in einem Anfall von Ketzerei, wie viele *richtige* Pastoren wirklich jeden Tag mehrere Stunden im Gebet verbringen. Warum wird denn bei jedem Pastorentreffen, an dem ich teilnehme, am meisten darüber geklagt, dass „mein Gebetsleben auch nicht das ist, was es sein sollte"? Wer bestimmt überhaupt, „was es sein sollte"?

Ich frage mich manchmal in einem Anfall von Ketzerei, wie viele richtige *Pastoren wirklich jeden Tag mehrere Stunden im Gebet verbringen. Warum wird denn bei jedem Pastorentreffen, an dem ich teilnehme, am meisten darüber geklagt, dass „mein Gebetsleben auch nicht das ist, was es sein sollte"? Wer bestimmt überhaupt, „was es sein sollte"?*

Ich fange auch an, Pastoren zu beneiden, die Stunden im göttlichen Thronsaal verbringen *können.* Und wenn ich sehe, *warum* sie es können, beißt mich dieses grünäugige Monster namens „Eifersucht“ noch schlimmer. Viele von ihnen haben Sekretärinnen, die Anrufe abfangen, unerwünschte Besucher verscheuchen und dafür sorgen, dass sie eine ungestörte wertvolle Zeit mit Gott verbringen. Ich habe das nicht. Manche dieser Pastoren nehmen sich regelmäßig einen Tag frei, um auf persönliche Mini-Retraiten zu gehen, um mit dem Herrn in einem Motelzimmer oder einem Kongresszentrum allein zu sein. Ich habe weder das Geld noch die „freie Zeit“ (denn als solche würde die Gemeinde es bestimmt ansehen), um das zu tun. Was einen ruhigen Ort angeht, an dem ich mit Gott allein sein kann, so liegt mein Büro im Haus, in dem auch zwei energiegeladene Kinder wohnen, die herumtoben. Es dauert nicht lange, bis die „Ich armes, bedauernswertes Wesen“-Haltung des typischen Hypochonders durchkommt. Und dann möchte ich nicht mit Gott reden, denn schließlich hat er mich ja in diese kleine Gemeinde gestellt.

Es dauert nicht lange, bis die „Ich armes, bedauernswertes Wesen“-Haltung des typischen Hypochonders durchkommt. Und dann möchte ich nicht mit Gott reden, denn schließlich hat er mich ja in diese kleine Gemeinde gestellt.

Ein anderer Grund, warum ich es schwer finde, Stunden im Gebet zu verbringen, ist der, dass Gott auf meine „Gebetspfeile“ antwortet. Er ist gnädig und liebevoll genug, um mich zu hören und einzugreifen, auch wenn ich nicht so beredt und aufmerksam bin, wenn ich zu ihm komme, wie einige andere. Schwacher, kleiner Pastor fassen Sie Mut! Wenn Gott meine mageren Anstrengungen segnet, kann er das auch bei Ihnen! Bleiben Sie Gott nicht fern, nur weil Sie nicht wie Pfarrer Supergeistlich beten können. Versäumen Sie die Kraft, Führung, Hilfe und den Trost nicht, um die Sie einfach bitten können. „Wenn es aber jemand unter euch an Weisheit mangelt, so bitte er Gott, der jedermann gern gibt und niemanden schilt, so wird sie ihm gegeben werden“ (Jak 1,5).

Vielleicht lehrt mich der Herr in diesem Kampf mit dem Gebet eine wesentliche Lektion, die ich lernen muss, wenn ich mich vom frommen Leistungsdenken erholen will – es ist in Ordnung, wenn ich ich selbst bin (siehe Kapitel 10). Vielleicht passen „Gebetspfeile“ besser zu meiner Persönlichkeit, meinem Temperament und meiner Art zu denken als Gebetsmarathons. Und vielleicht ist das für Gott so in Ordnung.

Wenn mir die Leute am Sonntagmorgen die Hand schütteln und mir Gebetsanliegen nennen, ist es für mich einfach, gleich vor Ort still für sie zu beten und kurze Gebete zu sprechen, wann immer ich während der Woche an sie denke oder auf dem Weg zum Supermarkt an ihrem Haus vorbeikomme. Wenn ich mich aber mit einer langen Liste von Gebetsanliegen in mein Büro setze, erschlägt mich diese Menge und ich verliere die Lust zu beten. Meine Gebete sind dann auch weniger ernsthaft. Dann bete ich, um die Gebete von der Liste der zu erledigenden Dinge zu streichen, nicht weil ich an meine Gemeindeglieder denke und sie liebe. Und statt mit Gott zu kommunizieren, sage ich eine Einkaufsliste von Bedürfnissen auf.

Ich bin auch jemand, der Wiederholungen hasst. Es ist für mich sogar schwierig, die Kapitel dieses Buches zu Papier zu bringen, denn wenn ich in Gedanken einmal ausgearbeitet habe, was ich sagen will, ist für mich die Sache erledigt. Es scheint mir überflüssig, es aufzuschreiben, als wiederholte ich längst Bekanntes. Ich möchte mit jeder Faser meines Seins zu etwas anderem weitergehen. Leider kann kein Verlag ein Buch mit leeren Seiten herausgeben, in dessen Einleitung dann steht: „Keine Angst, Steve hat das alles im Kopf." So zwinge ich mich zu schreiben.

Wenn ich mit anderen über meine Probleme und den Zustand der Gemeinde gesprochen habe, sehe ich keine Notwendigkeit mehr darin, mit Gott darüber zu reden. Für mich ist bereits „alles gesagt" worden. Ich sehe wirklich keine Notwendigkeit, es zu wiederholen. Wenn ich mich dann doch hinsetze und bete, sagt eine Stimme in mir: „Hat Gott das nicht alles schon gehört, als du mit Pastor Guterkamerad gesprochen hast?" Oft wird mein Gebet ein: „Gott, du weißt, was los ist, und du weißt, dass ich damit nicht allein fertig werde. Ich brauche deine Hilfe. Gib mir bitte entweder die Einsicht und Kraft, die ich brauche, um mit der Situation fertig zu werden, oder ändere sie durch ein Wunder. Ich habe es wirklich nötig, in dieser Sache deine Hand zu sehen. Und wenn ich etwas getan habe, das die Situation verursacht oder verschlimmert hat, dann tut es mir Leid. Zeige mir, wo ich mich ändern muss. In Jesu Namen, Amen." Obwohl ich dieses kurze Gebet viele Male am Tag und im Laufe der nächsten Tage wiederhole, denke ich nicht, dass man es als

„Gebetskampf" bezeichnen könnte. Dennoch beantwortet Gott meine Gebete.

Vielleicht hat Gott mich auch gar nicht zum Gebetskämpfer berufen. Vielleicht sind mir viele der Lasten, die ich als „Geistlicher" mit mir herumschleppe, gar nicht von Gott aufgelegt worden, sondern von wohlmeinenden (und nicht so wohlmeinenden) Menschen und evangelikalen und pietistischen Traditionen. Darüber möchte ich jedoch erst im nächsten und im 10. Kapitel näher eingehen. An dieser Stelle genügt es, wenn Sie erkennen, dass Gott möchte, dass Sie im Gebet zu ihm kommen, wie einfach und zögerlich Ihre Gebete auch sind.

Denken Sie auch daran, dass Gott *Sie* hören möchte, wenn Sie beten. Fühlen Sie sich nicht gedrängt, jemanden nachzuahmen oder sich mit ihm zu vergleichen. Ich weiß, dass Gott nicht nur ein „lieber Gott" ist, der alles tut, was wir wollen. Aber wenigstens wenn es um Gebet geht, stimmt es, dass „Gott dich so liebt, wie du bist". Das heißt nicht, dass unsere Fähigkeit zu beten nicht wachsen sollte, aber wir müssen nicht warten, bis wir ein mystisches Maß an Perfektion erreicht haben, bevor wir Gemeinschaft mit Gott haben und Zeit in seiner Gegenwart verbringen können.

Das heißt nicht, dass unsere Fähigkeit zu beten nicht wachsen sollte, aber wir müssen nicht warten, bis wir ein mystisches Maß an Perfektion erreicht haben, bevor wir Gemeinschaft mit Gott haben und Zeit in seiner Gegenwart verbringen können.

Brauchen Sie Beweise? Dann betrachten Sie diese „Beweistexte":

> „Und die Apostel sprachen zu dem Herrn: Stärke uns den Glauben! Der Herr aber sprach: Wenn ihr Glauben hättet so groß wie ein Senfkorn, dann könntet ihr zu diesem Maulbeerbaum sagen: Reiß dich aus und versetze dich ins Meer!, und er würde euch gehorchen" (Lk 17,5–6).

> „Wer ist unter euch Menschen, der seinem Sohn, wenn er ihn bittet um Brot, einen Stein biete? Oder, wenn er ihn bittet um einen Fisch, ihm eine Schlange biete? Wenn nun ihr, die ihr doch böse seid, dennoch euren Kindern gute Gaben geben

könnt, wie viel mehr wird euer Vater im Himmel Gutes geben denen, die ihn bitten!" (Mt 7,9–11).

„Wenn ihr betet, sollt ihr nicht viel plappern wie die Heiden; denn sie meinen, sie werden erhört, wenn sie viele Worte machen. Darum sollt ihr ihnen nicht gleichen. Denn euer Vater weiß, was ihr bedürft, bevor ihr ihn bittet" (Mt 6,7–8).

„Und sie riefen den Namen des Baal an vom Morgen bis zum Mittag und sprachen: Baal, antworte uns! Aber da war keine Stimme, und niemand antwortete. Und sie hüpften um den Altar, den man gemacht hatte. Und es geschah am Mittag, da verspottete sie Elia und sprach: Rufet mit lauter Stimme, denn er ist ja ein Gott! Er ist in Gedanken, oder er ist beiseite gegangen, oder er ist auf der Reise, vielleicht schläft er und wird aufwachen. Und sie riefen mit lauter Stimme und ritzten sich nach ihrer Weise mit Schwertern und mit Lanzen, bis sie Blut an sich vergossen. [...] Und es geschah zur Zeit, da man das Speisopfer opfert, da trat Elia, der Prophet, herzu und sprach: Herr, Gott Abrahams, Isaaks und Israels! Heute werde kund, dass du Gott in Israel bist, und ich dein Knecht, und dass ich nach deinem Worte alles dieses getan habe. Antworte mir, Herr, antworte mir, damit dieses Volk wisse, dass du, Herr, Gott bist und dass du ihr Herz zurückgewendet hast! Da fiel Feuer des Herrn herab und verzehrte das Brandopfer und das Holz und die Steine und die Erde; und das Wasser, das im Graben war, leckte es auf" (1 Kön 18,26–28.36–38).

Gott möchte Ihr Partner sein. Worauf warten Sie noch? „Hey-ho, Kamerad, auf geht's!"

Kapitel 7

Seien Sie Ihr eigener Pastor!

Bereiten Sie sich darauf vor, zu den vielen Rollen, die Sie als Pastor einer kleinen Gemeinde spielen, noch eine hinzuzufügen. Nancy J. Foltz schreibt: „Dienst in einer kleinen Gemeinde bedeutet gewöhnlich, dass Sie Ihr eigener Sekretär, Hausdiener und *geistlicher Leiter* sind" (*Caring for the Small Church: Insights from Women in Ministry*, Valley Forge, PA: Judson Press, 1994, Seite 24). Und sie hat Recht. In einer kleinen Gemeinde müssen Sie Ihr eigener Pastor sein. Sie müssen Ihre eigene geistliche Temperatur messen, festlegen, was Ihre Seele braucht, um gesund zu bleiben, und dafür sorgen, dass Sie mit dem Wort Gottes ernährt werden.

In einer kleinen Gemeinde müssen Sie Ihr eigener Pastor sein. Sie müssen Ihre eigene geistliche Temperatur messen, festlegen, was Ihre Seele braucht, um gesund zu bleiben, und dafür sorgen, dass Sie mit dem Wort Gottes ernährt werden.

In einer größeren Gemeinde sind Sie vielleicht Mitglied des Pastorenstabes. In vielen solcher Gemeinden trifft sich der Stab an mehreren Vormittagen der Woche. Die anderen Pastoren der Gemeinde würden sich um Sie kümmern, wenn es nötig wäre und umgekehrt. Der Pastor einer kleinen Gemeinde hat dafür ein regelmäßiges Treffen mit „mir, sich und ihm selbst". In einer größeren Gemeinde kann es sein, dass einer der Mitarbeiter Sie am Getränkeautomaten trifft und vielleicht fragt: „Wie geht es dir gerade auf deinem Weg mit Gott?" In der kleinen Gemeinde fragen Sie sich selbst: „Wo habe ich bloß die Telefonnummer von dem Besucher vom letzten Sonntag?" Wenn Sie von einer Konferenz oder einem Seminar zurückkommen und in einer größeren

Gemeinde arbeiten, werden Sie *gefragt:* „Was hast du gelernt? Wie können wir das hier in die Praxis umsetzen? Wie ging es dir unterwegs in deinem Kampf gegen die Versuchung?“ Wenn Sie in die kleine Gemeinde zurückkehren, *sagt* man Ihnen: „Frau Huber hatte letzten Freitag wieder einen Zusammenbruch und war außer sich, als sie erfuhr, dass Sie nicht da waren.“

Wenn Sie überhaupt auf Seminare und Konferenzen kommen! Viele kleine Gemeinden können es sich nicht leisten, ihre Pastoren dorthin zu schicken, und die Pastoren können von ihren Gehältern diese Extra-Unternehmungen nicht selbst bezahlen. Und vielleicht arbeiten Sie in einer abgelegenen Kleinstadt und die weite Reise wäre undurchführbar.

So müssen Sie in der kleinen Gemeinde, wenn Sie geistlich und beruflich wachsen wollen, selbst etwas dafür tun. Das kann Ihnen niemand abnehmen, nicht einmal die Partner und Freunde, über die wir im letzten Abschnitt geredet haben. Jeder trägt zwar auch die Last des anderen (Gal 6,2), aber letztlich wird jeder seine eigene Last tragen (Gal 6,5). Wenn Sie nicht für sich selbst sorgen, tut es kein anderer.

Wie wächst man geistlich? Die traditionelle evangelikale Antwort lautet: „Sorge dafür, dass du täglich deine Stille Zeit machst.“ Als Pastor einer kleinen Gemeinde hat das bei mir nie funktioniert. Ich habe keine Sekretärin, die Anrufe beantwortet, während ich mit Gott Gemeinschaft habe. Die Mitglieder einer kleinen Gemeinde verstehen es einfach nicht, dass der Pastor nicht ans Telefon geht, wenn sie wissen, dass er zu Hause oder im Büro ist. Man betrachtet Sie als Teil der Familie. Möchten Sie nicht mit Ihrer Familie reden? Möchten Sie nicht sofort informiert werden, wenn in der Familie eine Krise eintritt? Wo waren Sie, als die Familie Sie gebraucht hat? Und für die Familie da zu sein bedeutet, dass Sie alle Gedanken an einen festen persönlichen Zeitplan aus dem Fenster werfen können. Sie bekommen spät nachts Anrufe, wenn ein Familienmitglied gerade ins Krankenhaus eingeliefert wurde. Können Sie sofort kommen? Sie bekommen auch früh am Morgen Anrufe von Familienmitgliedern, die einen Rat oder ein Wort der Ermutigung oder ein Gebet brauchen, bevor sie in den Tag gehen können.

Ihre Mahlzeiten werden oft vom Klingeln des Telefons oder einem Klopfen an der Tür unterbrochen. Sie müssen bei einer Menge Komiteesitzungen dabei sein oder Berichte dieser Treffen hören, wenn Sie nicht dabei sein konnten (nicht zu festgesetzten Zeiten, sondern immer dann, wenn Vorsitzende gerade daran denken und zum Telefon greifen oder zufällig vorbeikommen). Ich habe versucht, mir eine feste Zeit für Andachten zu nehmen. Ich habe versucht, sie am Morgen, mittags oder nachts zu nehmen. Jedes Mal geht es eine kurze Zeit lang gut, aber dann kommen ein paar hektische Wochen und meine täglichen Andachten gehen den Weg allen Fleisches. Was soll der Pastor einer kleinen Gemeinde tun?

Wie wäre es, wenn Sie das Beste aus den Zeiten machen, die Sie damit verbringen können, Gottes Wort zu lesen und über seine Wahrheit nachzudenken anstatt sich für all die Zeiten schuldig zu fühlen, in denen Sie das *nicht* können? Das ist für uns überlastete Lastenträger besonders schwer, denn wir sind süchtig danach, uns schuldig zu fühlen. Und man hat uns gesagt, dass „alle guten, geistlich wachsenden evangelikalen Christen mindestens 15, wenn nicht sogar 30 oder 60 oder 90 Minuten jeden Tag mit persönlichem Bibelstudium verbringen müssen. Gott hat dir 24 Stunden gegeben, kannst du ihm nicht 20 Minuten zurückgeben? Du nimmst dir ja auch jeden Tag die Zeit zum Essen, nicht wahr? Solltest du dir da nicht auch Zeit nehmen, deine Seele zu nähren? Was für ein Christ bist du, wenn du kein Verlangen nach der lauteren Milch des Wortes hast? Wie willst du da jemals Fleisch vertragen?“

Man hat uns gesagt, dass „alle guten, geistlich wachsenden evangelikalen Christen mindestens 15, wenn nicht sogar 30 oder 60 oder 90 Minuten jeden Tag mit persönlichem Bibelstudium verbringen müssen. Gott hat dir 24 Stunden gegeben, kannst du ihm nicht 20 Minuten zurückgeben? Du nimmst dir ja auch jeden Tag die Zeit zum Essen, nicht wahr? Solltest du dir da nicht auch Zeit nehmen, deine Seele zu nähren? Was für ein Christ bist du?"

Aber während es sicher biblisch ist, sich in die Schrift zu vertiefen, sodass Ihre Gedanken und Ihr Charakter Gott ähnlicher werden, habe ich immer noch keinen Text gefunden, der mir befiehlt, täglich eine Stille Zeit zu absolvieren, da ich sonst in die Hölle komme oder nur eine zweitrangige Stellung in Gottes Königreich erreiche. Vielleicht ist etwas geschichtliche Perspektive da hilfreich. Erinnern wir uns daran, dass die Gläubigen in biblischen Zeiten nicht einmal eine eigene Bibel hatten (geschweige denn gedruckte Andachtsbücher)! Wie konnten sie da je im Glauben wachsen? Indem sie an den öffentlichen Anbetungsgottesdiensten teilnahmen, dem gelehrten und gepredigten Wort zuhörten und über das, woran sie sich erinnerten, während der Woche nachdachten. Genauso können auch wir wachsen.

Als Pastor bin ich in der beneidenswerten Lage, dass ich wegen meiner Arbeit kein Bibelstudium und keinen Gottesdienst versäumen muss. Ich habe gelernt, diese Treffen als Gelegenheit zum Wachstum zu sehen. So wie die viel beschäftigten Teilnehmer meiner Gruppe am Donnerstagabend mir sagen, dass sie dies wirklich brauchen, um genügend Kraft für ihre Woche zu haben, habe auch ich schließlich erkannt, dass ich dies brauche, um durch meine Woche zu kommen. So wie mir Gemeindeglieder sagen, dass sie über das, was ich sage, nachdenken und versuchen, es auf ihr Leben und das der Gemeinde anzuwenden, so versuche ich, dass meine Botschaften zu mir reden. Schließlich sind es nicht wirklich „meine Botschaften", sondern Gottes Botschaften an sein Volk. Und ich bin Teil seines Volkes.

Ich gerate in Schwierigkeiten, wenn ich künstlich versuche, „Zeit für Gott" von der Zeit abzuzweigen, die ich mit der Ausübung meines Berufes verbringe, um Gottes Volk zu führen und zu leiten. Weil ich Pastor bin, verbringe ich mehr Zeit mit der Bibel und dem Nachdenken über die Schrift als die meisten Menschen. Auch wenn ich diese Dinge „auf die Schnelle" machen muss, verbringe ich als Pastor doch mehr Zeit im Umgang mit dem Wort Gottes als ein „normales" Gemeindeglied. Selbst in einer hektischen Woche habe ich wenigstens ein Bibelstudium, eine Kinderbotschaft und eine Predigt vorzubereiten. Das Problem ist, dass ich mich oft so fühle, als müsse ich meine täglichen Andachten noch irgendwo dazwischen einschieben. Warum sollte ich? Warum muss ich unbedingt einen Weg finden, 30 Minuten mit etwas zu verbringen, das ich die ganze Woche tue? Warum soll ich mich selbst mit dieser zusätzlichen und überflüssigen Last plagen?

Wenn es in einer betenden und meditierenden Haltung geschieht, können Ihre Auslegung und Predigtvorbereitungen auch als eigene Andacht dienen. Während Sie fragen: „Herr, was willst du der Gemeinde durch diesen Abschnitt sagen?", können Sie doch auch gleich fragen: „Herr, was willst du *mir* durch diesen Abschnitt sagen?“ Wenn Ihre Studien Sie auf einen Weg bringen, der nichts mit den unmittelbaren Bedürfnissen Ihrer Gemeinde zu tun hat, gehen Sie weiter und genießen Sie es und erforschen Sie ihn eine Weile. Schließlich müssen wir als Pastoren den Genuss ergreifen, wenn sich die Gelegenheit bietet. Wenn Sie mitten beim Nachschlagen der Abstammung eines Verbs plötzlich von einer Sünde überführt werden, nehmen Sie sich einen Augenblick Zeit und bekennen Sie sie Gott. Wenn Sie beim Lesen eines Kommentars eine Antwort auf ein persönliches Problem bekommen, halten Sie einen Moment inne und preisen Sie den Herrn. Wenn der Abschnitt, den Sie gerade bearbeiten, an einen Choral oder ein Lobpreislied erinnert, warum nehmen Sie sich nicht ein paar Minuten und singen es?

Warum gebrauchen Sie nicht Ihre Predigten dazu, ein geistliches Tagebuch zu führen? Sie sind die Aufzeichnungen dessen, was Gott Ihnen gezeigt hat. Wenn Sie das predigen und lehren, was der Herr Ihnen zeigt, werden Sie mit Enthusiasmus und spürbarer Überzeugung predigen. Haben Sie keine Angst, Predigtserien über Themen und Bücher der Bibel zu halten, die Sie interessieren. Schließlich, wie ich schon vorher gesagt habe, sind Sie in der kleinen Gemeinde Ihr eigener Pastor. Ich bin sicher, dass Mitglieder Ihrer Gemeinde oft zu Ihnen gesagt haben: „Pastor, ich denke, wir brauchen ein paar Predigten über das und das. Ich fände es gut, wenn Sie das Buch Was-auch-immer durchnehmen würden. Es ist mein Lieblingsbuch.“ Haben Sie keine Angst, sich ab und zu selbst zu sagen: „Pastor, es wäre schön, wenn Sie sich in nächster Zeit mit [füllen Sie diese Stelle selbst aus] beschäftigen würden.“ Wenn das Thema Sie anspricht, ist es durchaus möglich, dass es auch Ihre Gemeinde ansprechen wird. Wenn es Ihre tiefsten geistlichen Bedürfnisse ausfüllt, ist es durchaus möglich, dass es auch die Ihrer Gemeinde ausfüllt. Schließlich sind wir alle fehlerhafte, kämpfende Glieder der menschlichen Rasse. Wenn Sie schon länger Pastor derselben kleinen Gemeinde sind, haben Sie womöglich schon angefangen, so zu denken, zu handeln und vielleicht sogar so auszusehen wie die Menschen in Ihrer Umgebung. Das ist in Familien immer so. Die Sorgen der Familie wurden Ihre Sorgen und umgekehrt.

Wenn Sie schon dabei sind, Ihre Definition von Andacht zu ändern (oder zu erweitern), müssten Sie vielleicht auch die

Definition des Begriffes „Gottes Wort meditieren“ ändern. Als Pastor tun Sie es vielleicht ganz oft, ohne dass Sie es bemerken. Ich kann zum Beispiel eine Kassette für einen Freund besprechen (siehe letztes Kapitel) und merken, dass dabei etwas Geistliches geschieht: Ich erzähle nicht nur meinem Freund alles über meine Prüfungen und Kämpfe in der Gemeinde, ich versuche auch, diese Dinge theologisch einzuordnen. „Wo ist Gott in all diesem? Wie kann ich seinen Willen herausfinden? Was sagt er mir und der Gemeinde? Gibt es biblische Parallelen für das, was ich durchmache? Was würde Paulus in meiner Situation tun?“ Wieder einmal stelle ich fest, dass ich meine Stille Zeit habe, ohne eine *geplante* Stille Zeit zu haben. Als gewissenhafter Leiter verbringen Sie entsetzlich viel Zeit damit, über alles nachzudenken, was in Ihrer Gemeinde vorgeht, und betreiben geistliche Nabelschau. Aber das sind nicht nur „üble Gedanken“. Einiges davon, vielleicht sogar das meiste, ist theologisch und biblisch. Könnte es sein, dass der Dienst in der kleinen Gemeinde, statt Ihr geistliches Leben zu zerstören, tatsächlich Gottes Herausforderung und Antrieb ist, um Sie zu geistlichem Wachstum anzuspornen?

Seien Sie Ihr eigener Seelsorger und lernen Sie Gelassenheit!

Der Dienst in der kleinen Gemeinde hat mich Demut gelehrt. Trotz meiner besten Pläne und (für mich) fehlerfrei durchgeführten Präsentationen laufen die Dinge oft nicht so, wie ich mir das vorgestellt hatte. Vielleicht habe ich das Schicksal der Gemeinde nicht unter Kontrolle. Vielleicht ist es Gott und nicht ich, der alles unter Kontrolle hat. Ich ringe ständig darum, ihm zu vertrauen und mich nicht auf meinen Verstand zu verlassen oder mich von den Sorgen um die Zukunft lähmen zu lassen. Ich lerne, was es für einen Leiter bedeutet, auch ein Diener zu sein, denn durch meinen Beruf stehe ich immer anderen zur Verfügung. Ich lerne, ausdauernd zu lieben, treu durch viele Höhen und Tiefen zu einer Gruppe von Gläubigen zu stehen, obwohl es anderswo offensichtlich attraktivere Gruppen gibt.

Ich habe gelernt, in schweren und hektischen Zeiten an Gott festzuhalten, und ich habe gespürt, wie er an mir festhält. Vor ein paar Wochen ist einer meiner Freunde aus der Gemeinde, eine junge Frau, an Krebs gestorben. Ich saß mit der Familie in ihrem Krankenzimmer, als die Ärzte, die feststellten, dass sie schon hirntot war, die Maschine, die für sie geatmet hatte, abschalteten und sie sterben ließen. Zur gleichen Zeit erlitt ein 13-jähriger Junge aus unserer Gemeinde unerwartete Komplikationen nach einer Herzoperation. Doch das war noch nicht alles: Die Ältesten und ich waren gerade dabei zu entscheiden, wie in einem sehr heiklen Fall von Gemeindezucht vorgegangen werden sollte. Und der Abgabetermin für mein Buch kam näher und näher. Obwohl ich täglich Tränen vergoss und mich oft fühlte, als stünde ich am Rande eines Zusammenbruchs, war Gott mit mir. Er gab mir Kraft, Führung und Liebe und befähigte mich, anderen zu dienen, als ich mir nichts lieber wünschte, als dass mir gedient würde.

Demut lernen, versuchen, Gott für die Zukunft zu vertrauen, ausdauernd lieben, felsenfest glauben, aus erster Hand Gottes beständige Gnade erfahren – das alles klingt für mich wie geistliches Wachstum. Und es geschah größtenteils, während ich meinen Dienst versah und nicht, während ich mich absonderte und Andacht hielt. Wenn Sie an Ihre eigene Situation denken, bin ich sicher, dass Sie eigene Beispiele für persönliches geistliches Wachstum nennen können, das eintrat, als Sie Ihre Gemeinde betreuten. Der Antreiber in mir möchte Ihnen jetzt befehlen, das Buch sofort zur Seite zu legen und mindestens fünf aufzuzählen. Ich werde Sie piesacken, bis Sie es tun. Und wenn nicht, werde ich am Boden zerstört sein. Aber stattdessen *schlage* ich Ihnen nur *vor*, es einmal zu tun und sich dann Zeit zu nehmen, Gott zu danken, dass er Sie in eine Position gestellt hat, die Sie zwingt zu wachsen.

Aber was ist mit den Zeiten im Dienst, in denen Ihr Wachstum zum Stillstand gekommen zu sein scheint, in denen Sie kaum oder keinen persönlichen Fortschritt erkennen? Was tun Sie in Zeiten, in denen die persönlichen und gemeindlichen Probleme Sie so überwältigen, dass Sie Gott nicht mehr sehen können?

Was tun Sie in Zeiten, in denen die persönlichen und gemeindlichen Probleme Sie so überwältigen, dass Sie Gott nicht mehr sehen können?

Als Ihr eigener Pastor haben Sie nur eine Wahl: Sie müssen mit sich selbst ein Seelsorgegespräch vereinbaren. Setzen Sie sich in Ihr Büro (wenn Sie einen Abschluss in Psychologie haben, können Sie sich auch auf die Couch legen), erzählen Sie sich selbst, was Sie bekümmert, und raten Sie sich selbst, was Sie tun können.

Wenn Ihnen der Gedanke komisch vorkommt, mit sich selbst zu reden und Ihnen das etwas zu schizophren erscheint, denken Sie an das biblische Beispiel. In Psalm 42 und 43 heißt es: „Was betrübst du dich, meine Seele, und bist so unruhig in mir? Harre auf Gott, denn ich werde ihm noch danken, dass er meines Angesichts Hilfe und mein Gott ist."

Meine einschneidendste Erfahrung mit dem Selbstgespräch machte ich, als ich die letzten Korrekturen an meinem ersten Buch vornahm. Ich war in diesem veränderten Bewusstseinszustand, der davon herrührt, dass man stundenlang dieselben Dinge immer wieder liest. Ein paar Mal merkte ich, dass ich einfach meine Frau rufen wollte, um ihr zu sagen: „Hey, Deborah, du musst unbedingt diesen neuen Autor lesen! Ich kann allem, was er sagt, nur zustimmen. Es ist, als ob er mein Leben lebt. Er kennt mich so gut." Und dann habe ich dämlich gegrinst (über mich, natürlich) und gemerkt, was geschehen war. Es muss mit dem *Flow* des Bücherschreibens zu tun haben. Auf jeden Fall hat es mir etwas gebracht, mein Buch und das Manuskript dieses Buches wiederholt zu lesen. Gerade heute hat mir ein Freund erzählt, dass Gott mit ihm darüber gesprochen habe, die Ergebnisse seines Dienstes ihm zu überlassen, und ich dachte an die Punkte, die ich in Kapitel 12 ansprechen werde. Ich ging sie in Gedanken noch einmal durch, und das half mir, aus dem dunklen Loch zu kommen, in das ich am Morgen nach der Sitzung des Verwaltungsausschusses unseres Kirchenbezirks gefallen war.

Ein andermal versuchte ich, meine Gemeindeleitung dazu zu bewegen, zwei Gottesdienste am Sonntagmorgen einzurichten. Als ich meinen Punkt vorbrachte, wusste ich, dass ich gegen alle meine Prinzipien hinsichtlich Veränderungen in der kleinen Gemeinde verstieß. Natürlich wurde die Idee abgelehnt. Da ich erfolgsabhängig bin, wurde ich entmutigt und begann, auf die Gemeinde herabzusehen. Aber dann sagte ich zu mir selbst: „Du Dummkopf! Du hast es besser gewusst, aber dein Enthusiasmus und deine Ungeduld sind mit dir durchgegangen. Es wäre klüger gewesen, eine Weile zu warten und die Sache wieder vorzubringen und diesmal dem Rat von diesem Bierly zu folgen." Ich tat es, und jetzt haben wir zwei Gottesdienste.

Seien Sie Ihr eigener Ratgeber und führen Sie Selbstgespräche!

Vielleicht haben Sie keine Bände, die Ihre Gedankenergüsse beinhalten und auf die Sie zurückgreifen können, aber Sie können sich immer noch selbst den besten Rat geben, wenn es schwierig wird. Fragen Sie sich, was Sie einem Gemeindeglied oder einem anderen Pastor sagen würden, der das durchmacht, was Sie gerade erleben. Sagen Sie sich dasselbe. Gäben Sie ihm oder ihr eine Hausaufgabe? Stellen Sie sich dieselbe Aufgabe.

- „Selbst, es scheint mir, dass du mal wieder den 1. und 2. Timotheus-Brief lesen musst, um eine neue Perspektive und Ermutigung für den Dienst zu bekommen."
- „Selbst, es ist schon zu lange her, dass du eine Verabredung mit deinem Ehepartner hattest. Hol deinen Kalender und dann sieh zu, dass ihr euch bald trefft."
- „Selbst, stelle dir mal die anderen dunklen Zeiten in deinem Leben vor Augen. Mach dir klar, dass Gott dich da herausgeholt hat. Das wird er auch wieder tun. Überleg mal, was tat er in der Vergangenheit, um dich da herauszufischen? Meinst du, er könnte dieselben Dinge wieder gebrauchen? Wie wäre es, wenn du dich diesen Dingen aussetzt und schaust, was passiert?"
- „Selbst, denk mal eine Woche lang jeden Abend beim Zubettgehen an zwei Dinge, für die du Gott danken kannst. Sprich einfach ein schlichtes Dankgebet."
- „Selbst, du musst einen Weg finden, mehr Gemeinschaft mit anderen Christen zu haben."
- „Selbst, finde aus deinem Berg von Arbeit eine Aufgabe, die du morgen erledigen kannst und die dir ein gutes Gefühl gibt, weil du sie beendet hast. Stell dir den Wecker, steh auf und erledige sie. Dann belohne dich selbst – ein besonderes Essen, ein Film, ein Spaziergang im Wald."

Bücher über Seelsorge sind voll von diesen Ratschlägen. Warum durchforschen Sie nicht einige davon, um eine Antwort auf Ihr Problem zu finden? Sie würden sich doch auch die Zeit nehmen, das für andere Menschen zu tun. Warum nehmen Sie sich dann nicht die Zeit und tun es für sich selbst?

Vernachlässigen Sie auf der Suche nach Hilfe für Ihr Wachstum nicht populäre christliche Bücher, Videos und Musik. Ich weiß, dass wir Pastoren manchmal ein wenig kulturellen Snobismus an den Tag legen, wenn es um Dinge geht, die Laien anziehen. „Natürlich denken sie, dass es gut ist. Sie wissen es halt nicht besser. Ich dagegen mit meiner theologischen Ausbildung ..." Ehrlich gesagt, kursiert auch ein Haufen „Jesus-Müll". Aber es sind auch ein paar Goldkörner dabei. Vor einigen Jahren empfahl mir meine Mutter, „Der nächste Schritt" von Joni Eareckson und Steve Estes zu lesen. Sie sagte, es enthalte viele gute Gedanken über Gott und das Leid. Mein erster Gedanke war: „Ja, ja. Ist Joni nicht bloß eine junge Frau, die eine Tragödie erlebt hat und nun um die Welt reist und ein herzergreifendes Zeugnis gibt? Andererseits habe ich ein Diplom in Religion und Philosophie. Ich habe von C. S. Lewis „Über den Schmerz" gelesen. Ich habe eine Arbeit über das Buch Ijob geschrieben. Ich habe über das Thema in Kursen, Seminaren, Foren und bei unzähligen Mittagessen mit meinen Mitstudenten debattiert. Was kann Joni mir schon zu sagen haben? Aber da meine Mutter mich immer wieder sanft ermunterte, griff ich schließlich zu dem Buch. Wow! Die Tiefe der Einsicht hat mich glatt umgehauen. Ich konnte es nicht aus der Hand legen, weil es mich so herausforderte, tröstete und konfrontierte. Und es war leicht zu lesen! Das ist das Schöne an populären Büchern. Man kann zu einem davon greifen, wenn man viel zu müde ist, um sich mit Barth, Luther, Schlatter oder dem letzten kritischen Kommentar herumzuschlagen.

Eine Frage wird oft gestellt: „Wer betreut den Pastor?" Joni Eareckson Tada, Philip Yancey, Dietrich Bonhoeffer, Christian A. Schwarz, Klaus Eickhoff, Manfred Seitz und andere sind zum Beispiel solche „Betreuer" für Pastoren – Autoren, die einfache, aber nicht vereinfachende Bücher schreiben, die eine Botschaft bringen und keinen Vortrag halten, die die Seele herausfordern, ohne den Verstand zu ermüden, und deren Popularität mich glauben lässt, dass es vielleicht, vielleicht doch noch Hoffnung für die Kirche gibt.

Einige meiner Pastoren waren auch Musiker – Larry Norman, Keith Green, Glad, Bob Dylan (!), Noel Paul Stookey und andere (einschließlich meiner Frau). Ihre Musik hat mir geholfen, Gott anzubeten, Ermutigung zu finden, wenn ich sie brauchte, und über die Wahrheit Gottes und die Welt nachzudenken (und darüber, wie beide sich überschneiden). Und durch das Wunderwerk einer Kassette können mir diese Pastoren dienen, während ich unter der Dusche stehe, das Mittagessen vorbereite, Auto fahre oder in meinem Sessel döse.

Selbst Material, das für eine andere Generation gedacht ist, kann für mich hilfreich sein. Als ich mich einmal schlecht fühlte, hörte ich, dass mein Sohn eine Kassette mit Rap und alternativer christlicher Rockmusik spielte – laut (die *einzige* Art, Rock'n'Roll zu genießen). Ich bin jetzt 42 Jahre alt, ein Alter, in dem ich meinen Kopf über die jungen Leute schütteln und ihre Musik mit „Lärm" bezeichnen sollte. Dennoch erkannte ich die Kraft des Heiligen Geistes hinter vielen der Stücke und merkte, wie mein Zustand sich aufhellte. Könnte es sein, dass *DC Talk, Normal Generation* und *Snubnose* meine neuen Pastoren sind?

Ich bin auch durch die Dienste von Pastor Quigley und die Bewohner seines Ortes, ebenso durch die Pfarrer Larry, die Tomate, und Bob, die Gurke, sowie Bischof Marzipan gesegnet worden. Wenn Ihnen diese Namen nichts sagen, haben Sie vielleicht keine kleinen Kinder. Sie kommen alle in christlichen Kinder-Videos vor. Wenn ich sie mit meiner Tochter zusammen anschaue, bringen sie mich zum Lachen und zum Weinen und geben mir allgemein das Gefühl, dass es wunderbar ist, ein Christ zu sein. Wenn meine Kinder erwachsen sein werden, muss ich mir Ausreden einfallen lassen, warum ich mir diese Videos immer noch kaufe. („Sie sind für die Gemeindebücherei." Ja, das ist es, die Gemeindebücherei!)

Manche Autoren und Künstler sind vielleicht populär, weil sie der kleinste gemeinsame Nenner sind oder die Wahrheit verfälschen, um die Ohren zu kitzeln. Andere sind dagegen populär, weil sie allgemein das Menschsein und das Verlangen des christlichen Herzens ansprechen. Anstatt die Wahrheit zu verwässern, machen sie sie leicht zugänglich. Als viel beschäftigter Pastor brauchen Sie Wahrheit, die leicht zugänglich ist. Missachten Sie nicht die unglaublichen Quellen für Wachstum, die dem „Durchschnittschristen" zur Verfügung stehen. Es könnte sein, dass die Leute in der Kirchenbank etwas wissen, von dem Sie keine Ahnung haben.

Befolgen Sie Ihre eigenen Predigten und bleiben Sie ein Lernender!

Ich muss hier ein Wort zur Integrität sagen. Wenn ich als Pastor keinen Weg finde, um geistlich zu wachsen, weil mein Beruf mich zu sehr in Atem hält, zu sehr ermüdet, stresst und auslaugt, welches Recht habe ich dann, den Leuten zu predigen, dass sie im Herrn wachsen sollen? In unserer hektischen Welt sind sie genauso viel beschäftigt wie ich. Die Mitglieder meiner Gemeinde engagieren sich in der Elternvertretung der öffentlichen Schulen, sie arbeiten bei der Feuerwehr mit, sind aktiv in den Jugendsport-Vereinen und bei den Pfadfindern, engagieren sich bei der Initiative „Recht auf Leben", bringen sich im Krankenhaus-Besuchsdienst ein oder beleben den Arbeitskreis „Stadtmission" – alles zusätzlich zum Beruf und zur normalen Arbeit der *Cobblestone*-Gemeinde. Manche gehen zur Schule, um einen höheren Abschluss zu machen. Viele sorgen für kranke Verwandte. Und in den meisten Familien sind dazu noch beide Partner berufstätig. Viele geben zu, dass sie manchmal kaum wissen, wo ihnen der Kopf steht.

Wenn mein Beruf und mein Lebensstil mir eine „gültige Entschuldigung" geben, dass mein Glaube sich nicht vertieft, dann haben die Mitglieder meiner Gemeinde noch viel mehr solcher „Entschuldigungen". Wie kann ich sie für ihr Versagen strafen, das zu tun, was ich auch nicht kann? Arzt, hilf dir selbst! Ich muss erst den Balken aus meinem Auge nehmen, bevor ich mich um den Splitter im Auge meines Nächsten kümmern kann. Ich möchte an den Punkt kommen, an dem ich ehrlich zu ihnen sage: „Seid meine Nachahmer, wie ich Christi Nachahmer bin." Ich bin berufen, anderen zu sagen: „Ich habe Wege gefunden zu wachsen. Das könnt ihr auch!" Ich soll nicht seufzen: „So, du möchtest

„So, du möchtest ein reifer Christ werden? Nun, viel Glück. Du wirst es gebrauchen können."

ein reifer Christ werden? Nun, viel Glück. Du wirst es gebrauchen können."

Neben dem geistlichen Wachstum sollten Sie auch beruflich wachsen. Viele gut ausgebildete Theologen im Amt des Pastors einer kleinen Gemeinde fragen sich oft, warum sie ihre beruflichen Fähigkeiten verbessern sollten, da sie ja doch für ihre Aufgabe, eine kleine Gemeinde zu betreuen, überqualifiziert sind. Aber im Leben gilt die traurige Tatsache, dass „Stillstand gleich Rückschritt" ist. Obwohl ich auf der High School vier Jahre Französisch hatte und beim Abschlussexamen 96 von 100 Punkten erreichte, macht mir jetzt, etwa 20 Jahre später, sogar das Französisch aus den Sprechblasen der *Warner Brothers*-Cartoons schon Mühe.

Wenn Sie nicht versuchen, als Pastor zu wachsen, werden Sie Ihren Kenntnisstand nicht aufrechterhalten können und in Ihren Fertigkeiten nachlassen. Und das wird man bald bemerken. Sie werden einem Gemeindeglied antworten: „Du möchtest das Buch ‚Kohelet' studieren? Äh, ist das in der Bibel?" Wenn Sie um seelsorgerlichen Rat gefragt würden, lägen Sie völlig am Boden und würden sich fragen: „Was würde Pfarrer Fliege wohl tun, wenn er hier wäre?" Sie würden einem Gemeindeglied durch eine Glaubenskrise helfen und plötzlich feststellen, dass Sie selbst in einer stecken. Sie werden die Fähigkeit verlieren festzustellen, ob ein theologischer Kommentar Ihnen etwas vormacht. Tatsächlich werden Sie sogar nicht mehr in der Lage sein festzustellen, ob die alte Frau Schulze aus der ersten Bankreihe in der Kirche Sie mit ihrer emotionalen Art an der Nase herumführt.

Wir arbeitstüchtigen (und -süchtigen!) Pastoren sehnen uns verzweifelt nach dem beruhigenden Gefühl, etwas zu Ende gebracht zu haben. Wir möchten, dass die Seelsorgegespräche mit bestimmten Personen zum Erfolg führen und dann abgeschlossen sind. Wir wünschten, wir könnten sagen: „Endlich! Jetzt ist die Gemeinde wieder gesund. Meine Arbeit ist getan." Wir möchten ein für alle Mal mit Gemeindeleitungsmitglied Hyp Erkritisch fertig werden. Aber es gibt ein Gebiet in unserem Leben, in dem es nie ein Ende geben sollte: Bildung. Wenn die Uni oder die Bibelschule beendet ist, sollte Ihre lebenslange Suche nach Wissen erst beginnen. Wenn Haie aufhören zu schwimmen, sterben sie. Wenn Nagetiere aufhören zu nagen, gehen sie ein. Wenn Pastoren aufhören zu lernen ...

Aber Sie haben keine Professoren oder Prüfungskomitees mehr, die über Ihnen stehen, Ihnen Aufgaben geben und Termine setzen. Sie müssen Ihr eigener Professor und Ihr eigenes Prüfungskomitee sein. Als solche werden Sie dafür sorgen wollen, dass Sie eine runde, andauernde Ausbildung erhalten. Um das zu erreichen, sollten Sie in allen Fächern, die Sie während Ihrer Ausbildung hatten, kontinuierlich weiterlesen: Theologie, Kirchengeschichte, Mission und Evangelisation, Hermeneutik, Gemeindeverwaltung, Seelsorge, christliche Bildung usw.

Bevor Sie mich jetzt kreuzigen, lassen Sie mich erklären, was ich meine: Ich will nicht sagen, dass Sie Bücher aus allen Gebieten auf einmal lesen müssen. Nehmen Sie einfach ein Buch über, sagen wir, Apologetik, aus dem Regal. Da Sie Ihr eigener Professor sind, können Sie auch die dafür notwendige Zeit flexibel ansetzen. Schließlich hat so ein Rang auch seine Vorteile. Sie können das Buch in kleinen Abschnitten lesen, so wie Sie Zeit haben. Wenn Sie eine Woche brauchen, gut. Wenn Sie einen Monat brauchen, auch gut. Selbst wenn Sie sechs Monate brauchen sollten, wen kümmert's? Wichtig ist, dass Sie langsam, aber stetig daran arbeiten, Ihre Ausbildung fortzusetzen. Wenn Sie das eine Buch gelesen haben, wählen Sie ein anderes über ein anderes Gebiet. Notieren Sie sich, welche Bücher Sie gelesen haben, und kontrollieren Sie gelegentlich, ob Sie ein wichtiges Gebiet vernachlässigen. Wir alle haben unsere Lieblingsfächer. Das ist gut, aber wir wären keine guten Pastoren, wenn wir alles über Gemeindewachstumstheorien wüssten, aber so gut wie nichts über Eschatologie (oder umgekehrt). Pastoren kleiner Gemeinden sind geistliche „Allgemeinmediziner". Man erwartet, dass wir von allem ein wenig wissen.

Abgesehen davon, dass die Liste mit den Inhalten Ihres Selbststudiums vollständig sein sollte, können die Aufzeichnungen über Ihren Lesestoff so einfach oder so kompliziert sein, wie Sie es wollen. Denken Sie daran, Sie sind Ihr eigener Professor! Machen Sie es sich einfach! Wenn Sie sich gerne über das Gelesene Notizen machen, tun Sie das. Wenn Sie lieber ein paar Sätze schreiben, die die Hauptpunkte des Buches zusammenfassen, wenn Sie fertig sind, auch gut. Wenn Sie ganze Aufsätze oder Kritiken schreiben wollen, umso besser! Selbst wenn Sie überhaupt nichts notieren wollen, ist das auch in Ordnung. Wenn Sie sich konstant stimulierendem Material aussetzen, hat das immer noch eine positive Auswirkung auf Sie. Genau so, wie Sie sich nicht an alles erinnern, das während jeder einzelnen Unterrichtsstunde gesagt wurde, aber die ganze Erfahrung Sie doch zu dem gemacht hat, was Sie sind, so müssen Sie sich nicht an alles erinnern, was Sie gelesen haben. Wenn ich manchmal einem Problem gegenüberstehe, erinnere ich mich plötzlich an den Tag, an dem wir im Seminar darüber gesprochen haben, oder ich weiß, wo ich in meinen Notizen die Antwort finden kann. Dasselbe passiert mit dem, was ich lese. Ich erinnere mich oft an etwas, das ich gelesen habe und das in eine bestimmte Situation hineinspricht, oder ich forste schnell in meinem Bücherregal, weil ich weiß, dass Autor X etwas Hilfreiches dazu zu sagen hat.

Wenn ein bestimmtes Buch Sie langweilt oder Sie das Interesse an dem Thema verlieren, lassen Sie es und stellen Sie das Buch zurück ins Regal. Sie müssen sich nicht verpflichtet fühlen, es zu beenden. Sie haben wenigstens ein klein wenig über ein bestimmtes Gebiet gelesen. Das allein zählt. Wenn Sie der Typ sind, der mehrere Bücher gleichzeitig beginnt und liest, dann lesen Sie entweder verschiedene Bücher über ein Gebiet oder nehmen Sie sich die Freiheit, die Themen zu wechseln. Noch einmal, denken Sie daran, dass Sie einen unabhängigen Kursus für sich selbst gestalten. Er sollte herausfordernd sein, aber keine Belastung. Sie wissen, wer Sie sind. Seien Sie gut zu sich selbst.

Vielleicht beunruhigt Sie der Gedanke, Ihr eigener geistlicher Leiter zu sein. Wenn Sie in Gleichgültigkeit, Lethargie, Zweifel oder Hoffnungslosigkeit fallen, suchen Sie vielleicht verzweifelt nach jemandem, der Sie herauszieht. Aber Sie müssen sich einer kalten, harten Tatsache stellen: In der exponierten Stellung, die Sie als Pastor innehaben, wird Ihnen niemand dauerhaft helfen können, wenn Sie sich nicht zuerst selbst helfen wollen. Andere können vielleicht in der Lage sein, Ihnen gelegentlich einen Rettungsring zuzuwerfen, aber Sie müssen aufhören, immer wieder abzusaufen. Andere können Sie verbinden. Sie müssen aufhören, sich selbst zu verletzen. Sind Sie es wirklich leid, so zu leben wie bisher? Wenn ja, helfen Sie sich selbst. Betreuen Sie sich selbst, bis Sie wieder gesund sind.

Kapitel 8

Vorsicht – zerbrechlich!

Nach Monaten der Konfrontation und Drohungen seitens seiner Widersacher in der Gemeinde sah es für Pastor A. Eli so aus, als sei der Kampf endlich vorbei und er habe gewonnen. Die oberste Kirchenleitung, verwirrt durch die widersprüchlichen Berichte über das, was in Pastor Elis Gemeinde vorging, hatte an einem Samstag ein Sonder-Treffen einberufen, an dem sie beide Seiten hören und dann, so gut es ging, raten wollte. Das ganztägige Treffen hätte nicht besser verlaufen können.

Es wurde für sämtliche Anwesenden deutlich, dass alle, die etwas gegen Bruder Eli vorbringen wollten, keine wirkliche Handhabe hatten. Und nicht nur das, viele andere aus der Gemeinde standen auf und bezeugten, dass Gott wirklich mit Pastor Eli war und dass sein Dienst ihr Leben positiv beeinflusst hatte. Die Kirchenvertreter sagten schließlich den Widersachern, dass sie Buße tun und in Zukunft mit Pastor Eli zusammenarbeiten sollten und nicht gegen ihn. Sie sagten den Befürwortern, dass sie weiter hinter ihrem Leiter stehen sollten und dass sie sicher waren, dass nun, da alles hinter der Gemeinde lag, Gott bestimmt große Dinge tun würde. Pastor Eli verließ das Treffen wie auf Wolken. Am nächsten Tag schwebte er sogar noch höher, als er und seine Unterstützer nach dem Gottesdienst ein Gebetstreffen hatten, das den ganzen Nachmittag andauerte! Der Geist Gottes war sehr real und mächtig gegenwärtig. Nun konnte kein Zweifel mehr daran bestehen, auf wessen Seite Gott wirklich stand, und es sah so aus, als ob nur noch rosige Zeiten kommen würden.

Als er aber am Sonntagabend nach Hause kam, erhielt er einen Anruf von einem Freund. Dieser hatte gehört, dass die Frau von Pastor Elis Hauptgegner nach dem Gottesdienst gesagt hatte, dass sie mit dem Verlauf des Treffens völlig unzufrieden sei. Sie würde nicht mehr mit diesem Pastor zusammenarbeiten und alles tun, was in ihrer Macht stehe, damit er die Gemeinde verließe. Als Pastor A. Eli den Hörer auflegte, überkam ihn ein überwältigendes Gefühl der Angst. Er versuchte, sich zu sagen, dass es albern sei, Angst zu haben. Es gab nichts, das die Frau tun konnte. Sie würde unter Gemeindezucht gestellt werden, wenn sie ihr Verhalten nicht änderte. Außerdem, Gott war mit ihm! Oder etwa nicht? Vielleicht hatte er sich bloß selbst zum Narren gehalten. Wenn Gott wirklich am Werk war, warum verschwand das Problem dann nicht? Plötzlich wusste Pastor Eli, dass er einfach nur raus musste. Er stieg in sein Auto und fuhr und fuhr. Je länger er fuhr, desto finsterer wurden seine Gedanken. Was, wenn all das Schlimme, das in der Gemeinde geschehen war, *seine Schuld war?* Als er in den frühen Morgenstunden bei einem Motel hielt und sich ein Zimmer nahm, um einige Zeit im Gebet zu verbringen, war alles, das von seinen Lippen kam: „Komm einfach und bring mich um, Herr. Ich habe öfter versagt, als ich zählen kann. Ich bin ein armer Sünder und nicht für das Leben geeignet, geschweige denn dafür, Pastor zu sein."

Gott denkt an etwas, das viele ausgepowerte und verletzte Pastoren oft vergessen: Was wie Depression oder geistliche Kriegsführung oder eine Krise aussieht, sind oft bloß die normalen Symptome einer Person, die zu lange ohne Unterbrechung und Erfrischung gearbeitet hat. Gebet, Bibelstudien, Seelenforschung und aller Lobpreis der Welt werden Ihnen nicht helfen, wenn Sie einfach nur ein Nickerchen oder ein anständiges Essen brauchen.

Stellen Sie sich einen Augenblick vor, Sie wären Pastor Elis Seelsorger. Was würden Sie ihm sagen, wenn er Sie aus diesem Motel anrufen würde? Vielleicht im Wesentlichen dasselbe, was Gott Elia (dessen Geschichte ich versucht habe nachzuerzählen) in 1. Könige 19 sagte: „Iss etwas, schlafe ein wenig, beruhige dich, und dann können wir reden." Gott denkt an etwas, das viele ausgepowerte und verletzte Pastoren oft vergessen: Was wie Depression oder geistliche Kriegsführung oder eine Krise aussieht, sind oft bloß die normalen Symptome einer Person, die zu lange ohne Unterbrechung und

Erfrischung gearbeitet hat. Gebet, Bibelstudien, Seelenforschung und aller Lobpreis der Welt werden Ihnen nicht helfen, wenn Sie einfach nur ein Nickerchen oder ein anständiges Essen brauchen. Die beiden Gefühle, die Elia in diesem Kapitel ausdrückt, sind todsichere Kennzeichen, dass jemand am Ende seiner Kräfte ist – entweder „ich bin nichts" oder „ich bin großartig und alle anderen sind nichts". Wenn ich durch das Haus gehe und vor mich hinbrumme, was für ein fürchterlicher Pastor ich bin, oder über das üble Schicksal jammere, das einen so netten Kerl wie mich in diese wertlose, ungläubige, gottverlassene Gemeinde verschlagen hat, sagt meine Frau oft: „Du solltest dich ein wenig hinlegen" oder: „Ich glaube, du wirst hungrig. Ich sollte besser das Abendessen machen." Und sie hat Recht. Ein paar Stunden später frage ich mich, worüber ich mich so aufgeregt habe.

Denken Sie daran, dass Gott zu Elia nicht im mächtigen Wind kam, der die Berge zerriss und die Felsen erschütterte, auch nicht im Erdbeben und im Feuer. Stattdessen war der Herr in dem stillen, sanften Säuseln. Wenn Ihre Gefühle überschäumen und überkochen, wird Gott gewöhnlich nicht mit Ihnen reden, obwohl Sie sich während dieser Zeit sicher fragen: „Was will Gott mir in all dem sagen?" Stattdessen wird Gott warten, bis Sie sich beruhigt haben, bevor er sich mit Ihnen befasst. Und eine der besten Arten, die Gefühle zu beruhigen, ist, den Körper zu beruhigen.

Gönnen Sie sich Ruhezeiten!

Viele arbeitswütige Pastoren kleiner Gemeinden arbeiten oft wie praktizierende Gnostiker. Sie handeln, als glaubten sie, solange ihre Seele mit Gott in Ordnung ist, könnten sie ihren Körper missbrauchen, ohne dass es negative Folgen hat. So bleiben sie fünf bis sieben Abende die Woche weg, um „die Arbeit des Herrn zu tun". Sie schlingen alle Mahlzeiten im Stehen hinunter. Sie nehmen nie einen Tag frei, weil der Dienst einfach „zu wichtig" ist. Ihr einziger Sport besteht darin, die Bücher ins Regal zu stellen oder jeden Sonntag eine Stunde auf der Kanzel zu stehen. Und dann wundern sie sich, wenn sie zusammenbrechen oder ausgebrannt sind.

Die Bibel lehrt, dass die Handlungen unseres Körpers direkte Auswirkungen auf unsere geistliche Gesundheit haben. Deswegen werfen sich die Menschen der Bibel manchmal vor dem Herrn im Gebet nieder. Es ist schwer, wirklich demütig zu sein, wenn man mit erhobenem Kopf und stocksteif dasteht. Wenn Menschen in der Bibel Buße tun, fasten sie, schlagen sich selbst, legen einen Sack an und bedecken sich mit Asche. Es ist schwer, echte Buße zu tun, wenn Sie in Ihrem klimatisierten Lieblingsrestaurant sitzen, einen Eisbecher mit heißer Karamellsoße essen und Ihren neuen Designeranzug tragen, den Sie sich gerade gekauft haben. Und außerdem lehrt uns die Schrift, dass es nichts nützt, wenn unser innerer Glaube sich nicht in frommen Handlungen des Körpers niederschlägt. Die Verbindung zwischen meinem Körper und meinem Geist erschließt sich mir immer, wenn ich einen Schnupfen bekomme. Einen oder zwei Tage bevor ich überhaupt Symptome habe, fühle ich mich, als ob sich eine dunkle Wolke auf mein Herz gelegt hat. Ich hasse mich. Ich hasse meine Gemeinde. Ich denke gotteslästerliche Gedanken. Ich zweifle an Gott – und nichts, was ich tue, bringt mich da heraus. Meine Gebete scheinen in einem schwarzen Loch zu verschwinden. Ich versuche verzweifelt herauszufinden, was mir fehlt. Ich beginne mich zu fragen, ob ich den Verstand verliere. Dann wache ich morgens mit völlig verstopfter Nase auf, mit dem bekannten Druck unter und hinter meinen Augen und diesem komischen Geschmack im Mund. „Gut“, sage ich mir, „das erklärt alles. Nichts Ernsthaftes, über das man sich Sorgen machen müsste. Nur wieder so ein dummer Schnupfen.“ Der Körper war krank und der Geist folgte seinem Beispiel.

Es ist schwer, echte Buße zu tun, wenn Sie in Ihrem klimatisierten Lieblingsrestaurant sitzen, einen Eisbecher mit heißer Karamellsoße essen und Ihren neuen Designeranzug tragen, den Sie sich gerade gekauft haben.

Wenn wir unseren Geist gesund erhalten wollen, müssen wir für unseren Körper sorgen. Ich bin kein Doktor, und ich will auch nicht Fernseharzt spielen, aber ich werde kurz auf vier Gebiete eingehen, in denen Fürsorge nötig ist, die aber oft vernachlässigt werden – *Ruhe, Ernährung, körperliches Training* und *Sex*. Ich weiß, Sie möchten sich vielleicht gerne zuallererst mit dem letzten Gebiet beschäftigen, aber ich fange trotzdem mit dem Rest an.

Es wundert mich, dass so viele Arbeiter im Weinberg Gottes, mich eingeschlossen, so große Probleme mit dem Gedanken der Ruhe haben, da sie doch in der Bibel deutlich gelehrt und betont wird. Gleich im zweiten Kapitel der Bibel ruhte Gott und machte den siebten Tag deswegen zum heiligen Tag. Später befahl er den Israeliten, den Sabbat als einen Tag zu halten, an dem keine Arbeit getan wurde. Er befahl sogar, dass alle sieben Jahre selbst das Land Ruhe haben sollte. Jesus versprach seinen müden Nachfolgern, dass er ihnen Ruhe geben würde. Und wenn es auch nicht der Zweck der Evangelien ist, jedes Mal festzuhalten, wenn Jesus einschlief, so finden wir ihn doch schlafend im Boot oder am Brunnen von Samaria ruhend, weil die Reise ihn ermüdet hat. Warum bestehen wir dann immer darauf weiterzugehen, selbst wenn die Reise für uns zu viel ist?

Wir müssen den Gedanken des Sabbats erst wieder begreifen – einen ganzen Tag in der Woche frei von den Belastungen unseres Berufs verbringen. Wenn Sie darauf bestehen, dass Sie das einfach nicht tun können, dann wollen Sie klüger als Gott sein, der das angeordnet hat. Wenn das der Fall ist, haben Sie ein ernsteres Problem, als nur überarbeitet zu sein.

Ich hoffe jedoch, dass Sie Gott gehorchen und einen Sabbat einhalten wollen. Wie machen Sie das? Sie müssen mehr tun als nur vom Schreibtisch wegzugehen und die Bürotür zu schließen. Sie müssen Ihrer Gemeinde die Tatsache bekannt geben, dass Sie an Ihrem freien Tag nicht zur Verfügung stehen, es sei denn in einem Notfall. Sie müssen Ihr Telefon abstellen. Schalten Sie den Anrufbeantworter ein, um dringende Botschaften aufzunehmen, aber hören Sie ihn nicht vor dem Abend ab. Dann beantworten Sie nur Anrufe, die wirklich nicht bis zum nächsten Tag warten können. Es ist wichtig, dass Sie sich nicht mit den gewöhnlichen Dingen Ihres Berufes beschäftigen, denn, wie John A. Sandford schreibt:

„Der Zweck eines solchen Tages ist es, in einen neuen Bewusstseinszustand zu kommen. Indem Sie sich von Ihrer alltäglichen Umgebung und Ihren Aufgaben entfernen, lassen Sie zu, dass ein neues Bewusstsein entsteht. Aber es ist wie beim Schwimmen – Sie müssen ganz ins Wasser gehen. Wenn der Tag durch offizielle Aufgaben unterbrochen wird, wird das neue Bewusstsein, das sich entwickelt, unterbrochen. Deswegen genügen

auch ein paar Stunden hier und da nicht, um uns zu erneuern. Es dauert länger, bis sich die unsichtbaren Fäden lösen, die uns mit unserer Arbeit verbinden, sodass neue Gedanken, neue Stimmungen, neue Erfahrungen ihren Weg zu uns finden können" (*Ministry Burnout*, Louisville, Westminster, 1982, Seite 19).

Das neue Bewusstsein kann sich nicht bilden, wenn Sie Ihren freien Tag damit verbringen, über die Gemeinde zu reden oder an sie zu denken. Das ist Arbeit! Um uns zu helfen, wirklich einen Tag von der Gemeinde weg zu sein, haben meine Frau und ich uns gegenseitig erlaubt, einander zu stoppen, wenn *Cobblestone* erwähnt wird. Wenn sie diesen abwesenden Ausdruck auf meinem Gesicht sieht, fragt sie mich: „Denkst du an die Gemeinde? Nun, lass es. Es ist dein freier Tag." Wenn sie anfängt, über ein Problem in der Gemeinde zu reden, sage ich zu ihr: „Das sind Gemeindesachen. Darum kümmern wir uns später." Wenn wir als Familie in Urlaub gehen, dürfen die Kinder jedes Mal einen Vierteldollar von mir verlangen, wenn ich die Gemeinde erwähne. Ich kann über Gott reden, das schon, aber nicht über *Cobblestone.* Dies sieht vielleicht alles erzwungen und gekünstelt aus, aber dadurch gewöhnen wir uns an, nicht an die Gemeinde zu denken, wenn wir frei haben. Viele Montage (mein freier Tag) und Ferientage sind vergangen, an denen *Cobblestone* das Letzte war, woran wir dachten. (Der einzige Haken an der Sache ist, dass wir David und Abigail erklären mussten, dass sie den Vierteldollar nicht bekommen, wenn sie Vati eine Falle stellen!)

Wenn Sie dann wieder an Ihre Arbeit gehen, achten Sie darauf, dass Sie sich, soweit es in Ihrer Macht steht, nicht zu viel vornehmen. Sie wissen am besten, welche Treffen Sie erschöpfen und welche Menschen Sie auslaugen. Gönnen Sie sich danach jeweils eine „Auszeit". Wenn Sie nicht gerade allein stehend sind und eine richtige Nachteule, hüten Sie sich davor, zu viele Abende außer Haus zu verplanen. Wenn Sie merken, dass Sie mitten in Ihrer eigenen Predigt einschlafen, oder wenn Sie dieselben gefühlsmäßigen Extreme wie Elia erleben, kann es sein, dass Sie die Kerze an beiden Enden angezündet und bald kein Wachs mehr haben. Schränken Sie die Termine „nach dem Abendessen" ein. Versuchen Sie stattdessen, die Menschen am Samstag oder am

Sonntagnachmittag zu besuchen. (Über den Terminkalender des professionellen Gemeinde-Arbeiters habe ich im nächsten Kapitel noch einiges zu sagen.)

Wenn es um *Ernährung* geht, sind die vier Hauptnahrungsmittel vieler unermüdlicher „Lasttiere“ Hamburger, Döner, Pizza und Schokolade (zur Abwechslung gibt es statt Döner auch Chips oder Pommes frites). Dafür gibt es verschiedene Gründe. Zum einen müssen Pastoren kleiner Gemeinden, wie auch andere Pastoren, oft zwischendurch essen, und Fast Food ist nun einmal schnell zubereitet. Zum anderen verabreden sich Pastoren kleiner Gemeinden oft zum Mittagessen und bei ihrem Gehalt ist Fast Food das Beste, was man bekommen kann. Drittens ist der Dienst sehr kräftezehrend und bietet selten sofortige Belohnungen. So belohnt sich der bescheidene kleine „Dienstmann Gottes“ selbst mit Leckereien, die einfach zu bekommen sind und keine Vorbereitung erfordern.

Die vier Hauptnahrungsmittel vieler unermüdlicher „Lasttiere" Hamburger, Döner, Pizza und Schokolade (zur Abwechslung gibt es statt Döner auch Chips oder Pommes frites).

Leider ist, wie jeder weiß, der in der Schule das Thema „Gesundheit“ durchgenommen hat, diese Art der Ernährung nicht sehr gut für Sie. Ein junger Mann aus meinem Bekanntenkreis zog weit von zu Hause weg, um eine neue Arbeitsstelle anzutreten. Er war Junggeselle und hatte nicht viel Ahnung vom Kochen. Da er sehr damit beschäftigt war, sich in seiner neuen Umgebung einzurichten und ein Gefühl für die Arbeit zu bekommen, aß er meist auswärts. Ohne dass es ihm bewusst wurde, aß er nur Gebratenes. Etwa anderthalb Wochen später wachte er morgens auf und fühlte sich sehr schlecht. Er war so schwach und verwirrt, dass er nicht einmal in seiner Wohnung umhergehen konnte. Seine Gedanken waren ganz wirr. Er verfiel den ganzen Tag über immer wieder in einen schläfrigen Tran. An diesem Abend kam ein Freund zu Besuch, sah, was los war, und fragte ihn, was er in letzter Zeit gegessen hätte. Der Freund war sehr schockiert, als der Mann erzählte, was er gewöhnlich aß. Dann ging der Freund los und kaufte Gemüse und frisches Obst. Der junge Mann aß Gemüse und Obstsalat zu Abend und fühlte sich fast sofort besser. Ihm hatten wichtige Vitamine und Mineralien gefehlt. Als das Defizit aufgefüllt war, war er wieder einsatzfähig.

Es ist erstaunlich, wie Müdigkeit, geistliche Depression und negative Gedanken oft geheilt werden können, indem man einfach jeden Tag eine Multivitamintablette nimmt. Noch besser ist es, wenn Sie versuchen, die Nährstoffe, die Sie brauchen, auf natürlichem Wege durch eine ausgewogene Ernährung zu bekommen. Wie jeder bemerken wird, der mich einmal persönlich gesehen hat, bin ich der Letzte, der Ihnen sagen wird, dass Sie Fast Food und leckere, aber ungesunde Sachen ganz aufgeben sollen. Genießen Sie sie. Aber ein anderes Mal, wenn Sie nicht in Eile sind oder zu Hause eine Mahlzeit zubereiten, sorgen Sie dafür, dass diese großzügige Portionen gesunder Nahrungsmittel enthalten. Selbst wenn Sie auswärts essen müssen, warum nicht ab und zu eine gesündere Alternative wählen? Wie wäre es mit einem Sandwich mit viel Tomaten, Zwiebeln, Peperoni, sauren Gurken und Salat? Warum nicht mal eine Gemüsepizza probieren? Glauben Sie einem Fleischliebhaber, sie sind nicht so schlecht, wie es sich anhört. Warum essen Sie zu dem Hamburger nicht etwas frisches Gemüse oder bestellen sogar (welch eine Häresie) ab und zu nur einen Salat *statt* des Hamburgers? Wenn Sie heute darauf achten, was Sie essen, müssen Sie später nicht so viel abarbeiten.

Da wir gerade davon reden: Sicher muss ich Ihnen keinen Vortrag über die gesundheitlichen Vorteile von regelmäßigem Sport halten – mehr Ausdauer, ein kräftigeres Herz, niedrigerer Blutdruck, erholsamerer Schlaf, ein längeres Leben –, andere haben das alles schon gesagt. Aber es gibt zwei weitere Vorteile für überarbeitete Pastoren, die ich herausstellen will. *Ein gutes Training wirkt oft wie ein Kurzurlaub.* Vielleicht gehe ich ins Fitness-Studio und mein Kopf schwirrt von den Belangen der Gemeinde, aber wenn ich mit Gewichtheben anfange, kann ich nur noch daran denken, dass ich noch eine Stufe mehr hinkriege. Das verschafft mir eine Pause. Ich komme oft aus dem Studio und fühle mich, als ob ich keine Sorgen hätte. Das Training gibt mir auch die Möglichkeit, etwas Handfestes zu tun. In der kleinen Gemeinde sind die Ergebnisse meiner Arbeit oft nicht fassbar oder schwer zu messen. Beim Gewichtheben ist das anders. Ich kann auf meine Karte sehen und feststellen, dass ich mehr geschafft habe als in der vergangenen Woche. Ich sehe, wie meine Muskeln wachsen und deutlicher sichtbar werden. Ein besseres Abschneiden beim Tennis oder ein längerer Spaziergang, ohne sich erschöpft zu fühlen, oder ein Sieg in einem Badminton-Spiel können Ihnen das zufriedene Gefühl geben, in jeder Hinsicht fit zu sein.

Wie beim Hobby (siehe Kapitel 5) sollten Sie auch eine Sportart auswählen, die Ihren Vorlieben und Ihrem Geldbeutel entspricht. Vielleicht müssen Sie verschiedene Sportarten ausprobieren, bevor Sie etwas finden, das Ihnen wirklich Freude macht. Wenn Sie keine Freude an Ihrem Training haben, werden Sie nicht dranbleiben. Und ist es nicht so, dass Sie als Pastor einer kleinen Gemeinde genug Dinge tun müssen, die Sie nicht tun möchten? Warum sollten Sie noch eines hinzufügen?

Die Zeit für das Training aufzubringen kann eine Herausforderung sein. Manche Pastoren versuchen, Arbeit und Vergnügen zu verbinden. Sie beten und meditieren, während sie lange Spaziergänge machen. Ich habe schon während einer Wanderung Seelsorgegespräche geführt. Ein Freund und ich gehen oft zügig um unser Einkaufszentrum, während wir uns über unsere Gemeinden austauschen und darüber diskutieren, was es bedeutet, ein Pastor zu sein.

Als Pastor einer kleinen Gemeinde kann Ihr Terminkalender sehr flexibel sein. Es ist durchaus möglich, in „ruhigen Zeiten" ins Fitness-Studio zu gehen, in denen man nicht auf die Geräte warten muss. Wenn ich zum Beispiel gleich morgens oder zwischen 11 und 13 oder 16 und 18 Uhr gehe, verbringe ich mehr Zeit dort (und zwar wartend), als ich mir leisten kann. Aber wenn ich um zwei Uhr nachmittags komme, ist der Ort praktisch verlassen.

Sie können auch ein paar Minuten „Auszeit" im Büro nutzen. Ich habe ein Paar Handexpander, die ich von Zeit zu Zeit drücke. Warum gehen Sie nicht ein paar Minuten im Zimmer auf und ab oder machen ein paar Dehnübungen? Sie können auch einen Teil der Predigtvorbereitung im Stehen erledigen. Nutzen Sie alle Möglichkeiten, die sich Ihnen bieten.

Verbringen Sie Zeit mit Ihrem Ehepartner!

Nun kommen wir zu dem Teil der Abhandlung, auf den Sie gewartet haben. Ich beginne mit einer Schriftstelle:

> „Der Mann leiste der Frau, was er ihr schuldig ist, desgleichen die Frau dem Mann. Die Frau verfügt nicht über ihren Leib, sondern der Mann. Ebenso verfügt der Mann nicht über seinen Leib, sondern die Frau. Entziehe sich nicht eins dem anderen, es sei denn eine Zeit lang, wenn beide es wollen, damit ihr zum Beten Ruhe habt; und dann kommt wieder zusammen, damit euch der Satan nicht versucht, weil ihr euch nicht enthalten könnt" (1 Kor 7,3–5).

Diese Verse machen es sehr deutlich, dass es normalerweise Gottes Absicht für Ehepartner ist, regelmäßig Sex zu haben und die beiderseitigen sexuellen Bedürfnisse zu erfüllen. Und sie machen deutlich, dass es Folgen hat, wenn dies nicht geschieht.

Der fleißige Arbeiter, der „zu beschäftigt" ist, Zeit mit seinem Ehepartner zu verbringen, bringt sich in Schwierigkeiten und setzt sich unnötigen Versuchungen aus. Als Pastor einer kleinen Gemeinde komme ich vielen Frauen aus unserer „Gemeindefamilie" sehr nahe. Ich werde oft jeden Sonntagmorgen umarmt und an Feiertagen bekomme ich meinen Anteil an Küssen auf die Wange. Bei Seelsorgegesprächen und sogar bei Unterhaltungen am Eingang, wenn Frauen mir Details und Probleme aus ihrem Leben erzählen, bin ich ihnen nahe, wenn sie gefühlsmäßig und psychisch am verletzlichsten sind. Und in diesen Augenblicken bin auch ich es, denn ich kenne diese Frauen (sie sind nicht nur meine Klienten oder Gemeindeglieder) und ich kann ihren Schmerz fühlen. Mein Herz öffnet sich für sie. Ich muss nur dafür sorgen, dass mein Körper nicht folgt und dass mein Herz wieder zu mir zurückkommt. Wenn meine Beziehung zu meiner Frau nicht erfüllend wäre oder sogar schlimmer, wäre ich ein guter Kandidat für eine Affäre.

Der fleißige Arbeiter, der „zu beschäftigt" ist, Zeit mit seinem Ehepartner zu verbringen, bringt sich in Schwierigkeiten und setzt sich unnötigen Versuchungen aus.

Nicht nur das, ich fände es auch schwierig, mich auf meine Arbeit zu konzentrieren. Wenn der Terminkalender meiner Familie sehr voll und in der Gemeinde so viel los ist, dass ich eine Weile keine Zeit mit meiner Frau verbringen kann, werde ich sehr unwirsch und mürrisch und reizbar. Ich merke, dass ich statt an Gott an Sex denke. Zeiten der Meditation werden zu Zeiten sexueller Fantasien. Ich kann dann nicht viel tun, um aus dieser Schiene herauszukommen.

Wenn ich mich lange von meiner Frau fernhalte, bringe ich uns beide um eines der angenehmsten und effektivsten Mittel, die Gott uns gegeben hat, um Stress und Spannung abzubauen, die Selbstachtung zu erhöhen, Depression zu besiegen und das Wohlbefinden zu fördern. Warum sollte ich das vernachlässigen wollen? Und wenn ich es vernachlässige, ist es kein Wunder, wenn ich mich die ganze Zeit schlecht fühle. Sollte der Bereich der Sexualität für Sie und Ihren Ehepartner nicht befriedigend und erfüllend sein, dann empfehle ich Ihnen, Seelsorge in Anspruch zu nehmen. Unsere Geschlechtlichkeit ist so wichtig, dass wir sie nicht zu gering achten sollten!

Wie ich schon gesagt habe, kann Ihr persönlicher Terminkalender als Pastor einer kleinen Gemeinde sehr flexibel sein. (Ich glaube tatsächlich, dass er sehr flexibel sein sollte – siehe nächstes Kapitel.) Sex muss man nicht auf das Zubettgehen am Samstagabend beschränken. Jede Zeit kann die richtige Zeit sein, solange Sie und Ihr Partner einige entspannte Momente verbringen können. Selbst, wenn es mal wieder hektisch ist, sollten Sie sich Zeit nehmen und Ihrem Ehepartner Ihre Zuneigung zeigen. Es wird einen Unterschied machen, selbst wenn für Sex keine Zeit ist.

Nehmen Sie Ihre Gefühle ernst!

Ihre Gefühle sind sehr wichtig. Sie können Sie aufbauen oder zerstören. Es ist wichtig, sich um seinen Körper zu kümmern, um seine Gefühle unter Kontrolle zu bekommen, aber genauso wichtig ist es, sie auszudrücken. Zu viele „kirchliche Topmanager“ verschließen alles in sich. Vielleicht schämen sie sich ihrer Gefühle. Vielleicht quälen sie sich mit dem Gedanken, dass ein Pastor stark sein muss. Vielleicht haben sie Angst, dass, wenn sie ein wenig

Gefühle herauströpfeln lassen, der Damm brechen und eine Sturzflut folgen wird. Vielleicht sind sie so von dieser alten evangelikalen Illustration bestimmt worden, dass der Glaube die Lokomotive ist und Gefühle der Anhänger, dass sie glauben, sie könnten den letzten Wagen abhängen und damit sei für sie das Thema „Gefühle“ erledigt. Aus welchen Gründen auch immer: Am Ende stehen sie unter Druck wie ein Dampfkochtopf.

Zu viele „kirchliche Topmanager" verschließen alles in sich. Vielleicht schämen sie sich ihrer Gefühle. Vielleicht quälen sie sich mit dem Gedanken, dass ein Pastor stark sein muss. Vielleicht haben sie Angst, dass, wenn sie ein wenig Gefühle herauströpfeln lassen, der Damm brechen und eine Sturzflut folgen wird. Vielleicht sind sie so von dieser alten evangelikalen Illustration bestimmt worden, dass der Glaube die Lokomotive ist und Gefühle der Anhänger, dass sie glauben, sie könnten den letzten Wagen abhängen und damit sei für sie das Thema „Gefühle" erledigt.

Leider sind wir aber nicht so stabil gebaut wie Dampfkochtöpfe. Paulus sagt, dass wir unseren Schatz in einem irdenen Gefäß haben. Sogar ein Dampfkochtopf kann explodieren. Ein irdenes Gefäß kann in tausend Scherben zerspringen und niemand kann es dann wieder zusammensetzen. Um dem vorzubeugen, sollten Sie immer wieder etwas von dem Druck, der sich in Ihnen aufbaut, ablassen.

Haben Sie keine Angst, auch Gott gegenüber Druck abzulassen. In der Bibel lässt er zu, dass Abraham ihn auslacht (Gen 17,17), dass Abraham und Mose mit ihm handeln (Gen 18,16–33; Ex 4,10–16), Jakob mit ihm kämpft und gewinnt (Gen 32,22–32), Ijob sich bei ihm beschwert (Ijob 7, 11–21) und ihn der Ungerechtigkeit anklagt (Ijob 9,14–35), der Psalmist vor ihm klagt und unglaublich starken Hass gegenüber seinen Feinden ausdrückt (Ps 109). Er lässt Jeremia Zweifel, Verwirrung und Frustration über ihn ausdrücken (Jer 1,4–6; 12,1–4; 20,7–18) und Habakuk seine Liebe, Gerechtigkeit, Aufrichtigkeit und Pläne anzweifeln (Hab 1,2–4; 1,12–2,1). Meinen Sie, er wird mit Ihren Sorgen wegen des Dienstes in der kleinen Gemeinde nicht fertig? Wird er Sie bestrafen, weil Sie zugeben, dass es Ihnen schwer fällt,

Ihre Widersacher zu lieben? Wird er sich von Ihnen abwenden, wenn Sie von ihm verlangen, dass er Ihnen genau erklärt, warum er Sie in so einen kleinen, abgelegenen Ort geschickt hat? Lesen Sie die Bibelstellen, die ich oben angegeben habe. Einige von ihnen klingen geradezu blasphemisch! Dennoch war Gott in der Lage, mit diesen starken Worten und Gefühlen umzugehen. Er ist groß genug, um mit allem fertig zu werden, das Sie ihm an den Kopf werfen.

Vergessen Sie jedoch nicht, gegenüber Gott auch positive Gefühle zum Ausdruck zu bringen. Wir ähneln oft den neun Aussätzigen, die Jesus geheilt hat (Lk 17,11–19). Nachdem er unsere Gebete beantwortet hat, sind wir so damit beschäftigt, zum nächsten Punkt auf der Tagesordnung weiterzugehen, dass wir vergessen, stehen zu bleiben und „Danke, Herr" zu sagen. Die Bibel macht jedoch deutlich, dass wir Gott laut preisen sollen (Ps 47,1; 150). Und Paulus rät uns: „Ermuntert einander in Psalmen und Lobgesängen und geistlichen Liedern, singt und spielt dem Herrn in eurem Herzen und sagt Dank Gott, dem Vater, allezeit für alles, im Namen unseres Herrn Jesus Christus" (Eph 5,19–20). Das klingt für mich, als würde von uns erwartet, manchmal aufgedreht zu sein, nicht nur, wenn wir allein sind, sondern auch in der Öffentlichkeit. Warum lassen Sie sich nicht von den fröhlichen Lobpreisliedern und Ihrer eigenen Predigt ergreifen? Wenn Sie sich freuen, wird es Ihrem Herzen gut tun, und vielleicht ist ein enthusiastischer Pastor genau das, was Ihre gesetzte, trockene Gemeinde braucht, um wieder lebendig zu werden.

Wenn Sie sich freuen, wird es Ihrem Herzen gut tun, und vielleicht ist ein enthusiastischer Pastor genau das, was Ihre gesetzte, trockene Gemeinde braucht, um wieder lebendig zu werden.

Sie brauchen keine Angst davor zu haben, vor anderen Ihre Gefühle zu zeigen. Obwohl einige dazu raten, eine professionelle Distanz zu halten, funktioniert das in einer kleinen Gemeinde nicht. Die Mitglieder einer kleinen Gemeinde sehen sich gern als eine große Familie, als Freunde, die sich kennen und an Leid und Freud des anderen Anteil nehmen. Wenn eine Fremde ein seelsorgerliches Gespräch möchte und anfängt, mir von ihren Eheproblemen zu erzählen, kann ich vielleicht nach meinem Schreibblock greifen und sagen: „Nur die Tatsachen, bitte.“ Wenn mir aber eine Schwester ihre Probleme erzählt, bricht mir das das Herz. Ich weine fast mit ihr. Wenn ich einen Mann im Krankenhaus besuche, der für mich nur ein Name auf der Mitgliederliste ist, bin ich aufmerksam, höflich, drücke ein angemessenes Mitgefühl aus, lese ein paar Schriftstellen, bete und gehe. Wenn es mein Freund ist, der dort liegt, platze ich vielleicht heraus: „Mann, was ist mit dir los? Bist du in Ordnung?“

Wenn ich höre, dass in der Gemeinde einige Babys geboren wurden, äußere ich vielleicht ein „Das ist schön“, und sage meiner Sekretärin, dass sie die entsprechenden Gratulationsschreiben sendet. Wenn ich höre, dass Rod und Sarah gerade ihr Baby bekommen haben, stoße ich einen Freudenschrei aus und gehe schnurstracks ins Krankenhaus, um mir den kleinen Kerl anzusehen. Die Mitglieder einer kleinen Gemeinde erwarten von mir, dass ich ihre Sorgen und Nöte teile. Gott erwartet das auch. Im Brief an die Römer heißt es: „Freut euch mit den Fröhlichen, weint mit den Weinenden“ (Röm 12,15). Als Pastor einer kleinen Gemeinde bin ich in einer Position, in der ich genau das tun kann.

Ich kann anderen sogar meine negativen Gefühle mitteilen. Natürlich teile ich nicht alle mit. Schließlich bin ich erwachsen, und Erwachsene weinen und quengeln nicht jedes Mal, wenn sie enttäuscht sind oder die Dinge nicht so laufen, wie sie es gerne hätten. Ich weiß auch, dass ich „klug wie eine Schlange und ohne Falsch wie eine Taube“ sein soll. Ich teile mich auch nicht einfach jedem mit. Manche sind geistlich gesehen nicht reif genug, um damit umgehen zu können, dass auch ein Pastor entmutigt sein kann. Manche sind nicht dazu berufen, die Lasten innergemeindlicher Streitigkeiten zu tragen. Und manchen kann man einfach nicht vertrauen. Aber ich soll für die Menschen in meiner Gemeinde ein Freund sein, und Freunde sagen einander, was sie bewegt. Viele kleine Gemeinden waren schon schockiert, als ihr Pastor zurücktrat, und das noch mehr, als sie die Gründe dafür erfuhren. Niemand hatte geahnt, dass etwas nicht in Ordnung war, und alle fühlten sich verraten: „Ich dachte, er (oder sie) war unser Freund! Wenn der Pastor sich wirklich über so viel geärgert hat, warum hat er (oder sie) das nicht gesagt? Vielleicht hätte man gemeinsam die Differenzen bereinigen können.“ Vielleicht auch nicht. Aber man denkt doch gerne, dass man es wenigstens versucht hätte. Warum sollte man ihnen nicht dazu die Gelegenheit geben? Wenn man dann das Problem nicht aus der Welt schaffen konnte, kann man sich in Freundschaft trennen und jeder kann seinen eigenen Weg gehen, und das ist besser, als wenn man sich gegenseitig nur in den Rücken gefallen wäre. Wenn man negative Gefühle zurückhält, führt das zu Magengeschwüren, Herzanfällen und Migräne. Wenn man sie vorsichtig herauslässt, kann man sie und ihre Wurzeln behandeln. Das bringt Heilung (siehe Kapitel 6 über Gemeinschaft).

Ein Pastor ist kein Supermann, dem nur Magie oder Krypton etwas antun können. Leider kann man auch von einer gewöhnlichen Erkältung außer Gefecht gesetzt werden. Satan muss keinen seltsamen Weltuntergangsapparat bauen, der mit den Strahlen der roten Sonne betrieben wird, um Ihnen die Kraft zu rauben. Das Einzige, was er tun muss, ist, dafür zu sorgen, dass Sie so mit „der Arbeit für den Herrn" beschäftigt sind, dass Sie nicht mehr für sich selbst sorgen.

Sie haben Ihren Schatz in einem irdenen Gefäß. Sorgen Sie für ihn und er wird für Sie sorgen.

Kapitel 9

Den Tag planen – den Tag nutzen

Frage: Was haben ein Pastor, eine Krankenschwester in der Notaufnahme und Eltern gemeinsam?

Antwort: Wenn sie bei der Arbeit sind, wissen sie nie, was als Nächstes kommt.

Eine Krankenschwester in der Notaufnahme weiß nie, wie die Schicht werden wird. Wer kann sagen, wie viele Menschen durch die Tür gehen oder getragen werden und wann? In welchem Zustand werden sie sein? Es ist unmöglich, das im Voraus zu sagen, und so ist jeder Tag und jede Nacht bei der Arbeit ein neues Abenteuer.

Als Eltern erlebt man auch immer wieder Überraschungen. So hatten meine Frau und ich zum Beispiel gestern Abend vor, uns vor dem Fernseher zu entspannen, aber kurz nachdem unsere sechsjährige Tochter im Bett war, begann sie, sich zu übergeben. Wir konnten unsere Pläne vergessen und verbrachten den Rest des Abends damit, uns um sie zu kümmern. Der Abend war sicher nicht so, wie wir es gerne gehabt hätten, aber als Eltern ist es unmöglich vorherzusagen, was geschehen wird, und entsprechend zu planen. Man muss flexibel sein und die Dinge so nehmen, wie sie kommen.

Und wenn Sie Pastor einer kleinen Gemeinde sind, ist dies ähnlich. Sie sind berufen, Krankenschwester, Doktor, Freund, Elternteil, Vertrauter, Seelsorger und Friedensstifter für eine Gruppe von Menschen zu sein. Es ist unmöglich vorherzusagen, wie die Woche werden wird. Sie müssen einfach mit dem Strom schwimmen.

Als ich meinen Dienst antrat, versuchte ich, mich an einen Wochenplan zu halten. Schließlich hatte ich gehört, dass erfolgreiche Menschen ihr Leben unter Kontrolle haben und ihre Zeit gut nutzen. Ich wollte natürlich erfolgreich sein, und so setzte ich mich hin und plante jede Woche Zeit für Andachten, Langzeitplanung, Predigtvorbereitung, Verwaltungsarbeit, Besuche, Treffen und Verabredungen ein. Ich dachte, ich wüsste, wie viel Zeit ich für jeden Bereich brauchen würde, um meine Arbeit gut zu machen, und sorgte dafür, dass ich genug Zeit eingeplant hatte.

Aber dann brach das wirkliche Leben in meine sorgfältig gemachten Pläne ein und warf sie völlig durcheinander. Eine junge Frau war in unsere Gemeinde gekommen, die große Schwierigkeiten hatte. Die Ältesten und ich versuchten, ihr dabei zu helfen, ihr Leben in Ordnung zu bringen. Wir wurden schnell hineingezogen in Begegnungen mit der Polizei, mit ärgerlichen Nachbarn, Gläubigern, Neo-Nazis, Sozialarbeitern und Gemeindegliedern, die sie betrogen oder verletzt hatte. Einmal fuhren einer unserer Ältesten und ich durch die ganze Stadt und spielten Detektiv. Wir versuchten herauszufinden, wo sie sich vor den Sozialarbeitern, der Polizei und uns für einige Tage versteckt hatte. Einmal sah mich der Älteste an und lachte müde: „Ich wette, als Sie noch studiert haben, haben Sie nicht gedacht, dass Sie Ihre Zeit im Dienst so verbringen würden." Nein, das hatte ich nicht, und ich hatte solche Dinge ganz bestimmt nicht in meinem Zeitplan vorgesehen. Tatsächlich frustrierte mich vor allem die Tatsache, dass ich die ganze Woche „bei der Arbeit" war und, jedenfalls nach meinem Zeitplan, „nichts" erledigen konnte!

Tatsächlich frustrierte mich vor allem die Tatsache, dass ich die ganze Woche „bei der Arbeit" war und, jedenfalls nach meinem Zeitplan, „nichts" erledigen konnte!

Zudem stellte ich sehr schnell fest, dass meine Leute nicht durch einen „beschäftigten Pastor" zu beeindrucken waren und enttäuscht oder verärgert reagierten, wenn ich am Telefon oder im Gespräch kurz angebunden war, weil ich andere Dinge zu tun hatte. Wie Nancy T. Foltz schreibt:

„Im Allgemeinen geht es in kleinen Gemeinden meist informell zu – und der Pastor soll genauso sein. Vorschläge wie: ‚Warum rufen Sie nicht in meinem Büro an und vereinbaren einen Termin?' können manche beleidigen. Pastoren, die von kleinen Gemeinden geliebt werden, sind gewöhnlich die, die sowohl im

Gemüseladen als auch auf der Post und auch in ihrem Büro für ihre Gemeindeglieder da sind. Da die kleine Gemeinde sehr auf Beziehungen ausgerichtet ist, fördert sie die Verfügbarkeit" (*Caring for the Small Church, Insights from Women in Ministry*, a. a. O., Seite 16).

So stellte ich wieder einmal fest, dass ich zwar einen großen Teil des Tages mit Menschen aus meiner Gemeinde verbrachte, aber die Arbeit liegen blieb, die ich eigentlich hatte erledigen wollen.

Als pflichtbewusster Pastor fühlte ich mich natürlich schuldig, dass ich nicht, gemäß meinem meisterhaften Plan, meine Arbeit erledigte. Ich war aber auch sehr verwirrt, denn ich wusste, dass ich ständig etwas Dienstliches tat. Ich sah ja nicht den ganzen Tag Spielshows im Fernsehen oder Seifenopern oder die Wiederholungen von Spielfilmen (auch wenn mich das sehr verlockt hätte!). Ich wollte mit diesem Maß an Schuld, Verwirrung und Frustration nicht leben. Was sollte ich also tun?

Vor allem musste ich lernen, meine Zeit anders zu planen und zu bewerten. Ich hörte auf, für jede Aufgabe einen Zeitpunkt festzulegen. Jetzt erstelle ich einfach eine Liste der Aufgaben, die ich erledigen *muss*, und solcher, die ich jede Woche tun möchte. Zum Beispiel *muss* ich jede Woche eine Predigt vorbereiten und halten. Es wäre schön, wenn ich etwas Zeit hätte, um von der Zukunft der Gemeinde zu träumen, aber es muss nicht *diese* Woche sein. Ich schreibe wirklich alles auf die Liste, sogar scheinbar unbedeutende Dinge (die Post an die Gemeinde durchsehen, dafür sorgen, dass der Gemeindebrief kopiert wird, die Buchstaben auf dem Kirchenschild auswechseln usw.). Jedes Mal, wenn ich eine Aufgabe erledigt habe, streiche ich sie durch.

Manchmal streiche ich auch etwas durch, wenn ich nur kurz Zeit gefunden habe, daran zu arbeiten. Ich habe vielleicht nicht zwei Stunden Zeit gefunden, an neuen Richtlinien für christliche Bildung zu arbeiten, aber immerhin 15 Minuten. Wenn ich das ein paar Wochen hintereinander tun kann, werden die Richtlinien fertig sein. Vielleicht konnte ich nicht viel Zeit mit langfristigen Planungen verbringen, aber wenigstens einige Minuten. Die Aufgabe sollte dann von der Liste gestrichen werden, damit ich nicht die Arbeitspunkte der Woche überschaue und jammere: „Ich hatte keine Gelegenheit, mich auf die Zukunft vorzubereiten."

Wenn etwas Unvorhergesehenes dazwischenkommt, schreibe ich das ebenfalls sofort auf die Liste und streiche es, „wenn die Gefahr vorüber ist“:

> *„Anruf von Frau Gruber: Der Tag für die Altkleidersammlung wird verlegt!“ Hingeschrieben. Abgehakt.*
>
> *„Frau Bader kommt mit einem neuen Lied, das sie im Radio gehört hat. Sie will wissen, ob unser Chor es singen kann. Sie bleibt eine Weile und erzählt von ihrer alten Mutter, die sie kürzlich in ein Pflegeheim geben musste.“ Gut. Abgehakt.*
>
> *„Erfuhr, dass Karl Fischer im Krankenhaus ist. Fuhr sofort zu ihm.“ Aber erst, nachdem ich es aufgeschrieben und abgehakt habe.*

Wenn ich mich dann am Ende eines Tages oder einer Woche frage, was ich eigentlich getan habe, kann ich auf die Liste sehen und mich erinnern. Wenn ich wissen will, warum ich nicht all die Aufgaben erledigen konnte, die ich ursprünglich aufgeschrieben hatte, kann ich auf die verbesserte Liste schauen und verstehe: „Oh, ja. Ich musste mich um die Beckers kümmern, die gerade Familienprobleme haben, herausfinden, wo die fehlenden Sachen für unsere Ferienbibelschule sind, und Witwe Müller zu einem Arzttermin fahren.“

Wann immer ich während des Tages einige „freie“ Augenblicke habe – seien es nun einige Minuten oder einige Stunden –, kann ich auf meine Liste schauen und eine oder mehrere Aufgaben anfangen oder zu Ende bringen. Ich kann heute 20 Minuten für meine Predigt verwenden und morgen 40, ohne dass ich Zeit damit verschwenden muss, mich zu beklagen, dass ich am Mittwoch von 13 bis 16 Uhr nicht die geplanten drei Stunden mit meinen Kommentaren verbringen konnte.

Wenn ich am Ende der Woche das unbedingt Nötige geschafft habe, kann ich mich beruhigt zurücklehnen. Alle Aufgaben auf der Liste, die entweder gar nicht oder nicht ganz erledigt wurden, kommen automatisch auf die Liste für die folgende Woche. Wenn viele Wochen vergehen und ich sehe, dass dieselben Aufgaben unerledigt bleiben und niemand danach fragt, kann ich mit Sicherheit annehmen, dass sie für mich und meinen gegenwärtigen Dienst nicht so wichtig sind. Dann kann ich sie ohne Schuldgefühle von meiner Liste (und aus meinen Gedanken) streichen (wenigstens für eine Weile).

Manche Dinge sind vielleicht grundsätzlich wichtig, aber nicht jetzt. Wenn ich mich nicht dazu entschließen kann, eine Aufgabe ganz zu streichen, blättere ich in meinem Kalender drei Monate weiter und schreibe sie oben auf die Seite. In drei Monaten kann ich die ganze Sache noch einmal angehen und sie dann wieder auf meine Liste setzen.

Es gibt vielleicht Zeiten im Jahr, in denen in Ihrer Gemeinde nicht so viel los ist. (Hinweis: Ich rede nicht von der Vorweihnachtszeit oder dem Frühjahr!) Diese Zeiten sind ideal, um Studien zu machen, zu planen und zu schreiben. Etwa vom zweiten Sonntag im Juni bis zum ersten Sonntag im September ist bei uns in Cobblestone eine solche Zeit. Es ist bemerkenswert, dass, wann immer das Wetter im Nordwesten mild wird (und sei es auch nur für kurze Zeit), plötzlich keiner mehr mit dem Pastor reden muss. Ich kann im Sommer gewöhnlich einiges tun, zu dem ich während der übrigen Zeit des Jahres nicht komme. Es ist inzwischen so, dass ich mir einigen Kummer erspare und einige Dinge gleich für den Sommer einplane.

Ein Pastor hat keinen Acht-Stunden-Tag

Ich kann mir auch viel unnötigen Kummer ersparen, wenn ich daran denke, dass das Pastorenamt keine 40-Stunden-Woche hat und keinen Acht-Stunden-Tag. In manchen Wochen ist es nötig, dass ich über 40 Stunden arbeite. Dann möchte sich der wehleidige Kirchendiener in mir sofort betrogen fühlen: „Ich habe nicht genug Freizeit. Niemand bezahlt mir meine Überstunden." Andere Wochen sind eher ruhig, und ich merke, dass ich weniger Stunden arbeite. Dann hat der übereifrige Kirchenfunktionär in mir sofort das Gefühl, dass ich die Gemeinde betrüge. „Ich gebe der Gemeinde nicht genug für ihr Geld. Ich bin kein treuer Knecht. Ich bin faul!" Dann kann ich sogar anfangen, mir Dinge auszudenken, die ich tun könnte. *Warnung*: Es gibt nichts Gefährlicheres als den Pastor einer kleinen Gemeinde, der versucht, etwas zu finden, das er tun kann. Sie fangen an, sich unsinnige Pläne auszudenken, um ihre Gemeinde in etwas zu verwandeln, das sie nicht sein will, oder sie träumen von der grandiosen Zukunft ihrer Gemeinde und werden fürchterlich frustriert sein, wenn sie nicht eintrifft, oder sie nehmen all ihren Mut zusammen, um ihren Widersacher endlich in seine Schranken zu weisen, nur um von seinen Freunden dann in die ihre gewiesen zu werden, oder sie lassen ihre armen, überarbeiteten Freiwilligen noch mehr arbeiten.

Es gibt nichts Gefährlicheres als den Pastor einer kleinen Gemeinde, der versucht, etwas zu finden, das er tun kann. Sie fangen an, sich unsinnige Pläne auszudenken, um ihre Gemeinde in etwas zu verwandeln, das sie nicht sein will, oder sie träumen von der grandiosen Zukunft ihrer Gemeinde und werden fürchterlich frustriert sein, wenn sie nicht eintrifft.

Es ist besser, sich klarzumachen und zu akzeptieren, dass Sie als Pastor nicht nach der Stechuhr arbeiten und es auch nie tun werden. Sie sind Freiberufler – und Freiberufler haben ganz andere Arbeitszeiten als Facharbeiter. Mein Vater war Lehrer für Mathematik an der Oberschule. Er musste zwar eine bestimmte Anzahl von Stunden in der Schule sein, aber ich weiß auch, dass er abends viele Stunden zu Hause damit verbrachte, den Unterricht vorzubereiten und Arbeiten zu korrigieren. Während der Abschlussprüfungen arbeitete mein Vater oft einige Tage hintereinander fast ohne Pause. Dabei ist die Zeit, die er mit Training für und Beaufsichtigung von Sportereignissen verbrachte, noch nicht einmal mitgerechnet. Jeder Lehrer, der glaubt: „Ich mache jetzt meine acht Stunden, und dann bin ich weg“, betrügt sich selbst. Ich weiß, dass Lehrer manchmal kritisiert (oder beneidet) werden, weil sie oft Ferien haben. Nun, nachdem ich meinen Vater beobachten konnte, wusste ich, dass die zusätzliche Arbeit während des restlichen Jahres die Sache mehr als wettmachte.

Die Landwirte in der Gegend, in der ich aufwuchs, hatten auch keinen festen Acht-Stunden-Tag. Vom Frühjahr bis zum Herbst waren sie den ganzen Tag über draußen und in der Erntezeit arbeiteten sie oft zwölf Stunden und mehr. Aber im Winter hatten sie viel mehr Zeit, sich auszuruhen. Viele von ihnen nahmen sich frei und verbrachten die Monate in Florida. Was ich sagen möchte, ist, dass viele Berufsgruppen Zeiten intensiver Arbeit haben, die von ruhigeren Zeiten der Erholung abgelöst werden.

So ist es auch im Amt des Pastors. Fühlen Sie sich nicht schuldig, wenn Sie diesen Gezeiten folgen.

Sie werden harte Wochen haben – mehrere Sitzungen, viele Gottesdienste in den Festzeiten, eine Beerdigung für ein langjähriges Mitglied (Beerdigungen kommen immer dann, wenn sowieso die Zeit knapp ist), Edith hat eine Herztransplantation, der neue Gemeindebrief muss fertig werden usw. Dazu kommen die vielen Ausschüsse und Gremien-Sitzungen, die die wertvolle Zeit ausfüllen: der kirchlich-theologische Arbeitskreis (KTA), der Bezirksarbeitskreis für die Jugendarbeit (BAK), der Mitarbeiterkreis (MAK), der Zentrale Arbeitskreis (ZAK), der Engere Rat, der ökumenische Arbeitskreis, der Elternbeirat des kirchlichen Kindergartens, der Ausschuss für Gemeindeaufbau, die Liturgiekommission für den Gottesdienst, die Bezirkssynode und das Treffen des Gesamt-Kirchengemeinderates. Ganz zu schweigen von den gesellschaftlichen und repräsentativen Verpflichtungen: Schulfeste mit einem Grußwort des Pastors, Geburtstagsfeier des Bürgermeisters, die Hauptversammlung des für den Ort so wichtigen Musik-Vereins ... Und nicht zuletzt die Planungsausschüsse und Arbeitskreise für die größeren Events: Evangelisationen, Gemeindefeste, Jubiläen usw. ...

Es ist besser, sich klarzumachen und zu akzeptieren, dass Sie als Pastor nicht nach der Stechuhr arbeiten und es auch nie tun werden.

Richten Sie sich darauf ein, dass Sie kaum Schlaf oder auch nur Zeit finden werden, die Füße hochzulegen. Halten Sie einfach durch. Sobald klar ist, dass es eine hektische Woche wird, sollten Sie alle unwesentlichen Dinge von Ihrer Liste streichen und diese auf die Liste für folgende Woche setzen. Konzentrieren Sie sich auf das Wesentliche. Es kann sogar sein, dass Sie die Sonntagspredigt ändern und ein Thema wählen, das nicht so viel Vorbereitung erfordert. Die Gemeinde wird sicher Verständnis für Änderungen in letzter Minute haben, wenn es in der Woche eine „Familienkrise“ gab. Sie werden die Zeit, die Sie mit Besuchen im Krankenhaus zubrachten, mehr schätzen als die Zeit, die Sie mit Studien hinter Ihrem Schreibtisch verbracht haben.

Sie werden – hoffentlich – auch ruhigere Wochen erleben – fast jeder ist im Urlaub, niemand ist im Krankenhaus, der nächste Feiertag ist erst in zwei Monaten, die Sitzung der Gemeindeleitung wurde wegen Beschlussunfähigkeit verschoben usw. Nutzen Sie diese Zeiten, um sich von den schweren Wochen zu erholen. Haben Sie keine Angst, „Zeit für Erholung" auf Ihre Liste zu schreiben und diese dann abzuhaken. Wenn Sie unbedingt wollen, können Sie dazu all die Dinge aufschreiben, von denen Sie sich erholen (Für einen unersättlichen Turbo-Pastor, der ständig auf Hochtouren läuft, erhöht sich dadurch der Genuss der Erholung!). Machen Sie ein Nickerchen. Gehen Sie spazieren. Leihen Sie sich einen Film aus. Und fühlen Sie sich deswegen nicht schuldig! Denken Sie daran: Sie brauchen Erholung (siehe voriges Kapitel). Wenn es Ihnen schwer fällt, die Schuldgefühle dafür zu verdrängen, dass Sie ein Gehalt bekommen und nicht viel dafür tun, dann denken Sie daran, dass Sie in Bereitschaft sind. Wenn das Telefon im Augenblick nicht läutet, bedeutet dies nicht, dass es das nicht innerhalb der nächsten 60 Sekunden tut. Sie werden dafür bezahlt, dass Sie „der Familie" zur Verfügung stehen, wenn sie Sie braucht. Und „die Familie" erwartet, dass Sie erfrischt und tatkräftig genug sind, um ihr zu helfen, wenn sie anrufen. Bereiten Sie sich auf den nächsten Notfall vor, indem Sie sich jetzt entspannen.

Sie können auch etwas gegen das Schuldgefühl tun, das Sie während einer ruhigen Woche empfinden, indem Sie einige von den Dingen angehen, die Woche für Woche auf Ihrer Liste stehen geblieben sind. Überarbeiten Sie sich aber nicht. Sie tun langfristig niemandem einen Gefallen, wenn Sie aus jeder Woche eine *harte* Woche machen.

Ich merke oft, dass ich sogar in einer durchschnittlichen Woche (nicht zu schwer, nicht zu ruhig, genau richtig!) Mini-Ferien machen muss. Wenn ich gerade ein Seelsorgegespräch mit einer Frau beendet habe, die zu meinem Bekanntenkreis gehört und bei der man Brustkrebs festgestellt hat, bin ich vielleicht zu erschüttert, um anschließend sofort zum Stift zu greifen und meine Predigt zu verfassen. Ich muss vielleicht meinen Schreibtisch für eine Weile verlassen, egal, ob ich meine acht Stunden gearbeitet habe oder nicht. Eine kurze Fahrt, ein Besuch bei einem Freund oder ein Brettspiel mit meinen Kindern ist vielleicht gerade das, was ich brauche, um ruhiger zu werden und meine Gefühle wieder unter Kontrolle zu bekommen, sodass ich wieder dienen kann.

Ich muss mich nicht schuldig fühlen, dass ich „meinen Posten verlasse". Ich sorge ja eigentlich für mich, damit ich „auf dem

Posten bleibe". Jesus tat dasselbe. Er zog sich von der Menge zurück, um im Gebet und in der Stille vor Gott neue Kraft zu bekommen, damit er seinen Auftrag weiterführen konnte. Im Markus-Evangelium, Kapitel 1, Verse 35 bis 37 wird geschildert, dass er sich zurückzieht, um zu beten, obwohl alle in der Stadt nach ihm Ausschau halten und etwas von seiner Zeit wollen. Jesus hatte kein Handy, keine Rufweiterleitung oder Nachrichtenbox. Und das nicht nur, weil diese Dinge noch nicht erfunden waren. Ich glaube nicht, dass Jesus diese Dinge hätte, wenn er heute auf der Erde lebte. Er tanzte nur nach Gottes Pfeife, nicht nach der von Menschen.

Viele kleine Gemeinden versuchen, den Pastor nach ihrer Pfeife tanzen zu lassen, indem sie darauf bestehen, dass er feste Bürozeiten einhält. Das führt dann zu solchen Situationen wie der Folgenden: Der Pastor hat sich nach einer Sitzung, die sich bis Mitternacht hinzog, und nach einem Adrenalinstoß, der ihn erst um drei Uhr früh zur Ruhe kommen ließ, aus dem Bett geschleppt, ist in sein Büro gegangen, hat die Tür hinter sich geschlossen und ist auf dem Fußboden zusammengesackt. Er hätte es vorgezogen, in seinem schönen, weichen Bett zu schlafen, aber so steht wenigstens sein Auto auf dem Parkplatz, und jeder weiß, dass der Pastor im Büro ist. Oder was ist mit der sportbegeisterten Pastorin, die ihr Fernsehgerät ins Büro schmuggelt, damit sie das wichtige Spiel am Samstagnachmittag nicht verpasst? Oder dem Pastor, der das Licht im Büro anlässt und leise Musik spielen lässt, während er heimlich zum Kiosk schleicht, um sich einen Schokoriegel zu holen?

Viele kleine Gemeinden versuchen, den Pastor nach ihrer Pfeife tanzen zu lassen, indem sie darauf bestehen, dass er feste Bürozeiten einhält.

Warum sind Sie nicht ehrlich und stehen dazu, dass Sie eigentlich keine Bürostunden wollen? Man muss es ja nicht negativ sagen. Ich sage zum Beispiel zu Einstellungskomitees: „Ich habe noch nie erlebt, dass offizielle Bürostunden in kleinen Gemeinden gut funktionieren. Selbst wenn ich von 8 bis 16 Uhr im Büro wäre, wette ich, dass ich trotzdem abends zu Hause Anrufe wegen Gemeindeangelegenheiten bekomme und dass Menschen mit Problemen vorsprechen, wenn ich eigentlich frei habe. Schließlich sind Sie abends zu Hause und haben dann Zeit anzurufen. Das verstehe ich und möchte es Ihnen auch nicht übel nehmen. Außerdem möchte ich die Zeit, die ich mit Ihnen verbringe, nicht unterbrechen, weil ich das Gefühl habe, dass ich ins Büro zurückmuss. Und wenn ich in einer Krisensituation bei Ihnen bin, kann das auch dazu führen, dass ich viele Stunden nicht am Schreibtisch sitze."

Bürostunden passen nicht zu meinem Arbeitsstil und meiner Art. Manchmal kommen mir mitten in der Nacht gute Ideen für Predigten und Bibelstudien. Vielleicht schreibe ich nur ein paar Gedanken auf, vielleicht arbeite ich sogar eine Weile. Würden Sie dann am anderen Tag von mir erwarten, dass ich stupide meine Arbeit erledige? Meine Arbeit ist vielleicht schon getan. Ich habe manchmal Ideen, während ich koche, dusche oder etwas anderes tue. Ich lese oder schreibe oft wegen der Gemeinde in meiner Freizeit zu Hause. Wenn ich abends zu Sitzungen gehe, brauche ich immer einige Stunden, um zur Ruhe zu kommen und ins Bett zu gehen – selbst, wenn es eine gute Sitzung war. Früh am anderen Morgen bin ich dann nicht gerade aufnahmefähig. Ich würde wahrscheinlich am Schreibtisch einschlafen.

Machen Sie einfach dem Einstellungskomitee folgenden Vorschlag: „Wie wäre es, wenn wir statt offizieller Bürostunden einfach jeden wissen lassen, dass man mich jederzeit anrufen kann? Wenn ich nicht da bin, können Sie eine Nachricht hinterlassen, ich rufe so bald wie möglich zurück. Ich möchte für jeden zur Verfügung stehen. Wenn wir je an den Punkt kommen, dass die Gemeindeleitung meint, ich sei nicht erreichbar oder ich täte meine Arbeit nicht, dann lassen Sie es mich wissen, und ich versuche wieder, Bürostunden zu haben."

Kleine Gemeinden gehen gewöhnlich gern darauf ein, denn es passt zu der spontanen, informellen und freundschaftlichen Art, wie Dinge erledigt werden. Und ich habe betont, dass ich erreichbar sein will. Fazit: Genau das wollen sie eigentlich auch.

Die moderne Technik hat viel dazu beigetragen, dass Bürozeiten für den Pastor einer kleinen Gemeinde überflüssig werden. Viele kleine Gemeinden haben ihre Pastoren um regelmäßige Bürozeiten gebeten, damit jemand im Büro ist und ans Telefon geht, damit die Gemeinde wenigstens einen Teil der Woche den Pastor leicht erreichen kann. Aber mit Hilfe von Anrufbeantwortern, E-Mail und Nachrichtenboxen kann man mir eine Mitteilung sogar dann zukommen lassen, wenn ich nicht da bin.

Gemeinden, die Ansagen auf Anrufbeantwortern oder Webseiten benutzen, können alle nötigen Informationen über sich mit einschließen, die ein möglicher Besucher braucht, selbst, wenn dieser nie „live“ mit einem Menschen spricht. Eine Zeit lang hat sich besonders die ältere Generation gegen diesen Fortschritt gewehrt, sie wollte nicht mit „so einer dummen Maschine reden“, aber wenn ich jetzt die älteren Gemeindeglieder anrufe, stelle ich fest, dass immer mehr von ihnen so eine „dumme Maschine“ haben.

Auf den Schultern des Pastors ruht die Last

Keine Bürozeiten zu haben legt die Verantwortung für die Integrität meines Dienstes genau dahin, wohin sie gehört: auf meine Schultern. Die Gemeinde weiß ja nicht, ob ich alte Predigten aus meinem Ordner hole und meine Zeit mit meiner Comicsammlung verbringe. Ich muss zugeben, dass ich manchmal wirklich vor der Versuchung stehe. Aber ich möchte lieber damit kämpfen und vor Gott verantwortlich sein, als einer Gruppe Menschen verantwortlich zu sein, die nicht weiß, wie meine Woche aussieht, und die einen guten Pastor danach beurteilt, ob es ihm gelingt, jeden Montag, Mittwoch und Freitag von 9 bis 12 und 13 bis 14:30 Uhr im Büro zu sein.

Etwas, das mir hilft, ehrlich zu bleiben, und das der Gemeindeleitung ein klareres Bild meines Dienstes gibt als das künstliche Einhalten fester Zeiten, ist mein monatlicher Besuchsbericht. Bei jeder Sitzung mit den Ältesten lasse ich sie wissen, wie viele seelsorgerliche Besuche ich seit der letzten Sitzung gemacht habe. Die Besuche sind in unterschiedliche Kategorien eingeteilt: „Besuche im Krankenhaus“ erklären sich von selbst, genauso wie „Besuche bei Einsamen“. „Hausbesuche“ beziehen sich nicht nur auf offizielle Besuche bei Gemeindegliedern zu Hause oder Besuche von ihnen in meinem Büro (das mein Zuhause ist), sondern auch auf die Male, wo ich jemanden beim Einkauf im Supermarkt oder nach dem Gottesdienst treffe und mit ihm über sein Leben oder seinen Glauben spreche. Ich zähle nicht die Male, bei denen wir nur über das Wetter, den neuen Film oder unsere Kinder gesprochen haben, sondern nur die Male, wo ich als Pastor gehandelt habe und Fragen beantwortet, Rat angeboten oder Unterstützung versprochen habe. Mit telefonischen Kontakten verhält es sich ähnlich. Ich zähle einen Anruf, bei dem es nur um die Uhrzeit für das Kinderkirchen-Picknick geht, nicht als „Besuch“, aber wenn derselbe Anrufer seine Sorgen über die Entwicklung der Gemeinde ausdrücken und darüber mit mir reden würde oder mir seine Eheprobleme erzählen oder sagen würde: „Da ich Sie schon mal am Telefon habe, ich wollte Sie schon immer fragen, wer genau die ‚Söhne Gottes‘ in Genesis 6 sind“, dann zählt es. Die Disziplin, meine Besuche nachzuweisen, hilft mir, ständig daran erinnert zu werden, worum es eigentlich geht, wenn man Pastor ist: *Es geht darum, meinen Gemeindegliedern im Namen Jesu zu dienen, ihnen zu helfen, als Jünger zu wachsen und sie an seine Gegenwart, Liebe, Ausdauer und Kraft zu erinnern.* Sofern mir die Tagesplaner, Kalender und persönlichen Terminkalender dabei helfen, sind sie wertvoll. Wenn sie ein Hindernis für den Dienst werden, müssen sie ausrangiert werden. Wenn Bürozeiten Ihnen helfen, Jesus zu dienen, dann halten Sie sie unbedingt ein. Wenn sie eine unnötige Belastung sind, schaffen Sie sie sofort ab.

Sofern mir die Tagesplaner, Kalender und persönlichen Terminkalender dabei helfen, sind sie wertvoll. Wenn sie ein Hindernis für den Dienst werden, müssen sie ausrangiert werden. Wenn Bürozeiten Ihnen helfen, Jesus zu dienen, dann halten Sie sie unbedingt ein. Wenn sie eine unnötige Belastung sind, schaffen Sie sie sofort ab.

Kapitel 10

Bleiben Sie sich selbst treu!

Hier ein Rat, von dem ich wette, dass Sie ihn noch nie von einem Autor gehört haben: „Wenn irgendetwas in diesem Buch nicht Ihrer Persönlichkeit, Ihrer Erfahrung, Ihrer Gemeinde, Ihrem Temperament oder Ihrer Art des Dienstes entspricht, DANN NEHMEN SIE SICH DIE FREIHEIT UND BEACHTEN SIE ES NICHT!!!" Ich meine es wirklich! Ich habe dieses Buch nicht geschrieben, um Sie dazu zu bringen, so wie ich zu werden. Ich möchte nicht eine Stimme mehr sein, die Ihnen sagt, was Sie als Pastor zu tun oder zu sein haben. Ich habe dieses Buch in der Hoffnung geschrieben, Sie von diesen Stimmen zu befreien und Ihnen etwas Stoff zum Nachdenken zu geben, sodass Sie feststellen können, wer Sie im Dienst sind.

„Wenn irgendetwas in diesem Buch nicht Ihrer Persönlichkeit, Ihrer Erfahrung, Ihrer Gemeinde, Ihrem Temperament oder Ihrer Art des Dienstes entspricht, dann nehmen Sie sich die Freiheit und beachten Sie es nicht!!!"

Ein weiser alter Pastor nahm mich einmal beiseite, als ich gerade meine erste Stelle als Pastor antrat, und sagte mir, er wisse, was die wichtigste Aufgabe sei, die ich in den ersten fünf Jahren meines Dienstes bewältigen müsse. Wenn ich erwartet hatte zu hören: „Kümmere dich um ein intensives Gebetsleben", „Werde ein Beziehungsmensch", „Starte jedes Jahr eine Kampagne zur Gewinnung neuer Mitarbeiter" oder: „Sorge dafür, dass sich deine Gemeinde für Evangelisation interessiert", so wurde ich enttäuscht. Stattdessen riet er mir: „Das Wichtigste, das du in den ersten fünf Jahren tun wirst, ist zu entdecken, wer Steve Bierly als Pastor ist."

Als ich verwirrt fragte, worauf er hinauswolle, lachte er und fragte mich: „Gibt es Bücher in deinem Bücherregal, von denen du tief innen weißt, dass du sie nie lesen wirst, die du aber schuldbewusst gekauft hast? Jemand hat dir gesagt: Jeder vernünftig denkende Pastor braucht ein Exemplar von dem und dem, und dann bist du gleich losgelaufen und hast eines gekauft.“ Er sagte mir, dass er einige ältere Bücher klassischer Theologen in seinem Arbeitszimmer habe, die er jetzt aber verkaufen würde, weil er sich endlich eingestand, dass sie ihn immer zum Einschlafen brachten. Warum sollte er nicht mehr zeitgenössische Bücher kaufen und Kommentare, die er wirklich benutzen würde, selbst wenn sie auf dem Bücherregal nicht so beeindruckend wirkten? Er abonnierte auch nicht jede christliche Zeitschrift, obwohl von Pastoren erwartet wird, dass sie über alles „auf dem Laufenden“ sind. Er bestellte nur, was er auch tatsächlich las.

Er sagte mir auch, dass er nicht mehr immer „in Schlips und Kragen“ ginge, wenn er einen Besuch im Krankenhaus machte. Er hatte eine sehr freundliche, offene, entspannte Art des Dienstes, er war „einer von uns“, und es entsprach ihm einfach nicht, ein „Kostüm“ anzuziehen. Stattdessen ging er in sauberer, ordentlicher, aber zwangloser Kleidung.

Das bedeutet nun nicht, dass mein Freund selbstsüchtig war. Tatsächlich ist er einer der aufopferndsten Pastoren, die ich kenne. Aber er erkannte, dass der Dienst hart genug ist, auch wenn man nicht noch zusätzlich versucht, jemand zu sein, der man nicht ist. Diejenigen, die versuchen, diese zusätzliche Last zu tragen, bekommen am Ende Magengeschwüre, Migräne und Anfälle von Depression.

Lieber scheitern als sich selbst verleugnen

Ich weiß, dass es mich fast zerstört hat, diese Last mit mir herumzuschleppen. Die erste Gemeinde, in die ich kam, wusste mit einem jungen, allein stehenden Pastor nicht viel anzufangen. Ich liebte Gott wirklich, aber ich hatte auch meine Freude an Filmen, Verabredungen, Videospielen und Rock'n'Roll. Während einige Mitglieder der Gemeinde diese Dinge mit mir gemeinsam taten, zeigten andere deutlich, dass sie nichts davon hielten, wenn ein „heiliger Mann“ sich mit solchen Dingen beschäftigte. Ich hörte auch Kommentare über die Art, wie ich mich kleidete, über meine Wohnung und die Menschen, die ich zu mir einlud. Es dauerte nicht lang und ich verbarg mein Privatleben vor diesen Menschen und nahm eine „Pastor-Steve-Persönlichkeit“ an. Die Gemeinde wollte auch, dass ich die Dinge „nach Vorschrift“ tat, während ich eher locker war und nach dem Motto „leben und leben lassen“ handelte.

Um mit den Ältesten zusammenarbeiten und in der Gemeinde dienen zu können, musste ich versuchen, mich ihrem Stil anzupassen. Aber das war ausgesprochen unbequem für mich. Unterschiede in Lehre und Kirchenverständnis waren für diese Gemeinde sehr wichtig. So kam es, dass von mir erwartet wurde, dass sich Bibelstudien und Predigten auf diese Dinge konzentrierten. Ich erwischte mich dabei, dass ich versuchte, die fünf Punkte Calvins oder die presbyterianische Form der Leitung oder die Übel der weltlichen Gesellschaft in Botschaften zu zwängen, in die sie nicht hineingehörten. Jedes Mal, wenn ich predigte oder lehrte, hatte ich das Gefühl, dass ich in einer Zwangsjacke steckte. Die Gemeinde hatte sicher nicht Unrecht mit ihrer Art, mit ihren Erwartungen an den Pastor oder damit, wie sie ihren Auftrag sahen, aber es passte nicht zu mir.

Als Folge dieser Probleme bekam ich jedoch gesundheitliche Probleme. Ich merkte, dass ich viel schlief. Ich fühlte mich schuldig, ob ich nun meine Arbeit tat oder nicht, und ich fühlte mich oft vom Leben abgeschnitten. Es war, als ob ich in einiger Entfernung stand, außerhalb meines Körpers, und dieses Wesen namens Steve betrachtete. Meine junge Frau war besorgt, als sie die Veränderungen bemerkte. Aber sie wusste, dass ich im Innersten treu war und deswegen nicht den Ruf Gottes versäumen oder in schwierigen Zeiten aufgeben würde. Es würde schwer für mich sein, über einen Stellenwechsel nachzudenken. So vertraute sie sich drei meiner besten Freunde aus meiner Studienzeit an, die ich sehr mochte und denen ich vertraute. Sie kamen fast sofort zu mir. Es half mir, wieder zu Verstand zu kommen, als mir diese lieben Menschen unter Tränen sagten, dass ich nicht mehr der Steve Bierly war, den sie kannten. Ich wurde jemand oder etwas anderes, das ihnen nicht gefiel. Und was noch wichtiger war: Sie konnten sehen, dass diese Verwandlung mich umbrachte.

Kurze Zeit später fuhren wir in den Ferien zu einem Familientreffen. Meine Frau verließ unter Tränen das Treffen, und ich folgte ihr, um herauszufinden, was ihr fehlte. Sie sagte: „Steve, du bist hier so entspannt. Du kämpfst nicht darum dazuzugehören. Du gehörst einfach dazu. Dein Sinn für Humor kehrt zurück. Ich sehe, wie du dich aus deiner dienstlichen Starre löst. Ich wünschte, es könnte immer so sein." Ich versprach ihr auf der Stelle, dass sich entweder etwas im Dienst ändern müsse oder wir so schnell wie möglich wegzögen.

Nach der Rückkehr aus den Ferien verschlimmerten sich die Dinge. Schwelende Konflikte mit der Leitung über die Art des Dienstes, Pläne zum Erreichen Fernstehender und die Vision für die Zukunft brachen voll aus. Diesmal ging ich lieber im Guten statt zu bleiben und zu versuchen, Kompromisse zu finden. Obwohl ich einige liebe Menschen vermisste, dankbar für die Erfahrungen war, die ich gemacht hatte, und es schätzte, dass selbst meine Widersacher mir bei Veränderungen in meinem Leben zur Seite gestanden hatten (Heirat, Geburt meines Sohnes), habe ich es nie bedauert, gegangen zu sein. Ich habe gelernt, dass es ratsam ist, auf seine Familie und seine Freunde zu hören, und dass man einen Dienst finden muss, in dem man man selbst sein kann und sich zu Hause fühlt.

Das heißt nicht, dass Familie und Freunde immer Recht haben (vgl. Mk 3,20–21.31–40). Sie müssen auch nicht der Klassenkasper bleiben, den die anderen noch aus der Teenagerzeit kennen. Sie sind hoffentlich im Laufe der Zeit gereift, aber Ihre Freunde und Ihre Familie sollten sagen können, ob Sie eine erwachsenere, stabilere und ausgereiftere Version dieses Jugendlichen sind oder sich in wer weiß was verwandeln. Sie werden merken, ob Sie durch den Druck des Dienstes geläutert werden oder zu einem Nichts zerschmelzen. Beides ist allerdings nicht immer leicht zu unterscheiden!

Sicher werden Sie auch im besten Dienst von Zeit zu Zeit Rollen übernehmen müssen, in denen Sie sich nicht wohl fühlen, oder Aufgaben übernehmen, die für jemand anderen besser geeignet scheinen. Das liegt in der Natur der Arbeit und ist Teil dessen, was es heißt, bereit zu sein, für Jesus Opfer zu bringen. Aber Sie sollten nicht in einem Beruf bzw. in einem Dienst tätig sein, der Sie dazu zwingt, Ihr „Ich", das Gott geschaffen, trainiert und geformt hat, wegzuwerfen. Das taten nicht einmal die Leiter in der Bibel. Es stimmt zwar, dass der Apostel Paulus den Geschmack, den Lebensstil und den Hintergrund seiner Zuhörer berücksichtigte und entsprechend darauf einging, und sogar seinen Lebensstil anpasste, um verschiedenen Gruppen zu dienen, aber er tat es immer mit einem klaren Verständnis für seinen persönlichen Auftrag. Er nahm verschiedene Persönlichkeiten an, um Menschen zu retten. Er tat es nicht aus Angst vor Konfrontation, um allen zu gefallen oder um eine Stelle zu behalten. Er tat es, weil es mit seinem Selbstverständnis übereinstimmte. Er wusste, wer er im Kern war – der Apostel der Heiden. Er wusste, dass seine Taten nicht mit seiner innersten Identität kollidierten.

Die anderen Apostel dienten nicht alle unter den Heiden. Warum nicht? Es scheint, dass einige nicht die nötigen Gaben hatten, um kulturübergreifend zu missionieren. Sie wären wahrscheinlich sehr unglücklich, wenn sie versucht hätten zu tun, was Paulus tat. Sie versuchten nicht „um Jesu willen" schmerzvoll und vergeblich, viereckige Hölzer in runden Löchern zu sein. Sie konzentrierten sich darauf, hauptsächlich den Juden die Gute Nachricht zu bringen. Aus diesem Grund ist es nicht unbiblisch, wenn Sie nach einem Dienst suchen, der es Ihnen erlaubt, Sie selbst zu sein.

Es stimmt zwar, dass der Apostel Paulus den Geschmack, den Lebensstil und den Hintergrund seiner Zuhörer berücksichtigte und entsprechend darauf einging, und sogar seinen Lebensstil anpasste, um verschiedenen Gruppen zu dienen, aber er tat es immer mit einem klaren Verständnis für seinen persönlichen Auftrag. Er nahm verschiedene Persönlichkeiten an, um Menschen zu retten. Er tat es nicht aus Angst vor Konfrontation, um allen zu gefallen oder um eine Stelle zu behalten.

Auferstanden aus der Asche der Enttäuschung

Wie finden Sie einen solchen Dienst? Warum beginnen Sie nicht, indem Sie ganz Sie selbst und so ehrlich wie möglich sind, wenn Sie vor einem Komitee oder einer Gemeinde stehen, in der Sie eine Stellung als Pastor antreten wollen? Das Vorstellungsgespräch ähnelt sehr einer ersten Verabredung mit jemandem, den man unbedingt beeindrucken will. Er oder sie sagt: „Ich fahre gern

Ski“, und Sie erwischen sich dabei zu sagen: „Ich auch“, obwohl Sie noch nie im Leben auf Skiern gestanden haben. Warum sagen Sie nicht stattdessen: „Ich nicht, ich mag andere Dinge“? Seien Sie von Anfang an mit einer Gemeinde ehrlich über das, was sie von Ihnen als Pastor erwarten kann, was Sie glauben, womit Sie gern Ihre Freizeit verbringen, wie Sie dafür sorgen, dass Sie genügend Freizeit bekommen, wie sehr Ihre Familie in die Gemeinde einbezogen sein wird usw. Der Schmerz, von ein paar Gemeinden abgelehnt zu werden, bis man die richtige findet, ist nichts verglichen mit dem Schmerz, eine Gemeinde verlassen zu müssen, weil Sie mit der Zeit feststellen, dass die „Heirat“ auf einer Illusion beruhte und Sie und Ihr „Partner“ nicht zusammenpassen.

Seien Sie von Anfang an mit einer Gemeinde ehrlich über das, was sie von Ihnen als Pastor erwarten kann.

Und warum nicht in den Probepredigten ein wenig von sich selbst enthüllen? Sie könnten Beispiele verwenden, die aus dem Bereich Ihrer Hobbys stammen. Zum Beispiel könnte ich sagen, dass ich alte Filme liebe, und dann eine Szene aus einem Film gebrauchen, um etwas zu verdeutlichen. Warum lassen Sie nicht einen Teil Ihres Zeugnisses in die Predigt einfließen und die Gemeinde so etwas über Ihren Hintergrund erfahren? Erzählen Sie der Gemeinde von einer Zeit, in der Ihr Ehepartner oder Ihre Kinder Ihnen halfen, Kraft im Herrn zu finden. So lernen sie auch Ihre Familie kennen. Sprechen Sie ein wenig über Ihre Träume für die Gemeinde. Zitieren Sie aus Ihrem Lieblingslied oder einen Abschnitt von Ihrem Lieblingsautor, und erklären Sie kurz, warum Sie es mögen. Geben Sie Ihrer potenziellen Herde die Möglichkeit, ein wenig von dem zu verstehen, was Sie anspricht. Wenn Sie angestellt werden, wird Ihre wahre Persönlichkeit angestellt. Wenn sie Sie ablehnen, sind Sie besser dran, als wenn Sie in eine Gruppe kämen, die Sie eigentlich nicht will.

Es ist möglich, in jeder Predigt mit Hinweisen auf sich selbst zu übertreiben. Der Zweck der Botschaft ist natürlich, auf Jesus hinzuweisen, nicht auf sich selbst. Dennoch ist es biblisch, den Zuhörern nicht nur das Evangelium weiterzugeben, sondern auch etwas aus Ihrem Leben zu erzählen (vgl. 1 Thess 2,8). Gott gebraucht ein persönliches Zeugnis, um Satan zu überwinden (vgl.

Offb 12,11). Es werden fast immer Menschen im Gottesdienst sein, die durch Ihr persönliches Zeugnis genau die Antwort bekommen, die sie brauchen. Viele haben es geschätzt, wenn ich erzählt habe, dass ich, obwohl ich als gutes „Kind aus frommem Elternhaus" der Mittelschicht aufgewachsen bin, dennoch erkannt habe, dass ich ein Sünder bin und Gott brauchte. Sie waren auch keine Gangster, Drogenhändler oder Trunkenbolde, aber sie waren dennoch verloren, bis Jesus sie fand.

Wenn ich der Gemeinde etwas von mir selbst, sogar von meinen Schwächen, offenbare, vertieft das oft meinen Dienst. In einer Gemeinde, in der ich Pastor war, kam eine junge Frau durch meine Predigten zum Glauben und entwickelte dann so etwas wie „Heldenverehrung". Pastor Bierly wusste alles und konnte in ihren Augen keinen Fehler machen. Aber ich erinnere mich noch an den Tag, an dem der Glanz in ihren Augen schwächer wurde. Man konnte es deutlich sehen und es geschah innerhalb weniger Sekunden. Sie war zum ersten Mal in meinem Büro und sah meine ganzen Bücherregale.

„Wofür sind diese Bücher?", fragte sie argwöhnisch.

„Ich brauche sie, um meine Predigten und Bibelstudien vorzubereiten."

„Heißt das, dass nicht alles, was Sie sagen, von Ihnen stammt?" Sie war verlegen.

„Ja, natürlich. Aber sehen Sie es positiv. Auch Ihnen steht dieses Wissen zur Verfügung. Ich zeige Ihnen ein paar Bücher, mit denen Sie anfangen können."

Aus der Asche ihrer Enttäuschung stieg eine Hoffnung, dass sie wachsen und so wie Pastor Bierly werden könne. Ist das nicht der Zweck des Dienstes? Wir sind nicht dazu da, anderen vorzuführen, wie großartig wir sind, oder um sie dazu zu bringen zu denken, dass wir uns auf einem höheren geistlichen Niveau bewegen, das sie nie erreichen können, sondern um ihnen zu sagen: „Alles, was ich bin, verdanke ich Jesus. Er hat mir gezeigt, wie man im Glauben, in der Erkenntnis und in der Liebe wächst. Ich kann das, was ich gelernt habe, an euch weitergeben. Ihr könnt auch wachsen." Im Laufe der Zeit sprachen meine Frau und ich mit der jungen Frau über einige unserer geistlichen Kämpfe und sie erzählte uns von ihren Schwierigkeiten. Wir schätzten es, dass sie uns zuhörte und uns im Gebet unterstützte. Sie war jetzt unser Freund. Sie war jetzt unsere Schwester in Christus und nicht ein junger Hund, der zu den Füßen seines „geistlichen Meisters" spielte.

Als ich in Cobblestone mehr von mir selbst offenbarte, erlebte ich angenehme Überraschungen. Als ich mich in der Gemeinde vorstellte, zweifelte ich daran, dass man mich akzeptieren würde, aber es erstaunte mich immer wieder, je mehr ich von mir selbst offenbarte, desto mehr Gemeindeglieder sagten: „Das ist in Ordnung, das ist cool." Ich weiß, dass ich vor meinem ersten Familiengottesdienst ein wenig zitterte. Ich wollte doch einen bunten, lustigen und ansprechenden Gottesdienst gestalten. Aber wie würden die guten Leute reagieren, wenn sie sahen, wie ihr Pastor sich als Elvis verkleidete oder Bob Dylan nachmachte? Nun, sie wälzten sich vor Lachen auf dem Boden. Sie liebten es. Manchmal mache ich in den Predigten für Kinder ziemlich verrückte Sachen (zum Beispiel singe ich einen Rap oder schmiere mir Erdnussbutter ins Gesicht), aber die Botschaft kommt immer gut an. Als ich einmal meine Comic-Sammlung benutzt hatte, um bei einem Jugendtreffen das Evangelium zu erklären, fragte eine der Mütter ihre Tochter, wie die Sammlung denn sei. „Sie ist sein Leben!", entgegnete diese, und diejenigen, die in Hörweite standen, lachten herzlich und warfen mir gutmütige Blicke zu.

Halleluja – so oder anders

Wenn ich Ihnen all dies erzähle, möchte ich damit nicht sagen: „Ätsch, ich habe eine gute Gemeinde gefunden, Pech für Sie, dass Sie keine haben!" Im Gegenteil. Ich möchte Sie ermutigen, trotz aller Bedenken Ihr wahres Selbst der Gemeinde, in der Sie gerade sind, immer stärker zu zeigen. Sie haben nichts zu verlieren, wenn Sie diese unhandliche eiserne Maske ablegen und Ihr wahres Gesicht zeigen. Wenn die Gemeinde Sie akzeptiert, Halleluja! Sie haben ein Zuhause gefunden. Wenn Sie abgelehnt werden, Halleluja! Nun sind Sie frei, um zu beten und sich eine andere Stelle zu suchen, ohne sich schuldig zu fühlen. Nun müssen Sie nicht mehr Unmengen an

Wenn ich Ihnen all dies erzähle, möchte ich damit nicht sagen: „Ätsch, ich habe eine gute Gemeinde gefunden, Pech für Sie, dass Sie keine haben!"

Energie darauf verschwenden zu versuchen, jemand anderer zu sein.

Natürlich sind es nicht nur die Gemeinden, die uns unter Druck setzen und verlangen, dass wir unsere Identität aufgeben. Wir setzen uns auch selbst unter Druck. Wir hören von den großen Christen der Vergangenheit und sind deprimiert und entmutigt, weil wir nicht einfach wie sie sein können. Als ich einmal las, dass viele von ihnen vor dem Morgengrauen aufstanden und Stunden im Gebet verbrachten, entschloss ich mich, meinen Wecker früher zu stellen, um den Tag mit Gott zu beginnen. Die Wirklichkeit sah dann so aus, dass ich meinen Tag mit schläfrigen Halluzinationen, verwirrten Gedanken und gemurmelten Gebeten mit großen Schnarchanteilen und einer großen Portion Schuld begann. Dann erfuhr ich, dass Männer wie Luther, Calvin und die Puritaner gewöhnlich um halb neun, spätestens um neun, ins Bett gingen. Dann ist es kein Wunder, dass sie um fünf Uhr morgens hellwach sein konnten!

Wenn Sie die großen Helden der Kirchengeschichte näher betrachten, werden Sie schnell feststellen, dass diese keine Übermenschen mit „Kräften und Fähigkeiten jenseits derer normaler Sterblicher“ waren, sondern eher Menschen wie du und ich, sicherlich mit Stärken, aber auch mit Schwächen. John Wesley war kein guter Ehemann. Charles Spurgeon neigte zu Depressionen. Es war schwierig, mit Jonathan Edwards auszukommen. G. K. Chestertons starker, vernunftbetonter Glaube war das Resultat eines Lebens voller innerer Kämpfe und persönlicher Leiden.

Wenn Sie die großen Helden der Kirchengeschichte näher betrachten, werden Sie schnell feststellen, dass diese keine Übermenschen mit „Kräften und Fähigkeiten jenseits derer normaler Sterblicher" waren, sondern eher Menschen wie du und ich, sicherlich mit Stärken, aber auch mit Schwächen.

So wie ich nicht wollte, dass die junge Frau in der Gemeinde mich auf ein Podest hob, sondern erkennen konnte, dass sie mit Gottes Hilfe so werden konnte wie ich, so sollten auch wir erkennen, dass das „Große“ in den „großen Frauen und Männern des Glaubens“ Gott war, derselbe Gott, der heute in uns lebt. Selbst in der Bibel ist der einzige wahre und beständige Held Gott. Abraham war bereit, seine Frau wegzugeben, nur um seine Haut zu retten. Jakob war ein Lügner und Betrüger. Mose war hitzköpfig. David war ein Ehebrecher, ein Mörder und einer, der zwar Israel regierte, aber mit seiner eigenen Familie nicht zurechtkam. Jeremia benahm sich wie ein Manisch-Depressiver. Maria versuchte, Jesus von seinem Dienst abzuhalten. Petrus war ein Prahlhans und ein Feigling. Johannes, der in seinem Evangelium so wunderbar darstellte, dass Gott Liebe ist, wollte Feuer vom Himmel auf Ungläubige herabrufen und im Reich Gottes ein ganz Großer sein. Paulus, der schrieb, dass die Liebe das Wichtigste sei und dass wir, soweit es an uns liegt, mit jedermann in Frieden leben sollen und dass wir andere höher achten sollen als uns selbst, überwarf sich mit seinem Freund und Fürsprecher Barnabas, als sie eine größere Meinungsverschiedenheit hatten.

Die Geschichten der Bibel wurden nicht aufgeschrieben, damit wir herumsitzen und Trübsal blasen, weil wir keine Apostel sind, sondern damit wir sagen können: „Wenn Gott Sünder wie diese gebrauchen konnte, dann kann er auch mich brauchen." Sie müssen nicht jemand anderer werden, um große Dinge zu tun, Sie benötigen nur die Hilfe eines anderen.

Vergessen Sie auf der Suche nach sich selbst nicht, dass Ihr Pastor-Sein einen großen Teil Ihrer selbst ausmacht, wenn Sie von Gott wirklich in den Dienst berufen sind. Ihre Identität findet sich nicht nur in Ihren Hobbys und Ihrem „äußeren Leben", dann wäre der Dienst Ihrem „wahren Selbst" nur aufgezwungen.

Es gibt einen Comic über Batmans frühe Karriere. Als Bruce Wayne sich darauf vorbereitet, der „Kämpfer mit dem Cape" zu werden, sagt er seinem Butler und Vertrauten Alfred, dass er für die verschiedenen Jahreszeiten entsprechende Kostüme benötigen würde.

„Sie werden diese Maskerade also auch in den wärmeren Monaten fortführen?", fragt Alfred.

Bruce antwortet: „Batman ist *keine* Maskerade, es ist der *Auftrag* meines Lebens."

Pastor zu sein ist für Sie keine Maskerade. Es ist Ihre Lebensaufgabe. Wundern Sie sich daher nicht, dass Sie beim Betrachten eines Films darüber nachdenken, was er über den Glauben in unserer modernen Kultur aussagt, oder überlegen, wie Sie ihn als Illustration für eine Predigt gebrauchen können. Werden Sie nicht allzu nervös, wenn Sie selbst in den Ferien in Gespräche über den Glauben und den Zustand der heutigen Kirche hineingezogen werden. Sie brechen nicht zusammen, wenn Sie mitten in einem Tennisspiel kurz für ein Gemeindemitglied beten, das im Krankenhaus liegt. Wenn Sie gerade bei einem guten Essen sitzen und das Telefon klingelt, sollten Sie dies nicht als Unterbrechung Ihres Lebens betrachten, sondern als *Fortsetzung*.

Pastor zu sein ist für Sie keine Maskerade. Es ist Ihre Lebensaufgabe.

Das bedeutet nicht, dass Sie nie eine Pause vom Dienst machen können. Ein großer Teil dieses Buches handelt ja gerade davon, wie das möglich ist. Aber unsere Haltung sollte dieselbe sein wie die von Jesus, von der uns im Markus-Evangelium, Kapitel 6, Verse 30 bis 34 erzählt wird. Die Jünger waren gerade von ihren Missionsreisen zurückgekehrt und erstatteten Jesus Bericht. Aber es waren viele, die kamen und gingen und sie hatten nicht genug Zeit zum Essen. Deswegen sagte Jesus zu den Zwölfen: „Geht ihr allein an eine einsame Stätte und ruht ein wenig." (Beachten Sie, dass es nicht falsch ist, ab und zu von allem wegzugehen. Jesus befürwortet es sogar.) Sie stiegen in ein Boot, um an einen einsamen Platz zu segeln, aber als sie ankamen, war die Menge schon wieder da! Wie reagierte Jesus? Fing er an zu schimpfen? Raufte er sich die Haare und schrie: „Warum könnt ihr nicht weggehen und uns in Ruhe lassen?" Fluchte er? Nein, in der Bibel heißt es: „Er wurde innerlich bewegt über sie, denn sie waren wie Schafe, die keinen Hirten haben. Und er fing an, sie vieles zu lehren." Christus war überwältigt von der Liebe für die Bedürftigen und war sich selbst deshalb treu und führte seine Lebensaufgabe fort. Wenn unerwartete „Unterbrechungen" auftreten, sollten Sie versuchen, sich von der Liebe Christi für die Bedürftigen motivieren zu lassen und Ihre Lebensaufgabe fortzuführen.

Ein Magersüchtiger kann nicht ganz aufhören zu essen. Er braucht Nahrung, um am Leben zu bleiben. In der Therapie muss ein Mensch mit einer Essstörung lernen, gute Essgewohnheiten anzunehmen, mit Nahrung umzugehen und sein Verlangen auszugleichen, damit er nicht zu viel und nicht zu wenig, sondern genau das Richtige isst. Der geistliche Workaholic kann niemals wirklich aufhören, Pastor zu sein. Er muss diesen Dienst tun, um geistlich am Leben zu bleiben. Der arbeitssüchtige Pastor muss nur lernen, mit seinem Amt richtig umzugehen.

Ich habe die Tatsache akzeptiert, dass Pastor sein immer ein Teil meiner selbst sein wird. Ich hatte einmal für kurze Zeit eine so genannte „Teilzeit-Gemeinde" übernommen, um nach einem besonders kräftezehrenden Dienst wieder zur Ruhe zu kommen. Obwohl ich nur 20 Stunden in der Woche arbeiten sollte und man mir geraten hatte, auf die Zeit zu achten und ihnen nichts zu geben, für das sie mich nicht bezahlten, stellte ich fest, dass ich in meiner „Freizeit" oft für diese Gemeinde träumte und plante. Wenn mich jemand um einen Termin bat, sagte ich immer zu, selbst wenn ich mein „Soll" für die Woche schon erfüllt hatte. Meine Frau meinte, dass ich wohl immer für eine Gemeinde vollzeitlich arbeiten würde, ob man mich dafür bezahlte oder nicht. Es steckt mir einfach im Blut.

Selbst wenn ich nicht mehr im vollzeitigen Pastorendienst stünde, weiß ich, dass ich sofort in einer Gemeinde einen Lehrdienst übernehmen würde. Und ich würde weiterhin wie verrückt Bücher und Artikel schreiben. Ich würde weiterhin theologische Studien betreiben, versuchen, die Bibel für die heutige Zeit auszulegen, und die Gemeinde, die Welt und mein eigenes Leben im Licht der Bibel messen. Denn, um es mit General Patton (aus dem Film) zu sagen: „Ich liebe es. Gott helfe mir, aber ich liebe es so. Ich liebe es mehr als mein Leben."

Und das ist ganz in Ordnung.

Kapitel 11

Aus Gottes Sicht

Die Ferien neigten sich dem Ende zu und – hier kommt etwas ganz Neues – ich wollte nicht wieder an die Arbeit zurückkehren. Ich war so erleichtert gewesen, dass ich eine Woche nur mit meiner Familie verbringen konnte, statt die Zeit mit ihr nur zwischen die Verpflichtungen für alle anderen Gemeindeglieder hineinzuquetschen. Ich begann, mich zu fragen, ob ich mir nicht lieber eine andere Arbeitsstelle suchen sollte, mit einem geregelten Acht-Stunden-Tag und einer Fünf-Tage-Woche, sodass ich mehr wertvolle Zeit mit meiner Familie verbringen konnte. Ich begann auch, an das zu denken, was mich bei der Arbeit erwarten würde – die Anrufe, die ich erledigen, die Sitzungen, bei denen ich dabei sein, und die Klagen, die ich mir anhören müsste. Wollte ich wirklich so mein Leben verbringen? Als ich an die Gemeinde dachte, beschlichen mich Zweifel. Bewirkte ich wirklich etwas in meiner kleinen Gemeinde? War die Gemeinde unter meiner Leitung vorangekommen? Oder verschwendete ich mit dieser kleinen Gruppe nur meine Zeit und meine Talente? Wäre ich nicht viel effektiver und könnte ich nicht viel mehr erreichen, wenn ich in einer größeren Gemeinde arbeiten würde?

Zum Glück bemerkte ich, was ich da eigentlich tat, bevor ich mich dazu überredet hatte, die Telefone nicht mehr einzustöpseln und nicht mehr an meine Arbeit zurückzukehren. Wie so viele übereifrige Gottesknechte hatte ich mich auf das konzentriert, was ich gerne wollte, was ich mochte und auf meine eigene Einschätzung der Lage. Aber als Christ, der behauptet, dass Jesus *Herr* ist, sollte es eigentlich um das gehen, was er gerne will, was er möchte und wie er die Lage sieht.

Wir in Amerika haben das Verständnis für „Herrschaft" verloren. Wir lehnen uns gegen Autoritätspersonen auf. Wir kritisieren unsere Leiter. Wir lachen über Fernsehkomödien, in denen frühreife Kinder ihren Eltern und Lehrern freche Antworten geben. Wir nehmen unseren Chef nicht ernst, indem wir es uns bei der Arbeit leicht machen. Wenn wir unseren gegenwärtigen Arbeitsplatz nicht mögen, können wir dem entkommen, indem wir Bewerbungen losschicken und uns einen neuen suchen. In der Bibel dagegen haben die Menschen genau verstanden, was es heißt, einen obersten Chef, einen absoluten Monarchen, einen Meister oder einen Herrn zu haben. Sie hätten es nicht gewagt, Ihren Herrscher in Frage zu stellen. Sie, die Sklaven, hatten zu tun, was Ihr Eigentümer sagte, ohne Wenn und Aber. Sie konnten nicht einfach aus Ihrem Dienst loskommen. Sie mussten das Beste daraus machen. Einige Sklaven wollten sogar lieber nicht freikommen, als sie die Gelegenheit dazu hatten, sondern setzten ihr Leben ein, um einem liebevollen, guten Herrn zu gefallen.

In der Bibel dagegen haben die Menschen genau verstanden, was es heißt, einen obersten Chef, einen absoluten Monarchen, einen Meister oder einen Herrn zu haben. Sie hätten es nicht gewagt, Ihren Herrscher in Frage zu stellen.

Auch ich habe einen guten, liebevollen Herrn, und ich möchte mein Leben damit verbringen, ihm zu gefallen. Deswegen lautet die Frage nicht, was ich über mein Leben und meinen Dienst denke, sondern was Jesus darüber denkt.

Was Jesus über die Gemeinde denkt

Wie sieht Jesus Ihre Gemeinde? Zum Glück ist die Antwort darauf nicht so schwer zu finden, wie es aussieht. In der Bibel finden wir einen Bericht darüber, wie Jesus Gemeinden bewertet. Wir können genau sehen, welche Gemeinden die Prüfung bestehen und welche Gefahr laufen durchzufallen. Obwohl mein Buch nicht der Ort ist, um die Kapitel 2 und 3 der Offenbarung erschöpfend zu studieren, nehmen Sie einfach diese kurzen Gedanken über die sieben Sendschreiben und gebrauchen sie, um Ihre Gemeinde mit den Augen Jesu zu sehen. Ich denke, dass Sie erkennen werden, dass kleine Gemeinden nicht unbedingt so schlecht wegkommen, wie manche Literatur über Gemeindewachstum uns glauben lässt.

Die Gemeinde in Ephesus (Offb 2,1–7)
Wenn diese Gemeinde eine Broschüre über die Vorzüge ihrer Geschichte und ihres Dienstes herausgeben würde, hätte sie eine Menge, mit der sie angeben könnte. „Wir arbeiten hart für den Herrn und geben niemals auf, sogar in Schwierigkeiten nicht. Wir haben keine Angst, für die Wahrheit Gottes einzustehen, sogar wenn es darum geht, sich gegen die zu stellen, die vom Wort abgefallen sind. Wir haben unsere Begeisterung für den Dienst bewahrt. Und mit uns geht es nicht abwärts, wir haben gerade erst begonnen!" Jesus sah es jedoch anders. „Ihr habt etwas so Wichtiges verloren, dass ihr, wenn ihr es nicht wiedererlangt, aufhören werdet, als Gemeinde zu existieren. Ihr habt eure erste Liebe verloren." Entweder hatten die Epheser begonnen, alle ihre guten Taten aus Gewohnheit zu tun anstatt aus Liebe zu Jesus, oder sie hatten aufgehört, einander so zu lieben, wie Jesus sie zuerst geliebt hatte. In einer viel beschäftigten, hart arbeitenden Gemeinde kann dies schnell geschehen. Aufgaben (besonders die, für die Wahrheit zu kämpfen) kommen zuerst. Liebe ist zweitrangig. Aber nicht für Jesus.

Die Gemeinde in Smyrna (Offb 2,8–11)
In ihrer Broschüre würde stehen: „Wir sind eine arme Gemeinde. Uns stehen für den Dienst nicht viele Mittel zur Verfügung. Es bestehen auch keine guten Aussichten für den Dienst, da wir von der Umgebung verfolgt werden. Unser Motto heißt daher: Schließe dich der evangelikalen Gemeinde von Smyrna an – und stirb! Aber wir versuchen, treu zu sein, komme, was da wolle." Und welche Worte hat Jesus für sie? „Ihr denkt nur, dass ihr arm seid. In meinen Augen seid ihr unermesslich reich!" Was kritisierte Jesus an ihnen? *Nichts!* Offensichtlich war Jesus nicht auf einer Schule für modernes Management, wo gelehrt wird, dass man mindestens einen Fehler bei seinen Untergebenen finden muss, sonst wollen sie eine Gehaltserhöhung. (Tatsächlich hat Jesus ihnen eine Gehaltserhöhung angeboten. Er wird ihnen die Krone des Lebens geben.)

Die Gemeinde in Pergamon (Offb 2,12–17)
Diese Gemeinde würde feststellen: „Wir leben in einem Gebiet, das man nur schwer mit dem Evangelium erreicht. Unsere Stadt ist ein berühmtes Zentrum für okkulte Praktiken. Dennoch versuchen wir, unserem Herrn treu zu sein, selbst wenn unsere Nachbarn uns bedrohen." Jesus sagt: „Das ist toll. Ihr müsst aber auch begreifen, was Heiligkeit bedeutet. Einige Mitglieder eurer Gemeinde glauben offensichtlich, dass sie Christen sein können, während sie noch ein im Wesentlichen heidnisches Leben führen. Tut Buße oder rechnet mit ernsten Konsequenzen!"

Die Gemeinde in Thyatira (Offb 2,18–29)
Ihre Beschreibung wäre: „Wir sind für unsere guten Taten, unser Durchhaltevermögen und unsere tiefe Liebe bekannt. Sie werden feststellen, dass jeder Tag hier so aufregend und bedeutungsvoll ist wie zu der Zeit, als Sie zuerst zu Jesus gefunden haben!" Genau dieser Gemeinde sagt Jesus jedoch: „Das ist alles schön und gut, aber ihr toleriert eine falsche Lehrerin, die eure Mitglieder ermutigt zu sündigen. Ich bin es leid! Ich habe dieser Lehrerin Zeit gegeben, Buße zu tun, aber sie hat sich hartnäckig geweigert. Deswegen seid auf der Hut. Ich komme zum Gericht und mein Gericht ist nicht angenehm!"

Die Gemeinde in Sardis (Offb 3,1–6)
In ihrer Broschüre würde es heißen: „Fragen Sie irgendjemanden in unserer Gegend, und man wird Ihnen sagen, dass unsere Gemeinde *der* Ort ist. Wir haben einen interessanten, lebendigen Dienst." Aber Jesus sagt: „Lebendig? Ihr seid tatsächlich ziemlich tot und wisst es nur nicht. Wacht auf! Glaubt und gehorcht dem Wort. Fangt an, ein heiliges Leben zu führen, oder ich werde euch überraschen, indem ich Gericht über euch bringe, wenn ihr es am wenigsten erwartet."

Die Gemeinde in Philadelphia (Offb 3,14–22)
Diese Gemeinde könnte über sich sagen: „Um ehrlich zu sein, es spricht nicht viel für uns. Wir haben nicht viele Mitglieder oder Mittel. Durch Verfolgung sind wir ziemlich dezimiert worden. Manchmal fragen wir uns, wie lange wir noch weitermachen können. Aber wir versuchen, treu zu sein." Jesus antwortet: „Weil ihr treu gewesen seid, werde ich Türen für euch öffnen und mehr

tun, als ihr euch vorstellen könnt. Ich liebe euch und werde das der Welt zeigen!"

Die Gemeinde in Laodizea (Offb 3,14–22)
Ihr Statement wäre: „Wir sind eine Gemeinde, die wirklich gesegnet worden ist. Wir haben alle Mittel, die wir brauchen, und mehr. Wir können unseren Dienst noch leicht viele Jahre bezahlen." Jesu berühmte Antwort? (Diesmal zitiere ich direkt aus der Bibel.) „Ich kenne deine Werke, dass du weder kalt noch warm bist. Ach, dass du kalt oder warm wärest! Also, weil du lau bist und weder kalt noch warm, so werde ich dich ausspeien aus meinem Munde."

Offensichtlich beurteilt Jesus die Gesundheit, Lebendigkeit oder das Potenzial einer Gemeinde nicht auf Grund ihrer Aktivitäten, ihrer finanziellen Mittel, der zur Verfügung stehenden Mitarbeiter oder ihrem Ruf als interessanter und lebendiger Ort. Ich frage mich dann, warum wir *das tun. Warum nehmen wir automatisch an, dass die große Gemeinde mit dem ganz neuen Gebäude, dem redegewandten Pastor und den täglichen Veranstaltungen der Ort ist, an dem Gott* wirklich *wirkt!*

Stellen Sie sich für einen Augenblick vor, dass Sie im ersten Jahrhundert auf der Suche nach einer Gemeinde wären. Welche Gemeinden würden Sie auf Grund der imaginären Broschüren und dem, was einem menschlichen Beobachter sofort ins Auge fällt, besuchen? Seien Sie ehrlich. Würden Sie sich nicht Ephesus, Thyatira, Sardis und Laodizea ansehen, während Sie um Smyrna und Philidelphia einen weiten Bogen machen würden? Dennoch sind die letztgenannten Gemeinden diejenigen, die Jesus wirklich segnet, obwohl sie in den Augen der Welt am ehesten wie Versager wirken.

Offensichtlich beurteilt Jesus die Gesundheit, Lebendigkeit oder das Potenzial einer Gemeinde nicht auf Grund ihrer Aktivitäten, ihrer finanziellen Mittel, der zur Verfügung stehenden Mitarbeiter oder ihrem Ruf als interessanter und lebendiger Ort. Ich frage mich dann, warum *wir* das tun. Warum nehmen wir automatisch an, dass die große Gemeinde mit dem ganz neuen Gebäude, dem redegewandten Pastor und den täglichen Veranstaltungen der Ort ist, an dem Gott *wirklich* wirkt! Unsere Neigung, zu diesem Schluss zu kommen, hat mehr mit der Tatsache zu tun, dass wir in einem gewinnorientierten, unternehmerischen Land leben, wo es heißt, „nur der Erfolg ist erfolgreich", als damit, dass wir bibelgläubige Christen sind. Hier zählt das Image mehr als die Hingabe an Jesus.

Wenn man das Buch der Offenbarung studiert, scheint es deutlich, dass es Jesus auf Gemeinden ankommt, die lernen, ihn und ihre Mitglieder zu lieben, auch aus knappen Mitteln viel zu machen, die Ausdauer zeigen und gerade in schwierigen Zeiten treu sind; die lernen, was es heißt, ein heiliges Leben zu führen, und völlig von Jesus abhängig sind und nicht von ihrer Stärke, was Kraft, Möglichkeiten und Gedeihen angeht. Sind das nicht auch die Dinge, auf die es kleinen Gemeinden ankommt, die Jesus nachfolgen wollen? Verbringen Sie als Pastor einer kleinen Gemeinde nicht viel Zeit damit, über Bereiche zu lehren und zu predigen und daran zu arbeiten, die für Jesus sehr wichtig sind? Passt nicht Jesu Plan viel besser zu der „traditionellen" Pastorenrolle, von der so viele kleine Gemeinden erwarten, dass ein Geistlicher sie ausfüllt, als zu modernen Konzepten, die man heute vertritt? Könnte es sein, dass Jesus sich an Ihnen freut und Sie segnet oder bald segnen wird, obwohl Sie in keiner Zeitschrift unter den „zehn besten Pastoren des Jahres" erwähnt werden? Es gibt noch andere Maßstäbe als zahlenmäßiges Wachstum, um festzustellen, ob Gott in einer Gemeinde wirkt oder nicht: Gemeinden können reifen, in der Intensität ihrer Gemeinschaft wachsen oder ein vorbildliches Beispiel des Handelns Jesu an ihrem Ort sein.

Könnte es sein, dass Jesus sich an Ihnen freut und Sie segnet oder bald segnen wird, obwohl Sie in keiner Zeitschrift unter den „zehn besten Pastoren des Jahres" erwähnt werden?

Aber es sieht oft so aus, als ob der Pastor einer kleinen Gemeinde mehr damit beschäftigt ist, den kaputten Kopierer zu reparieren, als damit, die Gemeinde in Liebe aufzubauen. Sie müssen den Kassierer der Jugendgruppe anleiten und würden lieber eine Predigt über Heiligkeit vorbereiten. Was ist mit all den weltlichen Aufgaben, die uns so in Atem halten und die von uns

Pastoren verlangt werden? Wie sieht Jesus sie? Wie sollte ich sie sehen?

Sehen Sie hinter jeder Arbeit Jesus

Denken Sie an die beliebten 3-D-Bilder. Wenn man sie anschaut, sieht man zunächst nur Reihen und nochmals Reihen von Enten, Bällen, Schachteln oder anderen Dingen. Wenn man das 3-D-Bild erkennen will, muss man erst die Reihen von Enten vor den Augen verschwimmen lassen, dann wird das wahre Bild, das die ganze Zeit dort war, sichtbar. (So hat man mir jedenfalls gesagt, bei mir funktionieren die komischen Dinger nicht.) Manchmal muss ich als Pastor die scheinbar endlosen Reihen alltäglicher Aufgaben vor den Augen verschwimmen lassen und mich fragen: „Kann ich irgendwie Jesus dahinter sehen?" Führen diese Aufgaben dazu, dass Jesus vor der Gemeinde und der Welt verherrlicht wird? Wenn ja, werden diese Aufgaben nicht mehr so schlimm sein. Sie sind dann sicher nicht „wertlos" oder eine „Zeitverschwendung". Anstatt Sie von Ihrer eigentlichen Arbeit abzuhalten, sind sie vielleicht Teil Ihrer eigentlichen Arbeit. Lassen Sie mich einige Beispiele geben, wie dieser Prozess des Verschwimmens funktionieren könnte:

- Frau Metzger, eine ältere Dame, ruft an und möchte vom Pastor besucht werden. Sie sagen zwar „Ja", schreien innerlich aber „Nein! Nein!" Frau Metzger zieht immer darüber her, dass ihre Familie sie (ihrer Meinung nach) übersieht und sie schlecht behandelt. Außerdem ist sie stocktaub und kann Ihre Ratschläge entweder nicht hören oder sie will es nicht. So scheint es, dass Sie gehen und wieder mal eine Stunde mit ihr „verschwenden" müssen. Aber erinnert Ihre Gegenwart sie nicht daran, dass Jesus sich um sie kümmert? Wird sie nicht deutlich ruhiger, wenn Sie am Ende des Besuches mit ihr beten, auch wenn Sie annehmen müssen, dass sie nur jedes vierte Wort versteht? Könnte es sein, dass Jesus ihr durch Sie Gnade schenkt, obwohl Sie mit den Zähnen knirschen und ein Gähnen unterdrücken?
- Der Küster hat vergessen, das Gemeindehaus für die Pfadfinderinnen aufzuschließen, die es am Dienstagabend benutzen. Man ruft Sie während des Abendessens zu Hause an. Sie fahren

schnell zum Gemeindehaus und schimpfen auf dem Weg dorthin. (Hey! Sie sind auch nur ein Mensch!) Diese zusätzliche Arbeit konnten Sie in einer ohnehin hektischen Woche nicht brauchen. Andererseits ist es eine ausgezeichnete Gelegenheit, gute Beziehungen zwischen der Gemeinde und dem Ort aufrechtzuerhalten und einigen Leuten die Möglichkeit zu geben, den Pastor kennen zu lernen. Eine Gelegenheit, das Evangelium weiterzusagen, mag sich vielleicht später daraus ergeben. Sie geben auch ein Beispiel für die dienende Leiterschaft Jesu und zeigen den Leuten, dass der Pastor nicht „zu gut dafür ist" zu helfen.

- Sie finden sich als Vermittler in einem Streit zweier Parteien darüber wieder, ob es an der Zeit ist, die Treppe in der Gemeinde zu streichen oder nicht. Wunderbar! Eine Gelegenheit, inmitten kleinlichem Gezänk den Schiedsrichter zu spielen. Das haben Sie sich schon immer gewünscht. Andererseits ist es eine Gelegenheit, christliche Nächstenliebe in einer schwierigen Situation zu lehren und vorzuleben. Und über solche Probleme muss gesprochen und die aufgewühlten Gefühle müssen beruhigt werden, damit am Sonntag der Gottesdienstraum heiliger Boden ist und kein Kriegsgebiet. Jesus wird in einer Atmosphäre von Streit nicht geehrt. Erinnern Sie sich auch, dass Jesus gesagt hat: „Selig sind die Frieden stiften, denn sie werden Gottes Kinder heißen"?
- Sogar wenn Sie den Gemeindebrief selbst tippen, kopieren, heften und falten müssen, arbeiten Sie, um Gottes Volk Anbetung zu ermöglichen. Und Sie weisen dabei in gedruckter Form auf Gelegenheiten hin, zu dienen und zu wachsen. Natürlich ist es legitim zu fragen: „Muss der Pastor tatsächlich derjenige sein, der das macht?", aber in der Zwischenzeit sollte es Ihnen nicht so vorkommen, als würden Sie Ihre Zeit verschwenden.

Ich sage nicht, dass es keine ärgerlichen Unterbrechungen und langweiligen Aufgaben gibt. Die gibt es sicher. Es gibt sogar manchmal Störungen, die vom Teufel kommen. (So passiert es immer, dass, wenn der Gottesdienst in Cobblestone wirklich gut wird, alle Verrückten aus dem Ort aus ihren Löchern hervorkommen und meine Aufmerksamkeit wollen.) Aber ist Gott nicht selbst inmitten dieser Dinge am Werk? Nicht, dass er all diese Aufgaben und Störungen duldet oder sogar dahinter steht, aber findet er nicht einen Weg, sie dennoch zu seiner Verherrlichung zu gebrauchen? Im Brief an die Römer, Kapitel 8, Vers 28 heißt es: „Wir wissen aber, dass denen, die Gott lieben, alle Dinge zum Besten dienen, denen, die nach seinem Ratschluss berufen sind." In allen Situationen müssen wir das Gute finden, das Gott bewirkt, und uns darauf konzentrieren.

Lernen Sie den richtigen Umgang mit Kritik

Ein Gebiet, auf dem es für die Pastoren, denen ihr Dienst so viel bedeutet, schwer fällt das Gute zu sehen, ist der Umgang mit Kritik. Wenn wir in einer kleinen Gemeinde dienen, werden wir unweigerlich auf Kritik stoßen, nicht unbedingt, weil die kleineren Gemeinden voller zänkischer Leute sind (obwohl das für manche zutrifft), sondern weil die kleine Gemeinde wie eine Familie ist. In der Familie spricht man Angelegenheiten an und äußert Wünsche, wie die Dinge sein sollten, mit einer Offenheit, die man sich außerhalb der Familie nicht herausnehmen würde. In der Familie sollten Außenstehende auch lieber nicht auf uns herumhacken, aber wir können ganz gut selbst aufeinander herumhacken! Und ironischerweise schmerzt uns diese Kritik viel mehr, weil die Gemeinde im Grunde eine große Familie sein soll: *Ich dachte, diese Menschen lieben mich!*

Wenn wir in einer kleinen Gemeinde dienen, werden wir unweigerlich auf Kritik stoßen, nicht unbedingt, weil die kleineren Gemeinden voller zänkischer Leute sind (obwohl das für manche zutrifft), sondern weil die kleine Gemeinde wie eine Familie ist.

In der kleinen Gemeinde wird die Meinung jedes Mitglieds sehr wichtig genommen. Schließlich wollen wir keinen verlieren! Die Mitglieder wissen das und nehmen sich daher die Freiheit, dem Pastor alles zu sagen, was sie stört.

Wir wissen, dass Gott oft durch unsere Brüder und Schwestern zu uns spricht. Aber wie können wir herausfinden, ob eine bestimmte Kritik von Gott kommt oder aus der aufgewühlten Seele eines Gemeindemitglieds? Ist das, was wir hören, wirklich Gottes Sicht der Situation oder nicht?

Im selben Kapitel, in dem er über die Beherrschung der Zunge spricht, schreibt Jakobus:

> „Wer ist weise und klug unter euch? Der zeige mit seinem guten Wandel seine Werke in Sanftmut und Weisheit. Habt ihr aber bitteren Neid und Streit in eurem Herzen, so rühmt euch nicht und lügt nicht der Wahrheit zuwider. Das ist nicht die Weisheit, die von oben kommt, sondern sie ist irdisch, niedrig und teuflisch. [...] Die Weisheit aber von oben her ist zuerst lauter, dann friedfertig, gütig, lässt sich etwas sagen, ist reich an Barmherzigkeit und guten Früchten, unparteiisch, ohne Heuchelei“ (Jak 3,13–15.17).

Dieser Abschnitt gibt uns Richtlinien, anhand derer wir beurteilen können, ob das, was wir hören, „von oben“ oder „von unten“ kommt.

Der Geist, in dem Kritik geäußert wird, ist ein sehr wichtiger Schlüssel. Ich erinnere mich noch an eines der ersten Male, als ich als Prediger kritisiert wurde. Während des Studiums machte ich im Sommer Vertretungsdienst in der Gemeinde, in der ich aufgewachsen war. Ich war der Junge aus der Stadt, der es „zu etwas brachte“, und so erhielt ich für meine Botschaften nur überschwängliches Lob. Aber eines Sonntagmorgens bat mich einer der Ältesten um ein Gespräch. Irgendetwas stimmte nicht, das war deutlich zu spüren. Ich war wegen des Treffens sehr nervös, da ich wusste, der Mann stand in dem Ruf, dass mit ihm nicht gut Kirschen essen sei. Stellen Sie sich meine Überraschung vor, als er kam und so nervös aussah, wie ich mich fühlte. Er schwitzte, verhaspelte sich, entschuldigte sich wortreich und weinte sogar, als er endlich mit der Sprache herausrückte. Er sagte: „Steven, bitte verstehe mich nicht falsch. Ich möchte dich nicht entmutigen oder dich verärgern. Gott hat dir eine wunderbare Gabe gegeben, und ich möchte nicht, dass du sie meinetwegen nicht mehr gebrauchst. Was ich sagen will, ist auch nur meine Meinung, und wenn du darüber betest und Gott es dir anders zeigt, ist das für mich auch in Ordnung. Ich denke jedoch, dass du in deinen Predigten zu viele ordinäre Ausdrücke gebrauchst. [Er gab mir einige Beispiele]. Ich befürchte, dass diese Sprache einige Menschen, so wie mich, von der guten biblischen Darstellung, die du bringst, ablenkt. Ich sage dir das, weil wir Brüder in Christus sind und ehrlich zueinander sein sollen und auch, weil ich dich liebe. Ich hoffe, du bist mir nicht böse."

Natürlich nicht! Wie sollte ich? Im Gegenteil, ich dankte Gott für die Offenheit dieses Mannes. Als ich über das Gesagte nachdachte (und ich musste darüber nachdenken, denn es wurde mir auf eine so biblische Art nahe gebracht, dass es sehr wohl von Gott sein konnte), erkannte ich, dass er Recht hatte. Wüste Alltagssprache von der Kanzel aus dem Munde eines jungen Predigers wirkt nicht komisch; es wirkt frech und respektlos. Die Gemeinde bestand schon lange und ein großer Teil der Mitglieder waren Farmer holländischer Abstammung mittleren Alters oder älter. Sie waren einfach nicht daran gewöhnt, einen Prediger so reden zu hören. Ich änderte meine Ausdrucksweise und lernte die wichtigen Lektionen, dass ich sensibel für meine Zuhörer sein und allen alles werden musste, damit ich durch Gottes Gnade einigen diene. Heute rede ich wieder mehr so, wie mir der „Schnabel gewachsen" ist – aber nur weil ich älter bin und meine Zuhörerschar eine andere ist. Ich predige für viele die „aus der Welt" kommen, und daher ist es wichtig, dass ich ihre Sprache spreche.

Im Gegensatz dazu sind auch schon Menschen mit hochrotem Gesicht und hervortretenden Adern auf mich zugekommen, die schier zu platzen drohten. Sie zitterten vor Zorn und rissen ihren Mund auf, bereit, Gift zu versprühen. Andere kommen in der Haltung: „Ich weiß, dass ich immer Recht habe, und ich werde es dem Pastor ein für alle Mal zeigen." Einige wollen mir und damit der Gemeinde ihre eigenen Pläne überstülpen. Ich kenne sogar Mitglieder, die sich absichtlich mit mir anlegten, nur um damit angeben zu können, dass sie dem Pastor gezeigt haben, wo es langgeht. Obwohl es sehr schwer für mich ist (denn als sehr gewissenhafter Leiter nehme ich alles, was man mir sagt, sehr ernst), versuche ich, diese Art Menschen und ihre Kommentare nicht zu beachten. Ich glaube, Gott möchte nicht, dass ich mich mit ihrer Kritik beschäftige, sondern stattdessen mit mir kämpfe, um sie nicht allzu ernst zu nehmen – denn nach Jakobus 3 kommen diese Bemerkungen und Beschwerden direkt von unten.

„Ich weiß, dass ich immer Recht habe, und ich werde es dem Pastor ein für alle Mal zeigen."

Genauso falsch ist der Glaube, dass wir, wenn wir uns und

unseren Dienst mit Gottes Augen sehen würden, noch entmutigter wären als sonst. Wie ich schon im ersten Teil dieses Buches gezeigt habe, glauben fromme Perfektionisten (so wie ich) die Lüge, dass die Bibel ihnen – jedes Mal wenn sie sie öffnen – ihr Versagen und das ihrer Gemeinde vor Augen stellt. Deshalb halten wir uns von Gott fern. Wir denken schon schlecht genug über uns selbst, ohne dass uns der himmlische Aufgabenverteiler, der nie zufrieden zu stellen ist, kritisiert. Wir suchen nach jemandem, der uns aufmuntert und entlastet, und da scheint Gott einfach nicht der Richtige zu sein.

Wir denken schon schlecht genug über uns selbst, ohne dass uns der himmlische Aufgabenverteiler, der nie zufrieden zu stellen ist, kritisiert. Wir suchen nach jemandem, der uns aufmuntert und entlastet, und da scheint Gott einfach nicht der Richtige zu sein.

Ich stelle jedoch fest, dass genau das Gegenteil der Fall ist. Je mehr Zeit ich von Gott entfernt verbringe, desto schlechter fühle ich mich. Wie ich angedeutet habe, fühle ich mich getröstet, wenn ich zu Gott renne und versuche, die Dinge mit seinen Augen zu sehen. Je mehr ich auf andere Stimmen als die Gottes höre, desto niedergeschlagener, frustrierter und verwirrter werde ich.

Diese anderen Stimmen sind nicht unbedingt die Widersacher in der Gemeinde. Manchmal können es wohlmeinende Freunde sein, Lehrer, Experten, andere Pastoren und christliche Medienmitarbeiter, die unbewusst die Botschaft aussenden, dass man, wenn man nicht gerade in einer großen, effektiven Gemeinde mit viel Personal mitarbeitet, die immer genau weiß, was sie aus welchem Grunde tut, im Königreich Gottes ein Nichts ist. Ich muss mir ins Gedächtnis rufen, dass ihre Stimme nicht die Stimme des Herrn ist.

Und was sagt Gott dazu?

> „Selig sind, die da geistlich arm sind, denn ihrer ist das Himmelreich.
> Selig sind, die da Leid tragen, denn sie sollen getröstet werden.
> Selig sind die Sanftmütigen, denn sie werden das Erdreich besitzen.

Selig sind, die da hungert und dürstet nach der Gerechtigkeit, denn sie sollen satt werden" (Mt 5,3–6).

„Nicht hat euch der Herr angenommen und euch erwählt, weil ihr größer wäret als alle Völker – denn du bist das kleinste unter allen Völkern –, sondern weil er euch geliebt hat und damit er seinen Eid hielte, den er euren Vätern geschworen hat. Darum hat er euch herausgeführt mit mächtiger Hand und hat dich erlöst von der Knechtschaft, aus der Hand des Pharao, des Königs von Ägypten" (Dtn 7,7–8).

Der vom Heiligen Geist inspirierte Apostel Paulus schrieb:

„Das ist gewisslich wahr und ein Wort des Glaubens wert, dass Christus Jesus in die Welt gekommen ist, die Sünder selig zu machen, unter denen ich der Erste bin. Aber darum ist mir Barmherzigkeit widerfahren, dass Christus Jesus an mir als Erstem alle Geduld erweise, zum Vorbild denen, die an ihn glauben sollen zum ewigen Leben" (1 Tim 1,15–16).

„Weidet die Herde Gottes, die euch anbefohlen ist; achtet auf sie, nicht gezwungen, sondern freiwillig, wie es Gott gefällt; nicht um schändlichen Gewinns willen, sondern von Herzensgrund; nicht als Herren über die Gemeinde, sondern als Vorbilder der Herde. So werdet ihr, wenn erscheinen wird der Erzhirte, die unvergängliche Krone der Herrlichkeit empfangen. Desgleichen ihr Jüngeren, ordnet euch den Ältesten unter. Alle aber miteinander haltet fest an der Demut; denn Gott widersteht den Hochmütigen, aber den Demütigen gibt er Gnade. So demütigt euch nun unter die gewaltige Hand Gottes, damit er euch erhöhe zu seiner Zeit. Alle eure Sorge werfet auf ihn, denn er sorgt für euch" (1 Petr 5,2–7).

„Kommt her zu mir, alle, die ihr mühselig und beladen seid; ich will euch erquicken. Nehmt auf euch mein Joch und lernt von mir, denn ich bin sanftmütig und von Herzen demütig, so werdet ihr Ruhe finden für eure Seelen. Denn mein Joch ist sanft und meine Last ist leicht" (Mt 11,28–30).

Das klingt für mich nicht nach den Worten eines grausamen Sklavenhalters. Auch nicht nach den Worten von jemandem, der kleine Gemeinden und ihre Pastoren im Stich lässt. Ich werde versuchen, diesen Worten zu glauben.

Wie steht es mit Ihnen?

Kapitel 12

Ich bin nicht der Retter dieser Welt

Kleinen Kindern ist oft nicht klar, was ein Pastor eigentlich ist.

Nachdem ich in einer Predigt für Kinder einmal Hunde erwähnt hatte, zupfte mich eine Dreijährige am Talar und sagte: „Hey Gott! Hey Gott! Wusstest du, dass ich auch einen Hund habe?"

Nachdem ich in einer Predigt für Kinder einmal Hunde erwähnt hatte, zupfte mich eine Dreijährige am Talar und sagte: „Hey Gott! Hey Gott! Wusstest du, dass ich auch einen Hund habe?"

Ein anderer kleiner Junge wurde dabei erwischt, dass er Geld aus dem Opferteller stahl. Seine Mutter und sein Vater wollten, dass er diese Sünde vor mir beichtete, denn, wie sie sagten: „Für ihn sind Sie da oben gleich neben Gott."

Jedes Jahr veranstaltet unsere Gemeinde eine „Halleluja-Party" als Alternative zu *Halloween*. Die Menschen kommen in Kostümen nach biblischen Themen. Einmal kam ich in einem Gorilla-Kostüm (das Thema war „Die Tiere aus Noahs Arche") und erschreckte damit unbeabsichtigt alle Vorschulkinder. Ein kleines Mädchen ging danach nicht mehr so gern zum Gottesdienst. Als ihre Eltern sie darauf ansprachen, fragte sie: „Jesus wird kein Gorilla mehr sein, nicht wahr?"

Als Pastor mit Leib und Seele kann ich feststellen, dass ich wie ein Kind denke. Ich fange dann an zu glauben, dass ich tatsächlich Jesus bin. Bevor Sie jetzt den Krankenwagen holen, der mich in der schönen weißen Jacke mit den extralangen Ärmeln mitnimmt, lassen Sie mich erklären, was ich meine. Ich will damit nur sagen, es besteht die Gefahr, dass ich mich als Pastor als Retter der Gemeinde sehe. Meine Freunde und ich bezeichnen dies als den „Messias-Komplex". Zum Beispiel kann ich den Eindruck haben, dass es meine Aufgabe ist, den Alkoholiker dazu zu bringen, mit dem Trinken aufzuhören. Wenn er es nicht tut, habe natürlich ich versagt. Vielleicht war der Rat falsch, den ich ihm gegeben habe. Vielleicht hätte ich die Sache anders angehen sollen. Ich hätte ihm viel öfter sagen sollen, dass ich mir Sorgen um ihn mache. Wie auch immer, der Grund, warum diese arme Seele ihren Kummer immer noch im Alkohol ertränkt, liegt in meinem Versagen.

Wenn meine Gemeinde zahlenmäßig nicht wächst, muss etwas mit meinen Predigten nicht stimmen. Es ist meine Sache, die Menschen dazu zu motivieren, die Welt zu evangelisieren. Wieder einmal versage ich in einer Aufgabe. Ich sollte die Macht haben, die Herzen und Gedanken der Menschen zu verändern. Dennoch wird mein Vorschlag von der Leitung abgeschmettert. Ich muss ihn nicht gut genug präsentiert haben. Ich muss ihn noch einmal aufmöbeln und bei der nächsten Sitzung wieder vorbringen. Sehen Sie, die Zukunft der Gemeinde steht und fällt mit mir. Wenn hier etwas Positives passiert, dann, weil ich meine Hand im Spiel hatte. Wenn etwas schief geht, dann, weil ich meine Arbeit nicht tue. Gott hängt von mir ab! Und ich wage es nicht, ihn zu enttäuschen. Lehrt die Bibel nicht auch, dass „wir [die Lehrer] ein härteres Urteil empfangen werden"?

Sehen Sie, die Zukunft der Gemeinde steht und fällt mit mir. Wenn hier etwas Positives passiert, dann, weil ich meine Hand im Spiel hatte. Wenn etwas schief geht, dann, weil ich meine Arbeit nicht tue. Gott hängt von mir ab!

Viele von uns, die „Errettung allein aus Gnade" predigen, handeln oft, als seien unsere Werke das, was wirklich zähle, wenn es um unsere Beziehung zu Gott geht. Der Herr verlangt von seinen Dienern Vollkommenheit, und alles, was dem nicht entspricht, gibt uns in die Hände eines zornigen Gottes. Nun, ein Streben nach Heiligkeit ist sicher empfehlenswert und sogar biblisch, aber es ist genauso biblisch, dass es nur einen vollkommenen Menschen gab, der je auf der Erde gelebt hat – und der bin nicht ich.

Die Bibel gibt uns Beispiele von Leitern, die versagt haben, aber die von Gott wieder gebraucht wurden. Betrachten wir einmal Mose. Seine erste Reaktion auf Gottes Ruf war: „Oh, Herr, bitte schicke jemand anderen, um das zu tun" (Ex 4,13). Dann kam der Herr zu Mose und war nahe daran, ihn zu töten, weil er seinen Sohn nicht beschnitten hatte (eine ernste Sünde für einen Hebräer, ein Bundesbruch; Ex 4,24–26). Dennoch kennen wir alle die enge freundschaftliche Beziehung, die Mose schließlich mit Gott hatte, und wie dieser ihn als Befreier, Gesetzgeber und Prophet gebrauchte.

Oder betrachten wir Jeremia, den Prophet, der einmal die Kühnheit hatte, Gott zu beschuldigen, dass er ihn betrogen habe, und ihm sagte, dass er lieber nie geboren worden wäre (Jer 20,7.14–18). Dennoch hielt Gott sein Versprechen und behielt ihn im prophetischen Dienst.

Betrachten wir weiter Johannes Markus, der Paulus und Barnabas auf ihrer Missionsreise verließ und der Grund dafür war, dass die beiden sich zerstritten (Apg 13,13.15, 36–41). Dennoch schrieb er eines der Evangelien, wurde schließlich von Paulus als wertvoller christlicher Mitarbeiter anerkannt (2 Tim 4,11) und war ein enger Mitarbeiter von Petrus (1 Petr 5,13).

Da wir gerade von Petrus sprechen: Er hat Jesus nicht nur dreimal verleugnet, sondern ging den Heiden einmal wegen der Juden aus dem Weg, obwohl er eine direkte Offenbarung von Gott bekommen hatte, dass auch sie im Reich Gottes willkommen sind (Gal 2,11–21). Dennoch war er ein Fels, auf dem Christus seine Gemeinde baute!

Sehen Sie, die Botschaft der Bibel lautet, dass Gottes Gnade größer ist als die Sünden der Leiter in der Kirche. Jesu Blut hat die Sünden *dieser* Menschen bedeckt. Jesu Blut bedeckt auch *Ihre* Sünden. Lassen Sie Jesus Ihren Erlöser sein, wenn Sie denken, dass Sie versagt haben.

Versagen ist keine Sünde

Natürlich ist das Gefühl, etwas verpatzt zu haben, nicht dasselbe wie sündigen, obwohl für den hundertzehnprozentigen Pastor diese beiden Dinge oft gleich sind. Dieser hält sich zu Unrecht für Dinge verantwortlich, über die er keine Kontrolle hat. Wir regen uns dann darüber auf, dass wir nicht allwissend und allmächtig sind. Aber es gibt nur einen, der die Herzen der Könige lenken (Spr 21,1), Kranke heilen (Apg 3,12–16), Menschen zur Buße führen (Apg 11,18), Männer und Frauen geistliche Wahrheit erkennen lassen (1 Kor 2,14), Vorurteile und Selbstsucht wegnehmen und stattdessen Liebe schenken (1 Joh 4,7–8) und unruhigen Herzen übernatürlichen Frieden geben kann (Phil 4,7). Und wissen Sie was? Sie sind es nicht!

Deswegen können Sie nicht alle kaputten Ehen und gebrochenen Herzen heilen, die zu Ihnen in die Seelsorge kommen. Sie können das Feuer der Erweckung nicht in Ihren Ort bringen oder das Licht der Erneuerung in Ihre Gemeinde. Sie können nicht alle Betrübten trösten und den Schmerz der Einsamen wegnehmen. Sie sind nicht derjenige, der verfeindete Parteien dazu bringen kann, sich zu versöhnen. Sie können Menschen, die sich ständig beklagen, nicht in fröhliche, bereitwillige Mitarbeiter verwandeln. Sie können knauserige Menschen nicht dazu bringen, mehr für die Arbeit des Herrn zu geben. Und ganz sicher können Sie nicht den Rückgang und Verfall aufhalten, der einige kleine Orte trifft.

Ihre Arbeit ist es, ein Stück weit Gottes Gegenwart in das Leben Ihrer Mitglieder zu bringen und sie zu lehren, was Gott zu ihrer Situation zu sagen hat. Der Rest ist eine Sache zwischen ihnen und dem Heiligen Geist. Sehen Sie sich als einen geistlichen Don King, einen himmlischen Kampfvorbereiter und Manager. Durch Ihre Lehre, Ihre Predigt, Ihre Seelsorge und Führung regen Sie sinnvolle Auseinandersetzungen zwischen Gott und Ihren Leuten an. Dann treten Sie zurück und sehen zu, wie sie mit dem Herrn kämpfen. Sie können während des Kampfes Rat und Ermutigung geben. Sie können helfen, die Verwundeten unter ihnen anschließend zu versorgen, aber die Menschen sind es, die in den Ring müssen. Der Kampf läuft allein zwischen ihnen und Gott. Sie haben auch als ihr Pastor das Ergebnis nicht unter Kontrolle.

Wenn einige Streiter sich hinstellen und Gott widerstehen wollen, während es einfacher, gesünder und besser für sie wäre, in der ersten Runde aufzugeben, ist dies deren Entscheidung, nicht die Ihre. Sie können schreien: „Bleib unten! Bleib unten!“, so viel Sie wollen, aber Sie können sie nicht davon abhalten, sich wieder aufzurappeln. Wenn bei einer anderen Begegnung einige aufgeben, bevor Gott sie segnet, dann ist das deren Fehler, nicht Ihrer. Ihre Aufgabe ist es, sie so zu trainieren, dass sie durchhalten, aber wenn sie nicht auf Sie hören und aufgeben, ist das allein ihre Schande. Und wenn sich nach dem Kampf einige weigern, die Bibel zur Hand zu nehmen, um heilsame Medizin zu finden, und nicht auf Ihre Experten-Analyse hören, wenn Sie erklären, was sie falsch gemacht haben und wie sie es das nächste Mal besser machen können, dann tragen diese Menschen selbst die furchtbare Konsequenz, dass sie sich entweder geistlich zu Tode bluten oder Gott ihnen weiter eins auf die Nase gibt.

Der Apostel Paulus hat sicher genauso empfunden. Am Ende seines Lebens wusste er, dass er alles, was in seiner Macht stand, getan hatte, um Gottes Volk auszubilden. Er sagte: „Ich habe den guten Kampf gekämpft, ich habe den Lauf vollendet, ich habe Glauben gehalten; hinfort liegt für mich bereit die Krone der Gerechtigkeit“ (2 Tim 4,7–8). Er konnte dies sagen, obwohl er zwei Verse später darüber spricht, dass Demas ihn verlassen hat, und in den Versen 14 bis 16 macht er deutlich, dass er von Alexander verletzt worden war und ihn niemand verteidigt hatte. Jeder, der das Neue Testament liest, weiß, dass einige von Paulus' Gemeinden ernsthafte Probleme hatten, dennoch meinte er, dass er treu gewesen war. Er sagte nicht: „Nicht alle folgen Jesus, deshalb muss ich ein schlechter Missionar gewesen sein.“

Paulus wusste, dass er der Bote und Prophet Gottes war. Von ihm wurde nicht erwartet, dass er unter allen Umständen erfolgreich war. Die Jünger Jesu wussten das auch. Als Jesus sie aussandte, um das Königreich Gottes zu verkündigen, warnte er sie, dass einige sie ablehnen würden. Er sagte ihnen, dass sie den Staub von ihren Füßen schütteln und weitergehen sollten, wenn das geschehen würde. Er sagte nicht: „Wisset, dass ihr als Diener versagt habt und unnütze Knechte seid.“ Er sagte auch nicht: „Bleibt dran und probiert jede neue Methode aus, die euch einfällt, um die Sache zu ändern.“ Nein, Jesus sagte, dass sie weitergehen sollten.

Gott möchte nicht, dass unsere Identität und unser Selbstwert als Pastoren von Resultaten abhängen. Das ist eine gute Nachricht für alle unter uns, die in kleinen Gemeinden dienen, wo man nur wenige Ergebnisse sieht. Aber es ist auch eine Nachricht, die nur schwer anzunehmen ist, da wir in einem Land leben, in dem Produktion, Profit, Gewinne und der Erfolg alles sind, was zu zählen scheint.

> *Gott möchte nicht, dass unsere Identität und unser Selbstwert als Pastoren von Resultaten abhängen.*

Ein anderer Grund dafür, dass über-fürsorgliche Hirten Probleme haben, dies anzunehmen, ist, dass sie oft zu viel Zeit mit

„Versagen“ statt mit „Erfolgen“ verbringen. Wenn ich jede Woche zwei Stunden mit einem Ratsuchenden verbringe (all die Anrufe nicht mitgerechnet) und der Person geht es nicht besser als am Anfang, werde ich vermutlich den Eindruck haben, dass ich als Pastor eine Null bin. Wenn ich ständig „den Onkel Ralf“ von jemandem besuche, weil „er wirklich den Herrn kennen lernen sollte, Herr Pastor“, und er nie auf das Evangelium reagiert, werde ich schließlich glauben, dass Evangelisation nicht unbedingt meine Gabe ist. Wenn ich Jahre damit verbringe, einer Gemeinde zu predigen, die hartnäckig tot (und stolz darauf) ist, werde ich zu dem Schluss kommen, dass das Wort Gottes keine Wirkung hat, wenn es aus meinem Munde kommt. Anstatt mich selbst anzuklagen, könnte die Antwort in diesen Fällen heißen, den Staub von meinen Füßen zu schütteln und weiterzugehen, dorthin, wo die Felder bestellt werden können. Damit gebe ich nicht mein Versagen zu, sondern stelle fest, dass einige Menschen entschlossen sind, Gott bis zum Tage ihres Todes zu widerstehen. Ich sollte meine Zeit nicht mit Unternehmungen verschwenden, hinter denen Gott nicht steht.

Es ist für den Pastor einer kleinen Gemeinde wegen der möglichen Folgen schwer, Seelsorgegespräche abzubrechen, da die Gefahr besteht, dass der Pastor die Schuld dafür bekommen könnte, wenn der Ratsuchende etwas Dummes tut. Da kleine Gemeinden auf Beziehungen aufgebaut sind, könnte die Gemeinde den Eindruck haben, dass Sie sich von einem Gemeindeglied distanzieren, vielleicht sogar, weil Sie diese Person insgeheim nicht leiden können. Werden Sie nicht dafür bezahlt, dass Sie allen zur Verfügung stehen? Sollen Sie nicht mit allen gut auskommen? Es könnte auch bei einem Teil der Gemeinde die Befürchtung aufkommen, dass die betreffende Person, wenn sie nicht mehr ständig zu Ihnen kommen, Sie anrufen und mit Problemen belästigen kann, anfängt, die *anderen* anzurufen und zu belästigen.

Werden Sie nicht dafür bezahlt, dass Sie allen zur Verfügung stehen? Sollen Sie nicht mit allen gut Freund sein?

Sie müssen also Wege finden, die Seelsorgegespräche zu beenden, ohne die Beziehung zu beenden.

Warum sagen Sie nicht zu dem Ratsuchenden: „Es belastet mich, dass ich Ihnen offensichtlich nicht wirklich helfen kann. Ich möchte Sie bitten, zu Dr. Mehrausbildung im christlichen Seelsorge-Zentrum in Nächstestadt zu gehen. Ich habe gehört, dass sie eine Expertin für Ihre Art von Problemen ist. Lassen Sie uns zusammen hinfahren und die Lage klären. Und dann können wir uns gelegentlich zu einem Kaffee treffen und Sie können mir erzählen, wie es läuft." Oder: „Ich glaube, wir kommen mit diesem Ansatz nicht weiter. Versuchen wir etwas anderes. Ich halte donnerstagabends eine Reihe von Bibelstudien, die sich mit einigen Ihrer Probleme beschäftigen. Ich denke, dass Sie während der Gespräche mit den Teilnehmern feststellen werden, dass diese verstehen, was Sie durchmachen, und genug Weisheit haben, um Ihnen zu helfen. Ich möchte Sie gern einladen, jeden Donnerstagabend zu kommen."

Natürlich ist es hilfreich, wenn Ihre Gemeindeleitung Ihnen entweder vorher freie Hand gegeben hat, was Ihre Seelsorgetätigkeit angeht, oder wenn sie bereit ist, Ihre Frustration über gewisse Ratsuchende anzuhören und Ihnen dann ihren Segen dazu gibt, die Treffen zu beenden. Dann heißt es: „Ja, wir wissen alle, dass Harald sich nicht ändert und dass er einem nach einiger Zeit auf die Nerven geht" und nicht: „Warum ist der Pastor plötzlich so gemein zu Harald?"

Versäumen Sie nicht den Zeitpunkt weiterzuziehen

Wenn es darum geht, eine Gemeinde zu verlassen und den Staub von den Füßen zu schütteln, haben wir treue und loyale Diener Gottes die größten Probleme. Wir wünschen uns verzweifelt, dass alle uns mögen, und wir wissen, dass einige sich sehr aufregen werden, wenn wir gehen (sicher werden einige auch eine Siegesfeier veranstalten). Wir neigen dann auch zu Schuldgefühlen. Wir wissen, dass es Zeit braucht, bis in einer kleinen Gemeinde etwas geschieht. Sind wir schuldig, weil wir zu früh gehen? Wir wissen, dass Beziehungen der Schlüssel zum Dienst sind. Vielleicht haben wir nicht hart genug daran gearbeitet, sie aufzubauen. Wir haben einmal geglaubt, dass Gott uns in unsere jetzige Gemeinde berufen hat. Was sagt unser Weggehen über unseren Glauben aus? Wie können wir wissen, dass unsere Situation wirklich hoffnungslos ist? Vielleicht sind wir einfach nur müde oder jammern und klagen zu viel. Führt Gott uns auf grünere Weiden (Apg 16,6–10) oder ist es Satan, der uns von unserem eigentlichen Missionsfeld weglocken will?

Während wir tief in unserem Inneren wissen, dass ein sicheres Heilmittel gegen Verrücktwerden das Verlassen einer ungesunden Situation ist, fällt es uns schwer, den Umzugswagen zu bestellen. Obwohl es nicht unbiblisch ist, vorankommen zu wollen und seine Situation zu verbessern (1 Kor 7,21) oder weiterzugehen, selbst wenn es in unserer gegenwärtigen Stelle noch Menschen gibt, die uns brauchen (Mk 1,36–39; 2 Kor 2,12–13), fällt es uns dennoch schwer, unsere Bücher einzupacken. Hier sind fünf Grundsätze, die mir in der Vergangenheit geholfen haben, diesen drastischen Schritt zu tun:

Wir Pastoren wünschen uns verzweifelt, dass alle uns mögen, und wir wissen, dass einige sich sehr aufregen werden, wenn wir gehen (sicher werden einige auch eine Siegesfeier veranstalten).

1. *Wenn niemand in der Gemeinde Ihre Vision für die Zukunft zu teilen scheint, wird es Zeit weiterzuziehen.*
   Man braucht in der kleinen Gemeinde nur ein paar Verbündete (besonders, wenn es die richtigen sind), um die Schlacht zu gewinnen. Leider hat man manchmal nicht einmal diese. Nachdem ich alles, was mir einfiel, getan hatte, um eine „trockene" Gemeinde neu zu beleben, schlug ich der Leitung vor, dass wir an einem Programm unserer Kirchenleitung zur Wiederbelebung der Gemeinde teilnehmen sollten. Um es zu starten, müssten die Ältesten mit einem Vertreter der Kirchenleitung auf eine Wochenend-Retraite gehen. Die Mitglieder rutschten unruhig auf ihren Stühlen hin und her. Schließlich sagte einer: „Ich denke einfach nicht, dass irgendeiner von uns ein ganzes Wochenende drangeben möchte, um so etwas zu tun." Ich glaube, am nächsten Tag hatte ich meine Bewerbung für eine andere Gemeinde in die Post gegeben.
2. *Andere Pastoren bestätigen Ihre Entscheidung zu gehen.*
   Als junger Pastor ersehnte und fürchtete ich einmal gleichzeitig das Treffen, das ich mit dem für Personalfragen zuständigen Verantwortlichen unserer Kirchenleitung vereinbart hatte. Obwohl ich das Gefühl hatte, dass es an der Zeit sei, meine jetzige Gemeinde zu verlassen, erwartete ich, dass der ältere, erfahre-

nere Mann den Jüngeren bitten würde, Schneid zu zeigen und in der bisherigen Gemeinde zu bleiben. Stattdessen fragte er mich: „Wie sieht Ihre professionelle Einschätzung der Situation in Ihrer Gemeinde aus?“ Stellen Sie sich das vor – ich, ein Profi! Ich berichtete ihm darüber, und er antwortete, dass er, so viel er über die Gemeinde wisse, mit mir übereinstimme. Ich hatte das Gefühl, ich hätte vom Herrn persönlich eine Bestätigung bekommen, und wenn ich zurückschaue, war es auch so.

3. *Wenn Ihre geistlichen Gaben nicht Ihrer gegenwärtigen Situation entsprechen, ist es Zeit weiterzuziehen.*
Gebrauchen Sie einen der zahlreichen Gabentests, die es gibt, um die Gaben, die Gott Ihnen gegeben hat, zu identifizieren. Selbst wenn Sie während der Ausbildung einen Test gemacht haben, wiederholen Sie ihn. Im Laufe Ihrer Dienstjahre könnte Gott Ihnen neue Gaben gegeben haben oder durch die Umstände sind verborgene Gaben zu Tage getreten. Anstatt die Fragen allein zu beantworten, bitten Sie Ihren Ehepartner, einen engen Freund oder einen Kollegen, dem Sie vertrauen, sie mit Ihnen durchzugehen. Andere erkennen oft Qualitäten oder Auswirkungen verschiedener Bereiche Ihres Dienstes, die Sie nicht bemerken.
Der Leib Christi wird auferbaut, wenn jedes Teil für das respektiert wird, was es ist (1 Kor 12), und dafür, seine entsprechende Arbeit zu tun (Eph 4,16). Welcher Teil des Leibes sind Sie? Was ist Ihre Aufgabe? Erstellen Sie eine Liste, mit welchen Dingen eine Person mit Ihren Gaben ihre Zeit verbringen sollte. Stellen Sie sich vor, dass eine Gemeinde oder christliche Organisation genau nach jemandem wie Ihnen sucht. Schreiben Sie auf, wie die Arbeitsplatzbeschreibung aussehen würde. Dann betrachten Sie Ihre gegenwärtige Arbeit. Notieren Sie alle Aktivitäten und Pflichten einer typischen Woche. Wie verbringen Sie Ihre Zeit? Egal, was die Gemeindeleiter und -mitglieder in der Vergangenheit gesagt haben, was erwarten sie wirklich von einem Pastor? Vielleicht haben sie bei der Bewerbung gesagt, dass sie einen Pastor möchten, der einen Schwerpunkt auf Bibelstudien legt, aber wie viele Leute kommen tatsächlich zu den wöchentlichen Bibelstunden? Verfassen Sie eine Arbeitsplatzbeschreibung Ihrer gegenwärtigen Stelle und beachten Sie die oben genannten Informationen. Kommt sie Ihrer idealen Stelle nahe oder nicht? Erstellen Sie dann eine Liste der zehn wichtigsten

Probleme oder Herausforderungen, denen sich Ihre Gemeinde in unmittelbarer Zukunft gegenübersieht. Hier kann es hilfreich sein, Fachleute der Kirchenleitung oder Laien zu Rate zu ziehen. (Sagen Sie Ihren Gemeindemitgliedern nicht, dass Sie diese Informationen brauchen, um zu entscheiden, ob Sie weggehen oder nicht!) Wie könnten Ihre Gaben gebraucht werden, um der Gemeinde zu helfen, diese Dinge anzugehen? Hat Gott Sie auf den Gebieten ausgerüstet, in denen die Gemeinde Hilfe braucht, oder wäre diesen Menschen eher mit jemandem gedient, der eine andere Gabenkombination hat? Wenn deutlich wird, dass Sie ein viereckiger Pflock in einem runden Loch sind, sind Sie frei zu gehen und viereckige Löcher zu suchen! Dieser Prozess hat mir geholfen, mein „Loch" zu finden.

4. *Achten Sie darauf, dass Sie eine neue Berufung genau prüfen, bevor Sie sie annehmen!*
   Mehr als einmal habe ich festgestellt, dass die Gemeinden, die man mir anbot, im Prinzip genauso waren wie die, die ich zu der Zeit betreute. Ein Umzug hätte mir nichts gebracht. In Prediger heißt es: „Es gibt nichts Neues unter der Sonne." Das schließt auch kleine Gemeinden ein.
5. *Beachten Sie die Bedürfnisse der Familie genauso wie Ihre eigenen.*
   Die Bibel sagt vielleicht, dass wir Jesus an die erste Stelle setzen sollen, aber sie sagt auch: „Wenn aber jemand die Seinen, besonders seine Hausgenossen, nicht versorgt, hat er den Glauben verleugnet und ist schlimmer als ein Heide" (1 Tim 5,8). Können Sie da, wo Sie sind, weiter für Ihre Familie sorgen und sie unterstützen? Haben Sie Kinder mit besonderen Bedürfnissen, die von Schulformen und Ausbildungsmöglichkeiten, die in anderen Orten angeboten werden, profitieren würden? Gibt es gesundheitliche Bedenken, deretwegen Sie einen Klimawechsel erwägen sollten? Und schließlich: Ist Ihr derzeitiger Dienst eine Freude oder eine Last für alle (Hebr 13,17)?
   Bedenken Sie, dass Gott die Verkündigung des Evangeliums nicht auf die Juden, die es ablehnten, beschränkte. Er ging weiter zu den Heiden. Wenn der Messias, durch den Heiligen Geist geführt, weitergeht, wird es für Sie auch Zeiten geben, in denen Sie weiterziehen sollten. Der Diener ist nicht größer als der Meister. Folgen Sie der Führung des Meisters.

Kapitel 13

Nicht wie das Kaninchen vor der Schlange

Alles, was ich je wissen musste, habe ich von gesellschaftskritischen Trendforschern gelernt. Nun, vielleicht nicht alles, aber etwas sehr Wichtiges: Selbständigkeit.

Zeitgenössische Analytiker haben immer wieder festgestellt und in messerscharfen Zeitungsartikeln angeprangert, dass sich zu viele Mitglieder unserer Gesellschaft als hilflose Opfer von Vater Staat oder von Umständen, die außerhalb ihrer Kontrolle liegen, fühlen. Aus diesem Grund werden sie nie versuchen, ihre Situation zu verbessern. Warum sich mühen? Alle solche Anstrengungen sind sowieso zum Scheitern verurteilt, weil alles gegen sie steht. Stattdessen sitzen diese „machtlosen" Menschen herum und warten auf jemanden, meist die Regierung oder das Gericht, der eingreift und sie rettet. Oder sie hoffen, dass sich durch irgendetwas das Blatt wendet und die Situation verändert. Wenn die Machtlosen die Machthaber in der Gesellschaft ansehen, dann mit Verachtung. Sie denken: *Die Machthaber verdienen es nicht, dort zu sein, wo sie sind. Sie sind nicht wegen ihrer Fähigkeiten oder harter Arbeit zur Spitze aufgestiegen, sondern wegen Begünstigung oder Bestechung oder aus einer Laune des Schicksals.* Und ihre Schlussfolgerung lautet: „Ich kann nie sein, was sie sind. Das Einzige, worauf ich hoffen kann, ist, dass die Regierung von dem, was sie hat, etwas nimmt und mir gibt."

Kommt Ihnen das bekannt vor? Es sollte. Denn damit ist auch die Haltung vieler Pastoren beschrieben, die passiv verharren und darauf warten, dass sich etwas ändert. Aber diese Veränderung soll bitte ohne ihr Zutun geschehen!

Diese „armen Würstchen" sehen sich als Opfer der Verhältnisse oder von Umständen, die außerhalb ihrer Kontrolle liegen. Sie hatten nie vor, in einer kleinen Gemeinde zu wirken, aber sie hatten keine guten Beziehungen zu ihrer Kirchenleitung, und weil es so viele Kanzeln in kleinen Gemeinden gibt, die es zu besetzen gilt, wurden sie nun einmal dorthin geschickt. Manche sehen sich sogar als Opfer von Gott – schließlich ist er letztendlich dafür verantwortlich, wo sie gelandet sind. Und sie glauben fest, dass sie ständig von ihrer Gemeinde zum Opfer gemacht werden. Oh, sie könnten schon die Flügel ausbreiten, wirklich fliegen und die Welt (und besonders die Kirchenleitung) mit ihren pastoralen Gaben und ihrem charismatischen Leiterpotenzial verblüffen. Aber jedes Mal, wenn sie neue Ideen vorbringen, sagt ihr Gemeindevorstand kategorisch „Nein!", ein einflussreiches langjähriges Mitglied regt sich auf oder ihre Ideen erweisen sich angesichts der Mittel der Gemeinde als undurchführbar.

Immer dann, wenn der bedauernswerte Pastor einer kleinen Gemeinde einen neuen Anlauf unternimmt, um ein viel versprechendes neues Projekt zu beginnen und in seine Pläne vertieft ist, kommt der Schwiegersohn der Nichte von Frau Braun ins Krankenhaus und hat eine größere Operation vor sich – und: „Pastor, die große ‚Gemeinde-Familie' braucht Sie jetzt einfach." So geben viele Pastoren den Versuch auf, ihre Gemeinde voranzubringen. Die interessanten Dienste, die „effektiven" Gemeinden, die Erweckungen, die besseren Gehälter, die Unterstützung durch andere, die „tollen" Stellungen, die Artikel in der überregionalen Presse sind alle für die anderen, nicht für sie. Es wird einfach nichts geschehen, egal, was sie tun. Ihre einzige Hoffnung ist, dass eines Tages, irgendwie, durch irgendein Wunder, ein Verantwortlicher der Kirchenleitung (vielleicht ein Freund, der es an die Spitze geschafft hat) mit ihnen Mitleid hat und sie auch am Erfolg teilhaben lässt. Solange es natürlich Leute wie Bill Hybels, Rick Warren und Peter Wenz gibt, sind die Chan-

Solange es natürlich Leute wie Bill Hybels, Rick Warren und Peter Wenz gibt, sind die Chancen gering, dass sie von den Oberen überhaupt bemerkt werden. Und was ist an Bill Hybels, Rick Warren und Peter Wenz überhaupt so besonders? „Wenn die in so einer Gemeinde festsäßen wie ich, hätte nie jemand von ihnen gehört! Die haben einfach Glück gehabt!"

cen gering, dass sie von den Oberen überhaupt bemerkt werden. Und was ist an Bill Hybels, Rick Warren und Peter Wenz überhaupt so besonders? „Wenn die in so einer Gemeinde festsäßen wie ich, hätte nie jemand von ihnen gehört! Die haben einfach Glück gehabt!"

Nun, kleiner, vergessener Pastor „Irgendwo", machen Sie sich auf einen Schock gefasst: Bill Hybels, Rick Warren und Peter Wenz würden in Ihrer Gemeinde wahrscheinlich recht gut zurechtkommen, denn sie haben einen großen Glauben an die Gaben, die Gott ihnen gegeben hat, arbeiten hart und lassen sich durch Furcht und Versagen nicht davon abhalten, etwas Neues zu versuchen. Und sie haben wahrscheinlich genauso wie Sie in einer kleinen, unscheinbaren Gemeinde begonnen.

Wir dürfen uns nicht vom Selbstmitleid lähmen und uns zurückdrängen lassen, sondern müssen immer wieder unseren Willen und unsere Glaubenskraft aktivieren, damit wir das erreichen, was wir erreichen wollen – und auch erreichen können!

Ein berühmter Radio-Kommentator sagte einmal: „Ich wollte immer die Nummer eins sein, schon als kleines Kind. Ich habe mich durch die Aussicht auf Versagen nicht einschüchtern lassen. Ich weiß, dass ich zwar damit leben kann, wenn ich das Ziel nicht erreiche. Aber ich kann nicht damit leben, dass ich nicht versucht habe, mein Bestes zu geben."

Die meisten haben keine Ahnung, wie gut sie sind – sogar Menschen, die etwas sehr gut können. Wissen Sie, warum? Weil viele Menschen sich durch irgendetwas erschüttern oder einschränken lassen. Es kann das Ergebnis selbst auferlegter Grenzen sein, die Einschränkung durch den Beruf oder die Verantwortung, die sie übernommen haben.

Halten Sie sich nicht selbst zum Narren. Mir sind die Probleme, denen sich unser Land gegenübersieht, sehr wohl bewusst. Aber ich würde lieber Antworten und Lösungen vorschlagen, als herumzusitzen und zu jammern, wie unfair die Welt ist, aber das führt leider zu nichts.

Wenn Sie nicht auf berühmte und erfolgreiche Menschen hören wollen, wie wäre es, auf Gott selbst zu hören? Vielleicht ist „Hilf dir selbst, dann hilft dir Gott" kein Zitat aus der Bibel, aber es ist ein Prinzip, das durch die ganze Schrift gelehrt wird. Ich hörte einmal in einer Predigt, die Botschaft des Buches der Sprüche sei: „Vertraue auf Gott und schließe deine Türen ab." Aber auf Gottes Eingreifen zu warten schließt nicht aus, dass wir selbst handeln und unseren Verstand gebrauchen.

In Apostelgeschichte 23 wird geschildert, dass Paulus Wind bekommt von einem Mordanschlag, der gegen ihn geplant ist. Obwohl ihm Gott (Vers 11) versichert, dass alles in Ordnung geht, handelt er selbst, um den Anschlag zu verhindern.

In einem Brief an die Philipper fordert Paulus diese auf: „Schafft, dass ihr selig werdet, mit Furcht und Zittern" (Phil 2,12). Den Korinthern zeigt er, dass wir einerseits lernen müssen, zufrieden zu sein, wo Gott uns hingestellt hat, dass es aber auch richtig ist, die Gelegenheiten zu ergreifen, die sich uns bieten, um vorwärts zu kommen (1 Kor 7,21). Petrus befiehlt: „Wendet alle Mühe daran und erweist eurem Glauben Tugend" (2 Petr 1,5–8). Das sind Charakterzüge, die uns „nicht faul und unfruchtbar sein lassen". Und Jesus sagt: „Das Himmelreich leidet Gewalt, und die Gewalttätigen reißen es an sich" (Mt 11,12).

Hören Sie also auf, herumzusitzen und sich gefangen und hoffnungslos zu fühlen. Hören Sie auf, Ihre Zeit damit zu verbringen, Ihrem Ehepartner, Ihren Mitpastoren und Gott etwas über Ihr Schicksal vorzujammern. Treten Sie im Glauben mutig hervor und handeln Sie, um es zu verbessern – jetzt! Fürchten Sie sich nicht vor den möglichen Folgen Ihres Handelns. Lassen Sie sich nicht von Furcht lähmen. Wie ein berühmter Held der Marine sagte: „Torpedos klar! Volle Kraft voraus!" Oder, wie der Schreiber der Sprüche warnt: „Der Faule sagt: Es ist ein Löwe auf der Gasse! oder: Ich könnte erschlagen werden auf der Straße!" Faule Menschen finden immer einen Grund, nichts zu tun, meist aus Angst. Leider fangen sie an, ihre Gründe zu glauben und überzeugen sich schließlich selbst, dass man einfach nichts tun kann. Schau aus dem Fenster, furchtsamer Zauderer: Da ist kein Löwe, kein Mörder schleicht herum. Geh hinaus! Die frische Luft wird dir gut tun.

Hören Sie also auf, herumzusitzen und sich gefangen und hoffnungslos zu fühlen.

Seien Sie offensiv und suchen Sie nach neuen Möglichkeiten

Ich möchte Ihnen von drei dunklen Abschnitten in meinem Leben erzählen, als die Angst vor Torpedos, Löwen, Tigern und Bären (oh weh!) mich fast umbrachte.

Ich war erst seit weniger als einem Jahr Pastor in einer Gemeinde, aber ich wusste bereits, dass es nicht gut gehen würde. Viele der wichtigen Leiter stimmten mit mir in theologischen Fragen nicht überein. Meine Familie verschuldete sich, damit ich auf dieser Stelle bleiben konnte. Gleichzeitig murmelte man in der Gemeinde, dass mein Gehalt, verglichen mit dem des vorigen Pastors, zu hoch sei. So wusste ich, dass ich wieder einmal meine Bewerbungsunterlagen hervorholen und abschicken musste. Aber Stimmen wohlmeinender Freunde und deren Echo in mir stoppten mich beinahe. „Du warst nicht lange genug hier, um der Gemeinde wirklich eine Chance zu geben“, sagten die Stimmen. „Wenn du dich bewirbst und man sieht, dass du nur so kurze Zeit in deiner jetzigen Stelle warst, werden sie denken, dass mit dir etwas nicht stimmt – dass du mit den Menschen nicht auskommst oder dass du alles perfekt haben willst. Werden sie dir wirklich glauben, wenn du ihnen erklärst, warum du wechseln willst? Oder werden sie die Sache aus der Sicht deiner Gemeinde hören wollen? Da wir gerade von der Gemeinde reden: Wenn du denkst, dass dein Leben jetzt schon schlimm ist, warte nur, was los ist, wenn sie Wind davon bekommen, dass du gehen willst. Nein, bleibe lieber noch ein paar Jahre hier, damit dein Lebenslauf besser aussieht.“

„Wenn du denkst, dass dein Leben jetzt schon schlimm ist, warte nur, was los ist, wenn sie Wind davon bekommen, dass du gehen willst.“

Die Situation wurde jedoch so unerträglich, dass ich mich gezwungen sah, mir eine andere Stellung zu suchen. Zu meiner großen Überraschung bekundeten Gemeinden in Michigan, Kanada, Iowa und New York Interesse, obwohl ich noch keine zwei Jahre in meiner jetzigen Gemeinde war. Meine Ängste erwiesen sich als völlig unbegründet, und ich nahm schließlich einen Ruf in eine andere Gemeinde an, wo die Wohnsituation besser war und man meine Theologie akzeptierte.

Ich wollte schon immer schreiben, teilweise, weil man mir schon früher gesagt hatte, dass ich Talent hätte, aber auch, weil mir immer wieder Menschen zu verstehen gaben, dass es ihnen hilft, wenn ich weitergebe, was ich über den Dienst von Pastoren denke. Vielleicht hatte Gott mir eine Gabe gegeben, die zu seiner Verherrlichung gebraucht werden konnte, um anderen zu helfen. Schließlich wäre auch jeder Betrag, den ich zusätzlich durch Schreiben verdienen könnte, dieser Familie eines Pastors einer kleinen Gemeinde eine Hilfe. Dennoch schien ich nie anfangen zu können. Nicht, dass ich keine Ideen hatte. Oh, nein. Ich hatte Dutzende davon. Leider hatte ich auch Dutzende von Befürchtungen. Ich habe nicht mehrere Titel vor meinem Namen. Wer sollte also kaufen, was ich zu sagen hatte? Wie würde ich mit Ablehnungen umgehen können? War ich nicht in meinem Leben als Pastor genug Ablehnung ausgesetzt? Wann sollte ich die Zeit dazu finden, an Büchern und Artikeln zu arbeiten? Würde ich am Ende nicht nur einen Haufen halb fertiger Projekte vor mir haben? Und ich hatte nicht die geringste Ahnung, wie man etwas einem Verleger anbietet! Ich wusste nur, dass es zu viel Anstrengung und Arbeit kosten würde, das herauszufinden.

Meine Befürchtungen hätten dafür gesorgt, dass mein Schreiben ein unerfüllter Traum geblieben wäre, wenn meine Kirchenleitung mir nicht ein Seminar über „Erweitern Sie Ihren Dienst durch Schreiben" bezahlt hätte, das Steve Burt leitete. Selbst nachdem ich mich angemeldet hatte, wollte ich nicht gehen. Meine Befürchtungen sagten mir: „Wozu soll das gut sein?" Aber meine Frau meinte: „Wenn du es nicht herausfindest, wirst du es immer bedauern." Tief in mir wusste ich, dass sie Recht hatte, und so machte ich mich schleppend auf den Weg zum Seminar. War ich froh, dass ich es getan habe! Steves Darstellung war nicht nur inspirierend und motivierend, sondern Steve war auch in der Lage, meine Fragen über das „Geschäft" zu beantworten oder mich an Quellen zu verweisen, die das konnten. Anstatt nun ein frustrierter Schreiber zu sein, bin ich ein Autor, dessen Werke veröffentlicht werden, und das Schreiben hat mir Gelegenheiten verschafft, Seminare und Workshops für Institute für Gemeindewachstum, den nationalen Evangelisations-Workshop, die amerikanischen Baptisten und die Vereinten Methodisten zu halten. Dies alles geschieht, während ich gleichzeitig noch immer vollzeitig Pastor einer kleinen Gemeinde bin. Und das alles, weil ich auf Steve Burt und meine Frau gehört habe, die (lange vor einer berühmten Sportschuh-Firma) gesagt hatten: „Just do it – tu es einfach!"

Am letzten Tag einer Konferenz über Gemeindewachstum, bei der ich so gute Sprecher wie C. Peter Wagner, John Maxwell und Conrad Lowe gehört hatte, ging ich allein spazieren. Es war eine Zeit des Nachdenkens und des Redens mit Gott. Ich hatte das Gefühl, dass die Vorträge mich neu in meine Berufung zurückholen wollten. Jahre des Dienstes in kleinen Gemeinden, in denen ich hauptsächlich als „Geistlicher" für eine kleine Gruppe von Gläubigen arbeitete, hatten das Feuer erstickt, das einst in mir gebrannt hatte, um die Verlorenen für Jesus zu erreichen. Nun fühlte ich mich wieder neu herausgefordert, angeregt und gedrängt, alles, was in meiner Macht stand, zu tun, um die Kirchenfernen zu erreichen. Gleichzeitig kam aber eine tiefe Traurigkeit über mich. Ich wusste, dass ich nach der Konferenz wieder in dieselbe Art Dienst zurückkehren würde, die meinen Ruf hatte verkümmern lassen. Ich ging in mein Motel und weinte. Ich hatte jedoch auch eine dieser besonderen Begegnungen mit Gott, die man nicht beschreiben kann. Es soll genügen zu sagen, dass Gott mich in einen neuen Abschnitt meines Lebens und meines Dienstes führte. Ich freute mich über die Möglichkeiten zur Evangelisation und die Herausforderungen, die auf mich zukommen würden.

Aber mein nächster Platz war wieder eine kleine Gemeinde. Ich erinnere mich, wie ich versuchte, dieses Verlangen, das ich spürte, mit den Tatsachen meiner jetzigen Aufgabe zusammenzubringen, während ich den Rasen des Gemeindehauses mähte. Ich kannte das Grundgesetz: „Wer versucht, eine kleine Gemeinde voranzubringen, ist ein Narr" und das dazu gehörende: „Wer etwas in einer kleinen Gemeinde ändert, ist zum Scheitern verurteilt." Ich erkannte, dass die kleine Gemeinde ein ganz anderes Wesen ist als die schneidigen Gemeinden, in denen gemeindeferne Menschen der Baby-Boomer-Generation und der geburtenschwachen Jahrgänge erreicht werden. Meine Befürchtungen sagten mir, ich solle mich einmal mehr mit der Rolle des „Geistlichen" abfinden, die man von mir erwartete,

„Wer etwas in einer kleinen Gemeinde ändert, ist zum Scheitern verurteilt."

keine Wellen machen und an meinem nächsten Einsatzort auf einen spannenderen Dienst hoffen. Mein Herz suchte aber verzweifelt nach einem Weg, in einer kleinen Gemeinde ein Pastor des Gemeindewachstums zu sein.

Ich begann im Geiste durchzugehen, was ich aus meiner Erfahrung und der meiner Freunde über kleine Gemeinden wusste. Ich betrieb Nachforschungen über kleine Gemeinden. Ich war entschlossen, meinen Dienst bewusst zu tun – ich wollte wissen, was ich tat und warum –, und wollte nicht nur entstandene Brände in der Gemeinde löschen. Daraus entstanden wichtige Grundsätze und mit Hilfe dieser Prinzipien und der Gnade Gottes konnte Cobblestone wachsen. In den viereinhalb Jahren, die ich hier bin, haben wir 73 neue Mitglieder bekommen, von denen die meisten gemeindefern waren.

Auch kleine Gemeinden können sich ändern

Ich will an dieser Stelle in Kürze einige dieser Grundsätze darstellen, die zu einer Veränderung führen können, in der Hoffnung, dass Sie davon inspiriert werden, Ihre Gemeinde zu verändern und Ihre Träume zu erfüllen. Nachdem Sie den Mut gefunden haben, Ihre Befürchtungen beiseite zu schieben, und bereit sind, wirklich etwas Neues auszuprobieren, können diese Grundsätze einen Schlachtplan darstellen.

„Ich bin ein Pastor für Gemeindewachstum, und ich bin hier, um euch in das Verheißene Land zu führen."

Ich habe gelernt, dass kleine Gemeinden sich ändern, wenn

- *der Anstoß für Veränderung von der Gemeinde selbst kommt und nicht von einem außen stehenden Experten (wie dem Pastor).*
  Ich sagte unserer Gemeindeleitung: „Viele Mitglieder haben geäußert, dass sie Cobblestone gern wachsen sehen würden", und nicht: „Ich bin ein Pastor für Gemeindewachstum, und ich bin hier, um euch in das Verheißene Land zu führen." Ich sagte: „Einige Mitglieder haben mich gefragt, ob man nicht

modernere Lobpreislieder im Gottesdienst singen könnte", und nicht: „Ich habe gelesen, dass Gemeinden, die keine Lobpreis-Musik haben, sterben."

- *jeder an der Veränderung beteiligt ist.*
  Ich lernte, ein „Problemdarsteller" und kein „Problemlöser" zu sein. Ich sage der Leitung, was in der Gemeinde geschieht, und lasse sie entscheiden, was sie deswegen tut. Ich biete meinen Beitrag als „einer von ihnen" an, nicht als Superleiter oder Diktator Nummer eins.
- *die Veränderung zur bestehenden Identität der Gemeinde passt und ihr hilft, das Beste zu sein, was sie sein kann.*
  Sie können eine Gemeinde, die hauptsächlich aus älteren Mitbürgern besteht, leicht dazu bringen, Programme zu beginnen, mit denen man Menschen über 65 erreicht und auf ihre Bedürfnisse eingeht. Sie können dieselbe Gemeinde aber nicht dazu bringen, einen Gottesdienst für Kirchendistanzierte anzubieten, der die Mitglieder der Generation X erreicht.
- *genug Zeit eingeräumt wird, damit jeder nachdenken und sich mit der Veränderung anfreunden kann.*
  Manchmal streue ich bestimmte Samen in die Herzen der Menschen, bevor ich eine größere Veränderung vorschlage. Ich lasse vielleicht ein paar Bemerkungen fallen wie: „Zu wenige Parkplätze können neue Leute abhalten zu kommen." Vielleicht gebe ich der Leitung etwas über Gemeindewachstum zu lesen, in dem auch ein Abschnitt über Parkplätze vorkommt. Ich kann während einiger Sitzungen der Gemeindeleitung immer wieder die Bemerkung fallen lassen, dass es beim Parken in letzter Zeit eng war. Und wenn der Vorschlag dann schließlich gemacht wird, lasse ich die Leitung debattieren, wenn nötig monatelang, wie der Parkplatz erweitert werden und wie es bezahlt werden soll. Wenn ich es morgen erledigt haben will oder, noch schlimmer, wenn die Leitung eine hastige Entscheidung trifft, es gleich morgen zu machen, stecken wir in Schwierigkeiten. Eines Tages, nicht lange danach, wird jemand aufwachen und schockiert rufen: „Oh nein! Was haben wir getan? Wir haben uns zu sehr und zu schnell verändert!" Meine Gemeindeleitung hat gelernt, wie gut es ist, bestimmte Themen vorzubringen und dann jedem die Gelegenheit zu geben, darüber zu schlafen.

Ich habe auch gelernt, dass kleine Gemeinden wachsen können, wenn

- *sie Freunde, Familienmitglieder, Nachbarn und Kollegen erreichen wollen.*
  Die kleine Gemeinde ist Fremden gegenüber misstrauisch, also laden Sie besser keine ein. Versuchen Sie nicht, „den Ort" zu erreichen. Versuchen Sie, Menschen zu erreichen, die Sie kennen. In Cobblestone planen wir Veranstaltungen, zu denen die Mitglieder gern Freunde einladen. Wir haben gefragt: „Welche Themen oder Programme würden den Bedürfnissen der gemeindefremden Menschen entsprechen, die ihr liebt?"
- *mit neuen Ideen auch neues Blut kommt.*
  Leiter einer kleinen Gemeinde sind oft überarbeitet und müde. Sie lehnen vielleicht einen Vorschlag für eine Evangelisationsveranstaltung ab, wenn abzusehen ist, dass sie die Hauptarbeit machen müssen. Versuchen Sie, andere Mitglieder der Gemeinde dafür zu gewinnen, bevor Sie die Idee der Leitung vorstellen. Dann können Sie zu den Ältesten, Diakonen oder Vorsitzenden sagen: „Das würden wir gern machen, und hier sind die Leute, die bereit sind, es zu tun."
- *Furcht vor dem Verlust der zwischenmenschlichen Nähe angesprochen und daran gearbeitet wird.*
  Ich versuche, meinen Gemeindemitgliedern zu versichern, dass ich kleine Gemeinden mag, ich bin in einer kleinen Gemeinde aufgewachsen und einige meiner besten Freunde sind in kleinen Gemeinden. Ich habe nicht vor, das Familiengefühl zu zerstören, das hier existiert. Je mehr wir wachsen, desto mehr Gelegenheit für Gemeinschaft müssen wir anbieten und ebenso mehr Kleingruppen, sodass die Menschen die Möglichkeit haben, sich näher kennen zu lernen. Wir werden nicht wachsen, indem wir den Gottesdienstraum vergrößern, sondern indem wir mehrere Gottesdienste anbieten, sodass jeder immer eine „kleine Gemeinde" hat, in der er am Sonntagmorgen anbetet.
- *Gebet für Wachstum angeboten wird.*
  Es versetzt mich immer wieder in Erstaunen (oh, ihr Kleingläubigen!), dass wir einen gleichmäßigen Zustrom von Besuchern haben, die keine offensichtliche Verbindung mit einem unserer Mitglieder haben. Menschen kommen zu uns, weil „jemand

mir gesagt hat, dass es Zeit für mich wäre, zur Kirche zu gehen, und ich dachte irgendwie, dass diese Gemeinde die richtige für mich wäre". Oder: „Wir haben uns immer gefragt, wie es in der kleinen Kirche auf dem Hügel wohl ist." Gott antwortet offensichtlich auf die Gebete derer in unserer Gemeinde, die ihn um Wachstum bitten.

- *alles unternommen wird, damit eine Atmosphäre herrscht, die Wachstum fördert.*
  In einigen kleinen Gemeinden ist die Atmosphäre so schlecht, dass man die Luft mit dem Messer schneiden könnte. Schmidts sprechen nicht mit Mayers oder die neuen Mitglieder stehen mit den alten auf Kriegsfuß. Jedes Mal, wenn ich über Vergebung und Annahme predige, Bibelstudien darüber mache, inwiefern sich Gemeinden von weltlichen Organisationen unterscheiden sollten, und der Gemeindeleitung helfe, mit heiklen Fällen von Gemeindezucht umzugehen, arbeite ich genauso hart am Wachstum wie durch eine Studie über die Bevölkerungsstruktur unseres Ortes.

Weitere Herausforderungen

Lassen Sie mich kurz auf einige weitere Gebiete eingehen, die für den Pastor einer kleinen Gemeinde eine Herausforderung darstellen können. Ich möchte Ihnen ein paar Gedanken mitteilen, die hilfreich sein können, um zu planen, wie man diese Dinge angehen könnte. Ich behaupte nicht, dass ich alle Antworten habe, aber vielleicht kann ich Ihnen Anregungen für eigene Ideen geben.

1. Bereich: Persönliche Versorgung und Gemeindefinanzen

- *Finden Sie einen Fürsprecher innerhalb der Gemeinde.*
  Sie können normalerweise Ihre Gemeindeleitung nicht um mehr Geld bitten, ohne Ihren Dienst zu untergraben. „Ich habe es doch gewusst! Der Pastor ist nicht wirklich um uns besorgt. Ihm oder ihr geht es nur ums Geld", „Der Pastor predigt viel über Opfer, aber er scheint selbst nicht bereit dazu" oder: „Weiß unser Pastor nicht, wie schwer es für eine Gemeinde

unserer Größe ist, heutzutage einen Pastor zu bezahlen?" Stattdessen müssen Sie einen vertrauenswürdigen Freund finden, einen Verbündeten, auf den Sie sich verlassen können. Dann lassen Sie diesen Verbündeten zur Gemeindeleitung gehen und sagen: „Ich glaube, unser Pastor ist finanziell ein wenig knapp dran. Können wir irgendetwas tun, um ihm zu helfen? Schließlich wollen wir die Verantwortung für seine oder ihre Versorgung doch ernst nehmen und ihn oder sie nicht gern verlieren."

- *Nehmen Sie ruhig eine Teilzeit-Stelle an.*
  Als fürsorgliche Hirten machen wir uns Gedanken, dass uns die Gemeindefamilie böse wird, wenn wir beim Imbiss um die Ecke Hamburger verkaufen, wenn sie uns brauchen. Aber es könnte auch sein, dass die Familie der kleinen Gemeinde erleichtert sein wird, dass Sie versuchen, Ihre Probleme zu lösen, ohne sie zu belasten. Übrigens, wenn sie sich genug darüber aufregen, dass Sie nachts arbeiten, erhöhen sie vielleicht Ihr Gehalt und Sie müssen es nicht mehr. Denken Sie außerdem daran, dass ein „Zeltmacher-Dienst" ein biblisches Vorbild hat (Apg 18,1–4; 1 Thess 2,7–9).
- *Starten Sie eine Kampagne für gute Haushalterschaft.*
  In der Familie spricht man nicht gern über Geld und Familien in kleinen Gemeinde bilden da keine Ausnahme. Es ist ein heikles Thema. Aber Jesus und Paulus zögerten nicht, über Geld zu sprechen, und wir sollten es auch nicht. Die Gemeinde wird gut reagieren, wenn der Schwerpunkt der Kampagne auf biblischer Lehre liegt und darauf, dass es nötig ist, dass Christen aus frohem Herzen in Dankbarkeit Gott gegenüber geben. Sie werden sich dagegen auflehnen, wenn man ihnen sagt, dass der Grund für die Aktion ist, „dass wir mehr Geld brauchen, um den Haushaltsplan erfüllen zu können". Das kann zu endlosen Diskussionen darüber führen, ob der Haushaltsplan realistisch ist, wie man ihn kürzen kann usw.
- *Helfen Sie den Verantwortlichen, den Auftrag Ihrer Gemeinde zu identifizieren und klar zu formulieren.*
  Lassen Sie die Gemeinde wissen, worum es eigentlich geht und zu welchem Dienst der Herr sie gemeinsam beruft. Welche Vision prägt Ihre Gemeinde und hält sie zusammen? Menschen werden sich dafür begeistern, für einen Dienst, eine Mission oder einen Zweck zu geben. Sie werden aber nicht

viel Begeisterung dafür aufbringen, einer Organisation zu geben, damit sie ein weiteres Jahr „gerade noch so" überleben kann.

- *Organisieren Sie Veranstaltungen, bei denen Geld hereinkommt.*
  Während einige vielleicht einen Bazar, einen Flohmarkt oder ein Eintopfessen als unchristlich ansehen und glauben, dass eine Gemeinde ihre Einkünfte nur aus den Zehnten, Spenden und Opfern beziehen sollte, ist der Gedanke nicht unbiblisch. In Exodus 12, Verse 35 bis 36 wird berichtet, dass Israel „Geld" von den Ägyptern nahm. In Apostelgeschichte 4, Verse 34 bis 37 lesen wir, wie einige ihren persönlichen Besitz verkauften und die Einnahmen der Gemeinde gaben. Könnten sich nicht auch heute einige Christen zusammentun und etwas verkaufen und die Einnahmen der Gemeinde zur Verfügung stellen? Außerdem kann eine solche Veranstaltung dazu dienen, die Menschen des Ortes zu erreichen. Die Armen werden die niedrigen Preise auf einem Flohmarkt schätzen. Bei einem Essen können kostenlose Broschüren der Gemeinde ausliegen. Oder vielleicht wird dort, wo man auf einen Platz wartet, ein „selbst gemachtes" Video der Gemeinde gezeigt. Diese Veranstaltungen geben den Mitgliedern der Gemeinde auch Gelegenheit, Zeit miteinander zu verbringen, zusammen zu arbeiten und sich so näher kennen zu lernen. Das können gute „auferbauende" Aktivitäten sein.

2. Bereich: Beruflich vorankommen

- *Beteiligen Sie sich an christlichen Projekten außerhalb Ihrer Gemeinde.*
  Selbst wenn die Gemeinde, in der Sie gerade sind, Ihnen keine großen Möglichkeiten bietet, können Sie dennoch bei interessanten Werken Gottes mitmachen. Arbeiten Sie freiwillig für eine überkonfessionelle Organisation oder eine überregionale Aktion Ihrer Denomination. Andere Christen bekommen so die Gelegenheit, Sie bei der Ausübung Ihrer Gaben zu sehen, und können später vielleicht als Referenz dienen. Sie können Ihrer Bewerbung viele Erfahrungen hinzufügen und brauchen sich nicht nur als Pastor einer kleinen Gemeinde darzustellen.

- *Überlegen Sie, ob Sie nicht eine Karriere daraus machen können, Pastor einer kleinen Gemeinde zu sein.*

Hoffentlich sind Sie inzwischen, wenn Sie dieses Buches aufmerksam gelesen und dabei auf Gott gehört haben, zu dem Schluss gekommen, dass es keine Schande ist, eine kleine Gemeinde zu betreuen. Es hat viel Segen und viele Vorteile. Warum setzen Sie sich nicht das Ziel, der beste Pastor für kleine Gemeinden zu werden, der Sie nur sein können, anstatt aus dem Dienst in kleinen Gemeinden zu flüchten? Eines ist sicher: Sie werden womöglich nie arbeitslos. Es gibt da draußen unglaublich viele kleine Gemeinden.

Warum setzen Sie sich nicht das Ziel, der beste Pastor für kleine Gemeinden zu werden, der Sie nur sein können, anstatt aus dem Dienst in kleinen Gemeinden zu flüchten? Eines ist sicher: Sie werden womöglich nie arbeitslos. Es gibt da draußen unglaublich viele kleine Gemeinden.

3. Bereich: Mit problematischen Menschen umgehen

- *Gewinnen Sie die Menschen, die Ihnen Schwierigkeiten machen, für Ihre Sache.*
  Wenn bestimmte Menschen schon unbedingt kämpfend durchs Leben gehen müssen, warum sollten sie dann nicht für Sie kämpfen? Säen Sie Samen der Veränderung in ihre Herzen und Gedanken. Geben Sie ihnen Bücher und Artikel über Gemeindewachstum zu lesen und fragen Sie sie nach ihrer Meinung über das Gelesene. Machen Sie sie auf Probleme in der Gemeinde aufmerksam, indem Sie sagen: „Denken Sie nicht, dass man in der und der Sache etwas tun sollte? Haben Sie einen Vorschlag, was man machen könnte?“
- *Arbeiten Sie am Gemeindewachstum.*
  Wenn Sie Mitglieder haben, die gerne „großer Fisch im kleinen Teich“ sind, vergrößern Sie doch einfach den Teich. Ihr problematischer Einfluss, ihre Macht und ihre ständige Gegenwart werden abnehmen.
- *Versuchen Sie mit denen, die nicht mit Ihnen übereinstimmen, eine Beziehung aufrechtzuerhalten.*

Kleine Gemeinden erwarten oder befürchten gewöhnlich, dass ihre Pfarrer nicht lange bleiben. Warum nicht viele in Ihrer Gemeinde überraschen, erschrecken und vielleicht sogar erleichtern, indem Sie sagen, dass Sie gerne längere Zeit bleiben würden? Gehen Sie auf Unruhestifter so zu: „Gibt es nicht irgendeine Möglichkeit, unsere Meinungsverschiedenheiten auszuräumen, sodass wir weiter zusammen hier dienen können?" Gehen Sie mit dem Unruhestifter Kaffee trinken. Das Toben vieler Unruhestifter beruhigt sich bei einem zwanglosen Gespräch unter vier Augen. Denken Sie an Sprichwörter 15, Vers 1: „Eine linde Antwort stillt den Zorn [...]."

- *Nehmen Sie sich im Herzen vor, Quertreiber nicht zu beachten.*
  Manche Streithähne sind sehr einflussreiche Mitglieder der Gemeinde. Andere wiederum sind nur „verrückte Onkel" oder „zänkische Tanten", die die „Familie" mit einem Seufzen toleriert. Wenn Sie mit Letzteren zu tun haben, lächeln Sie einfach freundlich, wenn diese mit ihren neuesten Klagen auf Sie zukommen, und sagen: „Es tut mir Leid, dass Sie so verärgert sind" und machen dann einfach das, was Sie sowieso tun wollten.
- *Begrenzen Sie den Einfluss der Mächtigen.*
  Bilden Sie neue Ausschüsse, die sich mit bestimmten Aspekten des Gemeindelebens befassen. Gewinnen Sie neue Mitglieder für die Gemeindeleitung. Klären Sie die Kompetenzen in der Gemeinde neu. Bringen Sie Ihre Gemeinde langsam, aber sicher davon ab, Dinge zu tun, „weil Ralf es so sagt".
- *Machen Sie Ihre Gegner zu einem Teil der Lösung.*
  Wenn sie sich über etwas beschweren, sagen Sie: „Sie haben Recht. Kann ich auf Sie zählen, dass Sie der Leitung einen Vorschlag machen, was man daran ändern könnte? Würden Sie gern ein Team leiten, das sich damit befasst?" Sie werden sich entweder zurückziehen oder bald zu beschäftigt sein, um Sie weiter zu belästigen.
- *Praktizieren Sie Gemeindezucht.*
  Beachten Sie, ich sagte „Gemeindezucht" und nicht „Pastorenzucht". Wenn die Mitglieder Ihrer Gemeinde oder der Gemeindevorstand die problematischen Menschen nicht ebenso satt haben und sie als genauso große Bedrohung für Ihren Dienst sehen wie Sie, riskieren Sie, Ihre Stellung zu untergraben, wenn Sie sich gegen die Gemeindeglieder stellen, die eine

andere Meinung vertreten als Sie. Es heißt dann sofort: „Stimme immer mit dem Pastor überein, sonst kriegst du es mit ihm zu tun. Er ist so sensibel und rechthaberisch“, „Hast du mitgekriegt, wie Pastorin Wütig neulich Robert gegenüber die Beherrschung verloren hat? Sollte eine Pastorin sich nicht besser beherrschen?“ oder: „Manche Mitglieder dieser Gemeinde kann der Pastor einfach nicht ausstehen.“ (als biblisches Beispiel für Gemeindezucht vgl. Mt 18,15–17; 1 Kor 5; Tit 3,10–11)

Hören Sie nie auf anzufangen!

Ich bin nicht dumm oder anmaßend genug zu versuchen, Ihnen vorzuschreiben, was Sie in Ihrer speziellen Situation tun sollen, aber ich weiß, dass Sie *etwas* tun müssen. In hoffnungsloser Verzweiflung herumzusitzen, weil sich die Dinge doch nie ändern werden, ist eine sich selbst erfüllende Prophezeiung. Darauf zu warten, dass sich die Dinge von selbst wie durch Zauberei ändern, heißt, in einer Traumwelt zu leben. Sich zu weigern, irgendeine Anstrengung zu unternehmen, Ihr Leben und Ihre Gemeinde zu verbessern aus Angst vor Versagen, ist Feigheit, Faulheit und ein Preisgeben Ihrer Berufung. Jeden und alles außer sich selbst für Ihr „pastorales Über-Ich“ verantwortlich zu machen heißt, nicht für sich die Verantwortung übernehmen zu wollen.

Treten Sie im Glauben vor und vertrauen Sie dem Gott, der Sie liebt. Sie nehmen Ihr Mandat der Leitung wahr, wenn Sie die Gemeinde in der Hand haben wollen. Und die Zügel Ihres Lebens in die eigene Hand zu nehmen und damit die Geschicke zu lenken, anstatt sie einfach laufen zu lassen, gibt Ihnen Würde und ist das Abenteuer Ihres eigenen Lebens.

Nehmen Sie diese Herausforderung Ihres Lebens, das Ihnen Gott geschenkt hat, an!

Beginnen Sie jetzt damit, Ihr Leben zu gestalten, denn es ist Ihr eigenes, für das Sie allein verantwortlich sind, und Sie allein haben die Möglichkeit, etwas daraus zu machen!